DIE SOWJETUNION IM LUFTKRIEG

DIE GESCHICHTE DER LUFTFAHRT

DIE SOWJETUNION IM LUFTKRIEG

von Russell Miller

UND DER REDAKTION DER TIME-LIFE BÜCHER

BECHTERMÜNZ

DIE GESCHICHTE DER LUFTFAHRT

Redaktionsstab des Bandes
Die Sowjetunion im Luftkrieg
Bildredakteur: Robin Richman
Textredakteur: Anne Horan
Designer: Dale Pollkoff
Dokumentation: W. Mark Hamilton, Pat Good (verantwortlich); Margaret Gray, Marguerite Johnson, Jane Martin, Donna J. Roginski, Jules Taylor
Vertragsautoren: Donald Davison Cantlay, Leon Greene, William Worsley
Assistentinnen des Designers: Anne K. DuVivier, Lorraine D. Rivard
Textkoordination: Anthony K. Pordes
Bildkoordination: Renée DeSandies
Redaktionsassistentinnen: Constance B. Strawbridge, Myrna E. Taylor
Besonderer Mitarbeiter: Champ Clark

Leitung der deutschen Redaktion:
Hans-Heinrich Wellmann
Textredaktion: Gertraud Bellon

Fachberater für die deutsche Ausgabe:
Dr. Albrecht Lampe

Aus dem Englischen übertragen von Wulf Bergner

Korrespondenten: Elisabeth Kraemer (Bonn); Margot Hapgood, Dorothy Bacon (London); Miriam Hsia, Lucy T. Voulgaris (New York); Maria Vincenza Aloisi, Josephine du Brusle (Paris); Ann Natanson, (Rom). Wertvolle Hilfe leisteten außerdem: Lance Keyworth (Helsinki); Lesley Coleman, Millicent Trowbridge (London); Trini Bandres (Madrid); Felix Rosenthal (Moskau); Carolyn Chubet (New York); Eva Stichova (Prag); Ann Wise (Rom); Dick Berry, Kazuo Ohyauchi (Tokio).

Authorized German language edition
© 1984 Time-Life Books B.V.
Original U.S. edition © 1983 Time-Life Books Inc.
All rights reserved.
Lizenzausgabe für den
Bechtermünz Verlag GmbH
Eltville am Rhein, 1993

No part of this book may be reproduced in any form or by any electronic or mechanical means, including information storage, retrieval devices or systems, without prior written permission from the publisher, except that brief passages may be quoted for review.

ISBN 3 86047 052 3

TIME-LIFE is a trademark of Time Incorporated U.S.A.

DER AUTOR

Russell Miller ist Journalist und freiberuflicher Schriftsteller. Er schreibt für die Londoner *Sunday Times* und hat bereits vier Time-Life Bücher verfaßt, darunter *Die Kommandotruppen* für die Reihe Der Zweite Weltkrieg und *Driftende Kontinente* für die Reihe Der Planet Erde.

DIE BERATER für Die Sowjetunion im Luftkrieg

Von Hardesty ist Mitkurator im Department of Aeronautics, National Air and Space Museum, Smithsonian Institution. Davor hat er an der Ohio Wesleyan University und am Blufton College europäische und russische Geschichte gelehrt. Als Fachmann für sowjetische Luftmacht hat er mit *Red Phoenix* ein Standardwerk über die Geschichte der sowjetischen Luftwaffe verfaßt.

Dr. John Greenwood, Chefhistoriker des Pionierkorps der U.S. Army, hat an der Kansas State University in Militär- und Sowjetgeschichte promoviert. Er ist mit zahlreichen Veröffentlichungen über die sowjetische wie die amerikanische Luftwaffe hervorgetreten.

Alexander Boyd war Direktor für Verteidigungsstudien am Royal Air Force Staff College. Als Dozent für russische Geschichte und Literatur hat er *The Soviet Air Force since 1918* veröffentlicht und an zwei Studien über die Sowjets und ihre Luftkriegsstrategie mitgewirkt.

VORSATZBLATT

Eine Formation sowjetischer Il-2 Sturmowiks stößt aus dem grauen Winterhimmel auf eine deutsche Militärkolonne herab, um sie mit Bomben, Raketen und 37-mm-Kanonen anzugreifen. Die Maschinen dieses wohl erfolgreichsten sowjetischen Flugzeugmusters des Zweiten Weltkriegs fügten mit ihren Tiefflugangriffen den Deutschen so großen Schaden zu, daß diese sie bald als „die Geißel" fürchten lernten. Der Künstler R. G. Smith hat dieses Gemälde speziell für den Band *Die Sowjetunion im Luftkrieg* geschaffen.

D.L.TO:334-1993

INHALT

1	**Stalins rote Falken**	**15**
2	**Eine Demonstration militärischer Stärke**	**59**
3	**Der Kampf ums Überleben**	**79**
4	**Der Aufbau der Luftarmeen**	**106**
5	**„Pobjeda!" Sieg!**	**140**
	Danksagungen	174
	Quellennachweis der Abbildungen	174
	Bibliographie	174
	Register	175

Der sowjetische Staatschef Josef Stalin und Kliment J. Woroschilow, der Volkskommissar für Verteidigung, grüßen winkend einen Verband aus Bombern und Jägern, der am Luftfahrttag über den Moskauer Roten Platz donnert. Unter diesem Plakat aus dem Jahre 1938 steht: „Heil den sowjetischen Piloten, den stolzen Falken unseres Vaterlands!"

Die Luftfahrt - ein Symbol kommunistischer Erfolge

Am 18. August 1937 pilgerte fast eine Million Sowjetbürger – mit Zügen, mit Bussen, auf Lastwagen und zu Fuß – zum Flughafen Tuschino hinaus, um einen Flugtag zu besuchen. Flugzeuge waren das am höchsten gepriesene Erzeugnis der sowjetischen Industrie und die stolzeste Waffe der sowjetischen Militärmacht. Russische Fabriken hatten in diesem Jahr bereits 4435 Flugzeuge gebaut, und die Moskauer hatten nun Gelegenheit, mit eigenen Augen zu sehen, wie die Rote Luftwaffe diese Maschinen vorführte. Die Flugvorführungen waren blendend. Sie erreichten ihren Höhepunkt, als Dutzende von Flugzeugen nacheinander elegante Formationen bildeten, mit denen sie LENIN, STALIN und UdSSR an den Himmel schrieben, bevor sie zum großen Finale den fünfzackigen Stern, das Symbol der Oktoberrevolution, optisch darstellten.

Niemand brauchte in diesem oder einem anderen Jahr nach Moskau zu pilgern, um zu erkennen, daß die Luftfahrt zu den wichtigsten Zeugnissen der Erfolge des Kommunismus gehörte. In allen größeren Städten des riesigen Landes beherrschten Flugvorführungen die öffentlichen Veranstaltungen an wichtigen Feiertagen, zu denen der 1. Mai und der Jahrestag der bolschewistischen Oktoberrevolution am 7. November gehörten. Es gab sogar einen eigenen Luftfahrttag am 18. August. Und selbst an Werktagen wurden die Russen durch riesige Plakate – manche waren eineinhalb mal drei Meter groß und in 15 bis 20 auffälligen Farben gedruckt –, die im ganzen Land an die Wände von Bahnhöfen, Postämtern, Schulen, Krankenhäusern, Fabriken und Kolchosengebäuden geklebt waren, ständig an die sowjetische Luftmacht erinnert.

Ab 1941, als die Sowjets in den verzweifelten Kampf verwickelt waren, den sie als den Großen Vaterländischen Krieg bezeichneten, wurden die Plakate zum Preis ihrer Luftwaffe noch wichtiger, denn diese war zugleich Schild und weitreichendes Schwert der bedrängten Roten Armee. In Moskau beschäftigte eine eigene Behörde Künstler, die Hunderte von Luftwaffenplakaten entwarfen, von denen unzählige Millionen gedruckt wurden. Als sich der Krieg dem Ende zuneigte, veränderte sich die Aussage dieser Plakate allmählich: Grimmiger, unversöhnlicher Widerstandswille machte frohem Siegesjubel Platz.

Auf einem Plakat aus dem Jahre 1939 mit dem Wunsch „Heil der machtvollen Luftfahrt des Vaterlands des Sozialismus!" überfliegt ein Verband von Jägern I-16 den Roten Platz, auf dem bei einer Parade ein Stalinbild und zahlreiche rote Fahnen mitgetragen werden.

Auf einem Plakat, das wiederum die Piloten als „stolze Falken des Vaterlands" grüßt, stehen drei ordengeschmückte Flieger unter einem Himmel voller Transportflugzeuge zur Parade bereit. Stalin favorisierte die sowjetischen Piloten und zeichnete sie mit höchsten Orden aus.

Im Jahre 1941, als die Sowjets ihre Gegenoffensiven gegen die deutschen Invasoren begannen, bedient ein von Jägern umgebener sowjetischer Bordschütze sein MG. „Ruhm den Helden des Vaterländischen Kriegs! Ruhm Stalins Falken!" lautet der Plakattext.

Auf einem Plakat mit dem Text „Ruhm der sowjetischen Luftwaffe!" überfliegen sowjetische Jäger und Bomber triumphierend abgeschossene deutsche Flugzeuge und brennende Panzer. Dieses Plakat erschien im Sommer 1943 nach der Schlacht um Kursk, als sich die sowjetische Luftwaffe endlich die Luftüberlegenheit zu erkämpfen begann.

Ein mit 53 Sternen für abgeschossene feindliche Flugzeuge geschmückter sowjetischer Jäger beherrscht den Himmel, an dem Rauchbuchstaben verkünden: „Wir haben gesiegt", während zugleich Fallschirmspringer herabschweben. Dieses Plakat wurde 1945 bei Kriegsende verbreitet und trägt die Aufschrift: „Heil Stalins siegreicher Luftwaffe!"

„Stalins Falken vernichten den Feind", verkündet ein Plakat, das einen Nazi-Geier zeigt, der zwischen herabstoßenden sowjetischen Flugzeugen und vom Boden heraufschießender sowjetischer Artillerie gefangen ist. Das Plakat erschien im Jahre 1942, als die sowjetischen Streitkräfte die deutschen Invasoren zurückzudrängen begannen.

1
Stalins rote Falken

In den frühen Morgenstunden des 7. Juli 1943 versprachen der heller werdende blaue Himmel und eine warme Brise einen prächtigen Sommertag in der östlichen Ukraine. Kurz nach Sonnenaufgang verdunkelte sich der Himmel jedoch wie von einem riesigen Heuschreckenschwarm. Eine gewaltige Flotte sowjetischer Flugzeuge dröhnte nach Westen zum Kursker Bogen, wo deutsche Kräfte mit über 1800 Flugzeugen, 570 000 Mann und 2000 Panzern eine Großoffensive vortrugen, deren Ziel es war, zwölf sowjetische Armeen mit insgesamt fast einer Million Soldaten einzukesseln und zu vernichten.

An den ersten beiden Tagen des Unternehmens Zitadelle hatten die Deutschen einige schwer erkämpfte Erfolge erzielt. Nun kam der sowjetische Gegenangriff – mit der Roten Luftwaffe als Speerspitze. Die sowjetischen Flugzeuge – auf denen grimmige Losungen wie „Rache!" und „Tod dem Faschismus!" prangten – flogen in vorbildlich eng zusammenhaltenden Formationen, die den Zweck hatten, möglichst viele Maschinen gleichzeitig über den Feind zu bringen.

Zuerst kamen Geschwader über Geschwader schneller, kampfkräftiger Jagdflugzeuge, die den Auftrag hatten, den Himmel von deutschen Abfangjägern zu säubern. Ihnen folgten hoch fliegende Bomber, deren Aufgabe es war, deutsche Feldflugplätze und Nachschublager anzugreifen. Zuletzt kamen die Schlachtflugzeuge – die auffälligen russischen Sturmowiks mit ihrer Buckelform und der schweren Panzerung. Aus ihrer Marschflughöhe von 750 Metern hielten die Besatzungen Ausschau nach Panzern, Lastwagen, marschierenden Kolonnen – nach allem, was sich bewegte – und warfen Splitterbomben, die in der Luft detonierten und Stahlsplitter in sämtliche Richtungen schleuderten. Danach schossen die Sturmowiks plötzlich im Sturzflug auf ihre Beute zu, wobei einzelne Maschinen bis auf 15 Meter oder noch tiefer herabgingen. Die Sturmowiks beherrschten ein verwirrendes Repertoire von Angriffsmethoden. Dazu gehörte auch der sogenannte Todeskreis: Vier, sechs oder acht Schlachtflugzeuge umflogen eine feindliche Panzeransammlung und griffen sie mit 37-mm-Maschinenkanonen, 132-mm-Raketen und Hohlladungsbomben an, die „Löcher in die faschistischen Panzer brannten", wie ein sowjetischer Flieger es ausdrückte. Kaum 20 Minuten nach dem Eintreffen der Sturmowiks über der deutschen 9. Panzerdivision standen an diesem schrecklichen Julimorgen 70 Panzer in Flammen.

Dieser Angriff im Morgengrauen war nur ein Vorgeschmack auf das, was noch kommen sollte. Hinter der ersten Welle standen noch Tausende von

Flieger der Roten Armee, die ersten wenigen Angehörigen einer später so mächtigen Waffe, stehen vor einem englischen de-Havilland-Doppeldecker, den sie im russischen Bürgerkrieg erbeutet haben.

sowjetischen Flugzeugen startbereit. Schätzungen sprechen von bis zu 5400 Maschinen einschließlich der Reserven. Diese ungeheure Armada war auf über 150 Feldflugplätzen bereitgestellt worden, von denen keiner mehr als 130 Kilometer hinter der Front lag. Sobald ein Verband seinen Auftrag ausgeführt hatte und abdrehte, um betankt und aufmunitioniert zu werden, war bereits die nächste Welle da und setzte das Zerstörungswerk fort. Innerhalb von kaum zwei Stunden verlor die deutsche 3. Panzerdivision durch die erbarmungslosen Angriffe der Sturmowiks 270 ihrer 300 Panzerfahrzeuge. Der 17. Panzerdivision erging es ähnlich: Sie verlor in vierstündigen verzweifelten Kämpfen 240 ihrer 300 Panzerfahrzeuge.

An diesem und den nächsten fünf Tagen setzten die sowjetischen Kräfte – fliegende Verbände im Zusammenwirken mit Panzern und Infanterie – den Deutschen unbarmherzig zu. Generalleutnant Pawel Rotmistrow, der auf einem Hügel außerhalb des Dorfes Prochorwoka stand, in dessen Nähe seine 5. Garde-Panzerarmee, eine Elitetruppe, kämpfte, hatte den Eindruck, das Gefechtsfeld liege „ständig im Schatten von Bombern, Schlachtflugzeugen und Jägern, während pausenlos ein Luftkampf auf den anderen zu folgen schien".

Die Deutschen waren von der Wucht dieses Gegenangriffs wie gelähmt. „Der Russe setzte Flugzeuge in solchen Massen ein, wie wir sie im Osten noch nie erlebt hatten", sagte General Horst Großmann, der Kommandeur der nördlich von Kursk kämpfenden westfälischen 6. Infanteriedivision. „Die Russen nehmen unserer Offensive die Durchschlagskraft", stellte ein weiterer deutscher Offizier fest. Über die jeweiligen Verluste liegen keine genauen Angaben vor, aber nach einer Schätzung wurden in diesen ersten sechs Angriffstagen über 1500 deutsche Flugzeuge zerstört, während die Sowjets etwa 1000 Maschinen verloren. Bedeutsamer waren jedoch die deutschen Verluste an Panzern, Lastwagen und Artillerie, die in die Tausende gingen, und die Verluste an Soldaten der Wehrmacht, die Zehntausende von Gefallenen und Verwundeten betrugen.

Diese furchteinflößende Luftmachtdemonstration, die entscheidend dazu beitrug, die deutsche Offensive im Juli 1943 zum Stehen zu bringen, war der Höhepunkt eines mit Heldenmut durchgeführten Wiederaufbaus. Erst zwei Jahre zuvor war die materiell unterlegene, nicht kriegsbereite sowjetische Luftwaffe bei ihrem ersten Zusammentreffen mit der gefürchteten deutschen Luftwaffe als Kampfverband beinahe völlig zerschlagen worden. Nach der ersten Angriffswoche im Juni 1941 hatte die deutsche Luftwaffe über 4000 Flugzeuge vernichtet – fast 60 Prozent der gesamten Einsatzstärke der sowjetischen Luftwaffe. Zahlreiche Maschinen waren zerstört worden, während sie noch unbemannt am Boden standen. Piloten, denen der Start gelang, mußten feststellen, daß ihre Flugzeuge veraltet und ihre Kampftaktik unzureichend war; für sie gab es kein Entrinnen. Ohne Luftunterstützung mußte die Rote Armee auf dem Rückzug eine Niederlage nach der anderen hinnehmen.

Die Vernichtung der Roten Luftwaffe war um so niederschmetternder, als die Sowjets über ein halbes Jahrzehnt der Überzeugung gewesen waren, die beste Luftwaffe der Welt zu besitzen. Seit den Anfangstagen der bolschewistischen Revolution hatten sowjetische Fachleute den Wert der Luftfahrt als Symbol und Waffe des Kommunismus erkannt. Flugzeuge hatten mitgeholfen, die Revolution zum Sieg zu führen, und in den Jahren danach wurde ein Himmel voller Flugzeuge gleichbedeutend mit Erfolg und Fortschritt. In den über zwei Jahrzehnten ihres Kampfes um weltweite politische Anerkennung, technische Leistungsfähigkeit und militärische

Macht hatten die Sowjets mit gewaltiger Energie den Aufbau ihrer Luftwaffe vorangetrieben – wobei sie manchmal den Westen nachgeahmt, gelegentlich die Führung übernommen, wahrhaft aufsehenerregende Flüge durchgeführt und ihre Fähigkeiten zum strategischen Luftkrieg erprobt hatten. „Die Luftfahrt ist der höchste Ausdruck unserer Erfolge", erklärte ein Mitglied des Politbüros im Jahre 1938. Die russische Öffentlichkeit hatte keinen Anlaß, an dieser prahlerischen Behauptung zu zweifeln. Jahr für Jahr erschienen an wichtigen Feiertagen Tausende von Flugzeugen über den Großstädten, wo sie in eindrucksvollen Vorführungen durch ihre große Zahl und ihre vorbildliche Koordination glänzten.

Die Männer, die diese Maschinen flogen, wurden als Helden gefeiert. Der sowjetische Diktator Josef Stalin nannte sie seine „Falken" und erteilte ihnen persönlich den Auftrag, „weiter zu fliegen als jeder andere, schneller als jeder andere und höher als jeder andere". Als die Flieger auf diese Aufforderung hin neue Strecken-, Geschwindigkeits-, Höhen- und Dauerweltrekorde aufstellten, bezeichnete die Presse sie stolz als „bolschewistische Ritter der Kultur und des Fortschritts" und verkündete, die sowjetischen Rekorde ließen „kapitalistische Flieger erblassen".

Den derart von Stolz erfüllten Russen erschien das Debakel zu Beginn des deutschen Überfalls auf die Sowjetunion kaum faßbar. „Was war mit unserer Luftwaffe los?" lautete die Frage, die jedermann auf der Zunge lag. Und wie sollte sich die sowjetische Luftwaffe von einer Katastrophe dieser Größenordnung erholen? Das schien nahezu unmöglich zu sein. Dennoch erhob sich innerhalb von zwei Jahren die sowjetische Luftwaffe wie ein Phönix aus der Asche – bis sie Mitte 1943 in einem Frontabschnitt die Luftherrschaft erkämpfen und entscheidend dazu beitragen konnte, die Wende im Großen Vaterländischen Krieg, wie alle Russen ihn nannten, zu erzwingen. Das war eine in den Annalen der Militärluftfahrt einzigartige Leistung. Nur ein Volk mit tiefer Liebe zur Luftfahrt und großem flugtechnischem Wissen hatte sie vollbringen können.

Obwohl die sowjetischen Führer diese Tatsache wohl nie zugegeben hätten, war ihre Begeisterung für die Luftfahrt und Luftmacht ein direktes Erbe der verhaßten Zaren. Auch das kaiserliche Rußland – obgleich es ein riesiger Agrarstaat mit nicht mehr zeitgemäßer Feudalgesellschaft war – beteiligte sich an den Versuchen zur Verwirklichung des Traumes vom Fliegen, der im 19. Jahrhundert Wissenschaftler und Industrielle in aller Welt faszinierte. Die Russen behaupten sogar, das Flugzeug erfunden zu haben. Schon 1884 baute der russische Marineoffizier Alexander Moschaiski einen Eindecker mit etwa zwölf Meter Spannweite und einem schlanken Holzrumpf. Als Triebwerk war eine aus England importierte Dampfmaschine eingebaut. Ein Pilot raste mit Moschaiskis Konstruktion eine Rampe hinunter und landete im Gleitflug. Moschaiskis Erfindung schenkte der Menschheit keine Flügel, aber dieser Versuch sicherte Rußland eindeutig einen Platz in der Luftfahrtgeschichte.

Das gleiche gilt für einige schwer verständliche Forschungsergebnisse des brillanten Wissenschaftlers Nikolai Schukowski, der in seiner vier Jahrzehnte umspannenden Schaffenszeit etwa 200 Arbeiten über Mathematik, Physik und Maschinenbau schrieb. Auf Schukowskis Veranlassung wurde 1902 in Moskau einer der ersten Windkanäle der Welt für aerodynamische Versuche erbaut; zwei Jahre später gründete er die erste aerodynamische Versuchsanstalt Europas und unterrichtete dort zahlreiche eifrige Studenten in den Grundlagen des Fluges.

Unterdessen verwirklichten die amerikanischen Brüder Orville und Wilbur Wright im Jahre 1903 das Wunder des Fluges über den Sanddünen von Kitty Hawk in North Carolina. Nachdem die Nachricht von diesem Erfolg in Rußland bekannt geworden war, begannen dort Wissenschaftler, Tüftler und wohlhabende Sportsleute mit Flugversuchen. Im Jahre 1908 wurde in Sankt Petersburg (dem heutigen Leningrad) unter kaiserlichem Protektorat der Allrussische Aero-Club gegründet, dem bald ähnliche Clubgründungen in Moskau, Kiew und anderen Städten folgten. Solche Clubs luden ausländische Flieger zu Vorträgen ein. Ihre Mitglieder, die zunächst noch keine Flugzeuge besaßen, hatten ihre ersten aufregenden Flugerlebnisse mit motorlosen Gleitern.

Dank einem vorausschauenden Mitglied der russischen Zarenfamilie befaßte sich nach Wissenschaftlern und Sportsleuten auch schon bald das Militär mit der Fliegerei. Als Großfürst Alexander Michailowitsch im Jahre 1909 in einer Morgenzeitung die Meldung las, daß Louis Blériot durch seinen Flug über den Ärmelkanal Geschichte gemacht habe, war ihm sofort klar, daß „jenes Land, das als erstes eine Luftflotte besitzt, in jedem zukünftigen Krieg siegreich sein wird". Diese Überlegung trug er Zar Nikolaus II., seinem Schwager, in Gegenwart der kaiserlichen Minister vor. „Nicky lächelte", erinnerte sich der Großfürst. „Der Marineminister hielt mich für verrückt. Der Kriegsminister, General Suchomlinow, schüttelte sich vor Lachen." Trotzdem stimmte der Zar dem Ankauf einiger Flugzeuge zu. Sie sollten von Gabriel und Charles Voisin, zwei Pariser Brüdern, die auf Bestellung Flugzeuge für Blériot und andere wohlhabende Sportsleute bauten, geliefert werden. Damit hatte die zaristische Regierung den ersten Schritt zum Aufbau einer Luftwaffe getan.

Um das nötige Personal für diese neue Waffengattung zu bekommen, entsandte der Großfürst eine Gruppe vielversprechender Offiziere zur Flugausbildung nach Paris. Im nächsten Sommer trat dann der Kaiserlich Russische Aero-Club – wie der Allrussische Aero-Club nun hieß – mit einer glanzvollen Flugwoche an die Öffentlichkeit. Ein nach Tausenden zählendes Publikum bekam zum erstenmal tatsächlich fliegende Motorflugzeuge zu sehen. „Die Menschen waren erstaunt und jubelten", schrieb der Großfürst. Gegen Ende des Jahres legte der Großfürst den Grundstein für eine Fliegerschule in Sewastopol; eine weitere wurde in Gatschina außerhalb von Petersburg gegründet. Bald drängten sich viele junge Offiziere dazu, an den dortigen Lehrgängen teilnehmen zu dürfen.

Gleichzeitig wagte sich Rußland auch an den Aufbau einer Flugzeugindustrie. Im Jahre 1909 wurde in Petersburg eine Flugzeugfabrik errichtet; weitere folgten in Moskau, Riga und Kiew. Im Jahre 1914 besaß Rußland sieben Fabriken, die 30 bis 40 Flugzeuge im Monat bauten. Die größte Fabrik, die Moskauer Dux-Werke, stellte allein in jenem Jahr 190 Flugzeuge her. Diese eindrucksvollen Zahlen täuschten jedoch: Bei den Flugzeugen handelte es sich um ausländische Konstruktionen, hauptsächlich der französischen Firmen Voisin, Nieuport, Morane und Farman. Alle waren Lizenzbauten von Mustern ausländischer Firmen, die im allgemeinen als Kapitalgeber auftraten und oft auch die Techniker stellten. Außerdem wurden alle Flugzeuge von importierten Motoren angetrieben, die von den englischen Firmen Sunbeam, Bristol, Vickers und Sommer, dem italienischen Hersteller Anzani, der deutschen Firma Argus und der französischen Firma Gnôme geliefert wurden. Lediglich eine russische Fabrik stellte erfolgreich Flugzeuge nach eigenen, Neuerungen enthaltenden Konstruktionen her. Diese Fabrik war die Russisch-Baltische Waggonfabrik, die ursprünglich Eisenbahnwagen gebaut hatte. Ihr Konstrukteur war der junge, Bahnbrechendes leistende Igor Sikorski.

Sikorski, der am 25. Mai 1889 als Sohn eines wohlhabenden Professors der Medizin geboren wurde, bewies schon als Zwölfjähriger Interesse für die Fliegerei, als er einen kleinen, mit Gummiband angetriebenen Hubschrauber baute, der Luftsprünge machen konnte. Im Jahre 1912 beteiligte sich der 23jährige mit einem weit leistungsfähigeren Flugzeug – einem Doppeldecker, der die damals atemberaubende Geschwindigkeit von 110 Stundenkilometern erreichen konnte – an einem Wettbewerb in Moskau. Das Flugzeug gewann den ersten Preis. Es brachte Sikorski auch ein Stellenangebot der Russisch-Baltischen Waggonfabrik ein, die von Michail Schidlowski, einem ehemaligen Marineoffizier und Angehörigen des kaiserlichen Schatzamtes, geleitet wurde. Schidlowski kaufte nicht nur das preisgekrönte Flugzeug, sondern sicherte sich auch die Rechte aller

Nikolai Schukowski, der Vater der russischen Luftfahrt, steht 1914 im Windkanal der Technischen Hochschule Moskau. Der Aerodynamiker Schukowski, dem Rußland die erste derartige Versuchseinrichtung verdankte, war Verfasser einer bahnbrechenden Theorie über die Auftriebserzeugung verschiedener Tragflächenprofile.

Der Flugzeugbaustudent Andrei Tupolew – der später ein berühmter Flugzeugkonstrukteur werden sollte – startet im Schlepp von Kommilitonen mit einem Gleitflugzeug, das er 1909 an der Moskauer Technischen Hochschule entworfen hatte. „Im zweiten Studienjahr baute ich meinen ersten Gleiter", erinnerte er sich später an das Ereignis. „Damit absolvierte ich meinen Erstflug mit zehn bis 15 Meter Höchsthöhe."

Konstruktionen Sikorskis für die kommenden fünf Jahre. Außerdem erlaubte er Sikorski, auf Kosten der Firma zu experimentieren.

Der Konstrukteur brauchte nicht lange, um ein Projekt zu entwickeln, das sich als Rußlands Hauptbeitrag zur Luftkriegführung im Ersten Weltkrieg erweisen sollte. Bei einer Flugvorführung mit einer seiner früheren Konstruktionen war Sikorski wegen eines Motorausfalls zur Notlandung gezwungen worden – ein damals häufiges Ereignis – und hatte dann festgestellt, daß lediglich eine Mücke schuld gewesen war, die in den Vergaser geraten war und die Treibstoffzufuhr behindert hatte. Wenn ein Motor wegen einer solchen Kleinigkeit ausfallen kann, sagte Sikorski sich, sollten Flugzeuge mehr als einen Motor haben. Das Ergebnis dieser Überlegung erhielt offiziell den Namen *Russki Witjas – Russischer Recke –*, wurde jedoch unter dem Kosenamen *Le Grand* bekannt.

Dieser Name war in jeder Beziehung passend. Der Doppeldecker wurde von vier 100-PS-Vierzylindermotoren angetrieben, die nebeneinander auf den Vorderkanten der unteren Tragflächen montiert waren. Diese Tragflächen hatten eine Spannweite von 28 Metern und waren durch zehn mit Klaviersaitendraht ausgekreuzte Strebenpaare miteinander verbunden. Die Pilotenkanzel war erstmals verglast. Das Flugzeug verfügte über Doppelsteuer und Bordinstrumente, auf denen Pilot und Kopilot ablesen konnten, wie schnell und wie hoch sie flogen – Informationen, die alle übrigen Flugzeugführer der damaligen Zeit dem ihnen ins Gesicht wehenden Wind und ihrem „fliegerischen Gefühl" verdankten. Eine Tür in der Rückwand der Pilotenkanzel führte in eine Kabine für die restlichen Besatzungsmitglieder: Außer Pilot und Kopilot sollte diese erstaunliche Maschine einen Navigator und einen Bordmechaniker tragen.

Das Flugzeug hatte eine enttäuschend kurze Lebensdauer von nur drei Monaten. Es wurde im August 1913 bei einem eigenartigen Unfall am Boden schwer beschädigt. Ein über den Platz fliegendes kleines Flugzeug verlor plötzlich seinen Motor, der auf den abgestellten *Le Grand* stürzte. Der Pilot des Kleinflugzeugs landete geschickt im Gleitflug, ohne sich zu verletzen, aber *Le Grand* war irreparabel beschädigt. Sikorski hatte ihn ohnehin nur als Versuchsmuster betrachtet. Er ordnete gelassen an, die noch brauchbaren Teile auszubauen, und begann mit dem Bau eines noch größeren Flugzeugs, das den Namen *Ilja Muromez* erhielt.

Die I.M., wie dieser Typ genannt wurde, übertraf an Größe und Luxus selbst das Muster *Le Grand*. Er hatte 31 Meter Spannweite und war über 18 Meter lang. Und er besaß – ein Glück für Piloten in den eisigen Wintern – eine Heizung aus zwei langen Stahlrohren, die von den Motoren erzeugte Abwärme ins Flugzeuginnere leiteten. Sikorski zeigte, daß sein Flugzeug mehr als eine bloße Kuriosität war: Im Juli 1914 unternahm er einen historischen Flug von Petersburg nach Kiew und zurück. Mit diesem 2500 Kilometer langen Flug stellte er unter Beweis, daß er der Welt ein einsatzfähiges Langstreckenverkehrsmittel geschenkt hatte.

Einen Monat später befanden sich das zaristische Rußland und die Alliierten im Krieg mit Deutschland. Das Heer hatte bereits zehn I.M. als Bomber bestellt; jetzt orderte es weitere 32 Maschinen, und die Marine bestellte ebenfalls eine. Gemeinsam mit in Rußland hergestellten Lizenzbauten sowie Importen aus Frankreich, England und den Vereinigten Staaten brachten es die Kaiserlichen Luftstreitkräfte auf 244 einsatzfähige Flugzeuge. Das war weit mehr, als Frankreich (mit 138 Maschinen) oder England (mit 113 Maschinen) an die Front schicken konnten. Nur Deutschland mit seinen 232 Kriegsflugzeugen kam dieser Zahl nahe.

Bis dahin hatte sich noch kaum jemand – weder in Rußland noch anderswo – Gedanken über den Einsatz von Flugzeugen im Krieg ge-

Mit stolzem Lächeln steht Tupolew (Bildmitte, linke Hand auf dem Rumpf) neben seinem ersten Motorflugzeug, der im Jahre 1921 gebauten ANT-1. Trotz seines schwachen 18-PS-Motors erreichte der aus Holz und Metall hergestellte einsitzige Eindecker rund 100 Stundenkilometer Reisegeschwindigkeit und etwa 1800 Meter Höhe.

macht. Ihre ersten Aufgaben waren bisher der Kavallerie zugewiesen gewesen: die Erkundung feindlicher Stellungen und die Zerstörung von Versorgungseinrichtungen im Rücken des Feindes. Für Aufklärungseinsätze konnten Flugzeuge mit Kameras ausgerüstet werden; für Angriffe bekamen sie Bomben mit, die sie aus der Höhe abwerfen sollten. Aber die kriegführenden Mächte gingen 1914 völlig unerfahren an den Luftkrieg heran: Ihre Flieger flogen unbewaffnet oder waren nur mit Pistolen ausgerüstet, um sich im Nahkampf verteidigen zu können, falls ein Motorschaden sie zur Landung auf feindlichem Gebiet zwingen würde.

Das Auftauchen feindlicher Aufklärer am Himmel weckte natürlich den Wunsch, diese Störer abzufangen. Aber es gab noch keine Taktik, keine Strategie und keine Präzedenzfälle, an denen sich die Männer, die die neuen Militärflugzeuge flogen, hätten orientieren können. Beim ersten Zusammentreffen mit feindlichen Maschinen reagierten manche Flieger mit impulsiver Tollkühnheit. Den ersten bekannten Luftkampf führte der russische Leutnant Peter Nesterow, ein in Galizien stationierter 27jähriger Staffelkapitän. Nesterow hatte im Jahr zuvor eine gewisse Berühmtheit erlangt – und sich einen scharfen Verweis eingehandelt –, als er mit einer Nieuport den ersten Looping geflogen hatte, eine noch nie praktisch erprobte Flugfigur, bei der die Maschine nach Ansicht von Augenzeugen in der Luft hätte auseinanderbrechen können.

Am 26. August 1914, kaum vier Wochen nach Kriegsbeginn, erschienen plötzlich drei österreichische Flugzeuge über dem galizischen Feldflugplatz. Sie bildeten einen engen Kettenkeil und bombardierten die Flugzeughallen, die Werkstätten und die abgestellten Flugzeuge. Als die Hallen in Brand gerieten, startete Nesterow mit einem Morane-Eindecker, um den Gegner mit dem ersten Mittel zu bekämpfen, das ihm in den Sinn kam – mit dem Flugzeug als Waffe. Nach raschem Steigflug steuerte er kaltblütig auf den österreichischen Kettenführer zu und rammte ihn. Die beiden anderen Flugzeuge flogen weiter. Nesterows Maschine und die seines Gegners stürzten ab, wobei beide Flugzeugführer den Tod fanden. Diesmal betrachteten Nesterows Vorgesetzte die Handlungsweise ihres eigenwilligen Piloten mit anderen Augen; da sie es für zweckmäßig hielten, seine Tapferkeit zur Hebung der nationalen Stimmung auszunutzen, setzten sie ihn mit militärischen Ehren im Grab eines alten russischen Fürsten in Kiew bei und priesen ihn als einen Helden des Mütterchens Rußland.

Im Laufe der Zeit machten sich andere russische Offiziere mehr Gedanken über Angriffsmethoden im Luftkampf. Staffelkapitän Alexander Kasakow, ein ehemaliger Kavallerieoffizier, kam auf die Idee, feindliche Flugzeuge durch einen an einem langen Stahlseil unter seiner Maschine hängenden Anker zum Absturz zu bringen. Als er zu einer Frontstaffel versetzt wurde, ließ er eine Morane mit Winde, Seil und Anker ausrüsten und startete am 31. März 1915, um sein erstes Opfer anzugreifen – einen deutschen Doppeldecker, der in der Nähe des Dorfes Gusow als Artillerieflugzeug eingesetzt war. Doch Kasakows Seiltrommel verklemmte sich, als er das Seil abspulen wollte, so daß er seine neuartige Idee nicht verwirklichen konnte. Trotzdem entkam ihm das gegnerische Flugzeug nicht, denn Kasakow entwickelte in seiner Notlage eine andere Taktik. Er überstieg das deutsche Flugzeug, ging im Sturzflug herunter und zertrümmerte die obere Tragfläche der anderen Maschine mit dem Fahrwerk seiner Morane: Der deutsche Doppeldecker stürzte ab. Kasakow, dem eine Bauchlandung hinter den eigenen Linien gelang, entwickelte sich zu einer Geißel der deutschen Flieger. In den beiden nächsten Jahren erzielte er 17 anerkannte

Die Moskauer Dux-Werke, eine Fahrradfabrik, die 1910 zur größten Flugzeugfabrik Rußlands wurde, bauten französische Nieuports und Farmans in Lizenz.

Abschüsse, aber die Zahl der von ihm vernichteten feindlichen Maschinen lag vermutlich doppelt so hoch.

Wie die meisten Flieger war Kasakow aus sportlichen Gründen zur Fliegerei gestoßen und verabscheute es, Kameraden der Luft zu töten. Er hatte stets eine Ikone des St. Nikolaus im Führersitz seiner Maschine und nahm an jeder Bestattung eines feindlichen Piloten teil, den er über russischem Gebiet abgeschossen hatte.

Unterdessen experimentierten Konstrukteure aller kriegführenden Staaten mit Möglichkeiten zur Flugzeugbewaffnung. Anfangs hatten sie schräg nach vorn schießende Maschinengewehre in die Rumpfseiten eingebaut, was bedeutete, daß der Pilot schwierige Manöver fliegen mußte, bevor er schießen konnte. Außerdem war sein Flugzeug auf diese Weise vorn und hinten verwundbar. Erst als der Franzose Raymond Saulnier im Winter 1914/15 eine Luftschraube mit Ablenkplatten panzerte, die die Schraubenblätter schützten, konnten Flugzeuge direkt nach vorn schießen. Nachdem Saulniers Mechanismus im Einsatz erprobt worden war, fand er weite Verbreitung und wurde bald verbessert.

Unter Ausnutzung dieser Entwicklung erprobte der russische Hauptmann Jewgraf Kruten mehrere praktisch anwendbare Luftkampfmethoden. Am liebsten flog er von unten das unbewaffnete Heck eines feindlichen Flugzeugs an, gab einen kurzen Feuerstoß ab und kippte rasch über einen Flügel ab. Kruten erzielte sieben bestätigte Abschüsse, hat aber vermutlich wie Kasakow erheblich mehr deutsche Maschinen abgeschossen. Auch Kruten war ein ritterlicher Gegner. Im Juni 1917 wurde bei der Leiche eines seiner Opfer ein wehmütig stimmendes Erinnerungsstück gefunden: ein angesengtes Photo des Flugzeugführers mit seiner Frau und seinem kleinen Kind. Kruten flog prompt über die feindlichen Linien und warf einen Brief an die Fliegerwitwe ab, in dem er bedauerte, einem Kind den Vater und einer Frau den Ehemann genommen zu haben. Innerhalb einer Woche fand Kruten bei einer Notlandung selbst den Tod.

Aufklärungsflüge waren weniger aufregend als Luftkämpfe, aber sie machten über 90 Prozent aller im Ersten Weltkrieg an der Ostfront geflogenen Einsätze aus. Und selbst Aufklärer riskierten ihr Leben: Auch auf sie wurde geschossen, und ein Flieger, der hinter den feindlichen Linien notlandete, konnte sich nur mit Glück und Verstand durchschlagen.

Ein russischer Pilot erzählte von seiner mit knapper Not gelungenen Flucht, nachdem er bei einem Einsatz über Polen durch feindliches Infanteriefeuer abgeschossen worden war. Der Flieger kletterte aus seiner Maschine und rannte um sein Leben, wobei er von deutschen Soldaten gejagt wurde. Diese schossen zwar, gaben aber nur Warnschüsse ab, weil man im allgemeinen versuchte, Piloten von Aufklärern lebend zu ergreifen, um sie verhören zu können.

Der Hauptmann hatte kaum Hoffnung, seinen Verfolgern zu entkommen, bis er plötzlich drei Kosaken erkannte, die über einen Hügel auf ihn zugaloppierten. „Ich weiß kaum, was als nächstes geschah", schrieb er, „aber ich fand mich auf einem Pferd wieder, umklammerte den Kosaken, der mich gerettet hatte, und ritt im Galopp heimwärts".

Die anderen Luftkriegseinsätze – nämlich Bombenangriffe – übernahm auf russischer Seite Sikorskis I. M., eines der größten und weitestreichenden Flugzeuge der damaligen Luftstreitkräfte. Die I.M. wären jedoch beinahe nicht zum Einsatz gelangt. Als die Riesenflugzeuge erstmals in Bialystok, einem wichtigen Verkehrsknotenpunkt an der Bahnlinie Peters-

Auf einem Militärflugplatz bei Kiew steht Leutnant Peter Nesterow am 27. August 1913 – dem Tag, an dem er als erster Pilot der Welt erfolgreich einen Looping geflogen hatte – vor seinem Nieuport-Eindecker. Ein Jahr später opferte er sich, indem er absichtlich ein feindliches Flugzeug rammte.

Auf dieser Gedenktafel mit der Aufschrift „P. N. Nesterows Rammen, 1914" zielt Nesterow mit seiner unbewaffneten Morane wie mit einer Lenkwaffe und rammt den Gegner. Dieser spontane Akt des mutigen jungen Piloten gab zu Beginn des Zweiten Weltkriegs den Anstoß zu einer Verzweiflungstaktik der sowjetischen Luftwaffe.

burg–Warschau, an die Front kamen, wurden sie keineswegs jubelnd begrüßt. Abgesehen von den Schwierigkeiten, die diese schweren Maschinen ihren Piloten bereiteten, war ihre Wartung ein Alptraum – vor allem in dem schon im Oktober einsetzenden russischen Winter. Mindestens eine I.M. büßte ihr Fahrgestell beim Rollen über den wellblecharig gefrorenen Boden ein. „Die Reparaturen werden drei bis fünf Tage dauern", telegraphierte ein Offizier Mitte Oktober an das Armeehauptquartier. „Falls überhaupt möglich, ersuche ich Sie, mir zwei Flugzeuge normaler Bauart zu schicken." Beschwerden dieser Art häuften sich, und die zusätzlich georderten I.M. wurden bald wieder abbestellt.

Aber Michail Schidlowski, der stark am Erfolg dieses bahnbrechenden Flugzeugs interessiert war, appellierte an den Zaren. Der Zar intervenierte, die Produktion der I.M. lief wie vorgesehen weiter, und die Heeresbestellung wurde erneut bestätigt. Um jedoch sicherzugehen, daß die Flugzeuge richtig eingesetzt wurden, verlieh der Zar Schidlowski den Rang eines Generalmajors der Armee und stellte ihn an die Spitze einer ausschließlich aus I.M. bestehenden Flugschiff-Staffel. Als sich Schidlowski an die Front begab, nahm er Sikorski mit. Dieser sollte das fliegende Personal gründlich einweisen und die Wartung der Maschinen überwachen.

Die beiden Männer trafen im Dezember 1914 an der Front ein und schafften es in gemeinsamer Arbeit, die Staffel innerhalb von zwei Monaten so weit zu bringen, daß sie ihren ersten Angriff fliegen konnte. An einem frostigen Morgen im Februar 1915 überflog eine Ilja Muromez in 1800 Meter Höhe schwerfällig die Front, belegte den Binnenhafen Plock an der Weichsel, der in dem von den Deutschen besetzten Gebiet lag, mit 300 Kilogramm Bomben und machte Luftaufnahmen. Die Bomben richteten keinen nennenswerten Schaden an, aber das Flugzeug war zumindest im Einsatz gewesen und heil zurückgekommen. Neun Tage später bombardierte diese I.M. einen deutschen Bahnhof in Ostpreußen. Diesmal waren die Schäden so schwer, daß der Zugverkehr lahmgelegt wurde. Das Flugzeug kam 24 Stunden später zurück und zerstörte zwei Munitionszüge, die seit dem Luftangriff am Vortag auf die Weiterfahrt gewartet hatten. Auch diesmal gelang es den Deutschen nicht, die I.M. abzuschießen. Wenig später war in einer deutschen Zeitung zu lesen: „Die Russen haben ungewöhnliche Flugzeuge, die schrecklichen Schaden anrichten und gegen Artillerietreffer unempfindlich sind."

Einer der Gründe dafür, daß das Riesenflugzeug zumindest anfangs so schwer zu treffen war, waren seine gewaltigen Abmessungen, durch die es ganz nah zu sein schien. Deutsche Geschützbedienungen, die noch nie ein so großes Flugzeug gesehen hatten, zielten zu kurz. Jäger, die die I.M. abzufangen versuchten, hatten andere Schwierigkeiten. „Mein Flugzeug wurde vom starken Luftschraubenstrahl des Riesen hin und her geworfen", schrieb ein deutscher Pilot, „und ich mußte mehrmals Gas wegnehmen, um es zu stabilisieren und daran zu hindern, ihn zu überholen."

Dieser Jagdflieger hatte das seltene Erfolgserlebnis, im Kampf gegen eine I.M. Sieger zu bleiben. „Ich gab Vollgas und überflog die feindliche Maschine mit einer Art Sprung, und der größte Teil ihres Feuers strich unter meinem Flugzeug vorbei", berichtete der Deutsche. Danach ging er näher an die I.M. heran, damit sein Beobachter die Kabine aus leichter Überhöhung seitlich beschießen konnte. Dieses Manöver wiederholte er viermal – und erzielte schließlich einige Treffer. „Ich sah, wie das Flugzeug zu schwanken begann, und dann plötzlich in einen Spiralsturz überging. Als der Sturz steiler wurde, brach der äußere Teil der oberen Tragfläche, auf den das russische Erkennungszeichen gemalt war, weg und begann in die Tiefe zu segeln." Die I.M. stürzte weiter, bis sie aufschlug. Der deutsche Jagdflieger setzte mit seiner Maschine sicher auf. „Wir wurden von einer jubelnden Gruppe von Soldaten begrüßt, die den Luftkampf, der fast zehn Minuten gedauert hatte, beobachtet hatten", schrieb er.

Diese I.M. gehörte zu den beiden einzigen, die im gesamten Ersten Weltkrieg abgeschossen wurden. Auch wenn die Maschine Treffer erhielt, bewies sie unglaubliche Robustheit. Eine I.M., die von einem Einsatz zurückkam, war mit nicht weniger als 374 Schrapnell- und Kugellöchern durchsiebt; außerdem war eine Tragflächenstrebe weggeschossen worden. Andere landeten mit einem oder zwei ausgefallenen Motoren.

Die I.M. überstanden so viele gefährliche Situationen, daß ihre Besatzungen tollkühne Abenteuer zum besten geben konnten. Eine dieser Geschichten schilderte einen denkwürdigen Einsatz im April 1916, als eine Ilja Muromez einen Bahnhof in einiger Entfernung hinter den feindlichen Linien angriff und ins Sperrfeuer der im Bahnhofsbereich aufgestellten deutschen Flakbatterien geriet. Während Granatsplitter den stoffbespannten Rumpf zerfetzten, warf die I.M. ihre Bomben aus 2500 Meter Höhe und erzielte mehrere Volltreffer. Als die letzten Bomben fielen und der Pilot auf Heimatkurs ging, wurde er von einem Granatsplitter in die Brust getroffen. Er sackte am Steuer zusammen, doch seine Füße blieben auf den Ruderpedalen: Der riesige Bomber ging in einen steilen Sturzflug über. Alles schien verloren zu sein – aber der Kopilot reagierte blitzschnell. Zuerst versuchte er, den bewußtlosen Flugzeugführer aus seinem Sitz zu ziehen, was jedoch nicht gelang. Dann griff er über den Piloten hinweg nach dem Steuer und schaffte es mit der Kraft der Verzweiflung, die stürzende Maschine abzufangen. Nachdem sie den Schußbereich der deutschen Flak verlassen hatten, brachten die beiden anderen Besatzungsmitglieder den verwundeten Piloten nach hinten, und dem Kopiloten gelang es, die I.M. zum Heimatplatz zurückzufliegen. Als das Flugzeug nach der Landung ausrollte, knackte die rechte Tragfläche bedrohlich, senkte sich und brach dann ganz vom Rumpf ab. Später zeigte sich, daß so viele Streben beschädigt waren, daß die Tragfäche nur noch durch den im Flug entstehenden Auftrieb an ihrem Platz gehalten worden war.

In einem Zeitraum von zweieinhalb Jahren entwickelte Sikorski das Flugzeug ständig weiter. Zu den nützlichsten Verbesserungen gehörte ein Maschinengewehr im Heck. Dieses Heck-MG warf besondere Probleme auf. Das Flugzeugheck lag nämlich hinter einem Labyrinth aus Streben und Spanndrähten, durch das kein Besatzungsmitglied rasch hindurchklettern konnte, wenn feindliche Maschinen auftauchten. Sikorski konstruierte einen Schlitten, der auf Schienen über den Rumpfboden lief. Damit konnte der Heckschütze sekundenschnell auf dem Bauch liegend zu seinem MG gelangen. „Dieser Einbau erwies sich als äußerst wertvoll und brauchbar", schrieb Sikorski stolz. „Danach wurde keine einzige I.M. mehr abgeschossen, während über 200 Bombenangriffe geflogen wurden."

In der Armee kam es nun zu einem Stimmungsumschwung zugunsten der I.M. Ein Stabsoffizier an einer anderen Front fragte telegraphisch beim Oberkommando an: „Können wir nicht einige Flugzeuge wie die I.M. der Flugschiff-Staffel zum Einsatz in unserem Abschnitt bekommen?" Aber das Oberkommando konnte ihm diesen Wunsch nicht erfüllen, denn es gab nicht genügend Maschinen für alle Frontabschnitte.

Obwohl die I.M. das meiste Lob erhielten, stellten sie lediglich einen winzigen Bruchteil der rasch wachsenden Kaiserlichen Luftstreitkräfte dar.

Igor Sikorskis „Straßenbahn mit Flügeln"

Die Arbeiter der St. Petersburger Russisch-Baltischen Waggonfabrik rissen Witze über ein gigantisches viermotoriges Flugzeug, das sie im Jahre 1913 zusammenbauten. Sie bezeichneten es scherzhaft als „Straßenbahn mit Flügeln". Aber der junge Igor Sikorski hatte einen besseren Namen für sein Flugzeug: Er nannte es *Ilja Muromez* nach einem mythischen Riesen, der auf einem Streitroß über den Himmel sprengte.

Sikorskis Riese flog nicht nur, sondern wurde als der größte und kampfkräftigste Bomber, der im Ersten Weltkrieg zum Einsatz kam, selbst zu einer Legende. Mit ihren vier 220-PS-Motoren und gigantischen 31 Metern Spannweite konnte die I.M. eine Last von fast einer Tonne zu einem 400 Kilometer entfernten Ziel tragen und wieder zum Ausgangspunkt zurückkehren.

Das Riesenflugzeug war nicht leicht zu beherrschen. Die Höhenruder waren so schwer, daß Pilot und Kopilot manchmal bei der Landung gemeinsam die Steuersäule zurückziehen mußten — während die restlichen fünf Besatzungsmitglieder nach hinten geschickt wurden, damit sich der Schwerpunkt verlagerte. Trotzdem erwiesen sich die I.M. und ihre erfinderischen Besatzungen als so erfolgreich, daß ein zaristischer General ausrief: „Gebt mir nur drei Muromez und nehmt alle eure Leichtflugzeuge zurück, dann bin ich zufrieden!"

Igor Sikorski sitzt im Jahre 1913 mit äußerster Konzentration am Steuer des von ihm konstruierten Bombers Ilja Muromez. Kurz danach startete er mit dem Riesenflugzeug (oben) zum Erstflug.

Soldaten beladen 1916 eine Ilja Muromez mit Bomben. Die ersten Ausführungen hatten außenliegende Bombenhalterungen, bis eine Bombenklappe in den Kabinenboden eingebaut wurde.

Der an einen Hausflur erinnernde Rumpf einer Ilja Muromez erstreckte sich zehn Meter weit in Richtung Leitwerk. Die I.M. war aus Holz gebaut, das mit Draht und mit Bespannstoff überzogen war.

Die Kanzel einer I.M. enthält einen Pilotensitz, eine Bombenhalterung (rechts) und eine in den Boden eingelassene Bombenzielklappe (links). Die Querlinien unten sind Sprünge in dem Glasnegativ.

Ein Bordschütze bediente die beiden Rücken-MGs, die in der Lücke zwischen den oberen Tragflächen über den Benzintanks montiert sind. Außer ihren sieben MGs zur Fliegerabwehr besaßen viele I.M. eine zusätzliche Panzerung auf dem Kabinenboden und hinter den Pilotensitzen.

Eine ins Trudeln geratene und abgestürzte Ilja Muromez liegt mit geknickten Tragflächen und emporgestrecktem Heck auf der Erde. Auf Rumpf und Tragflächen sind die Abzeichen der Kaiserlichen Luftsreitkräfte zu erkennen. Wegen ihrer geringen Seitenstabilität war die I.M. schwierig zu fliegen. Aber nur vier der insgesamt 73 gebauten Maschinen gingen im Ersten Weltkrieg durch Absturz oder Feindeinwirkung verloren.

Ein Flieger hält die Beobachtungsplattform vor der Führerkanzel einer I. M. als Ausguck besetzt. Der doppelte Hecksporn schützte das Leitwerk vor Bodenberührungen und trug dazu bei, das Flugzeug bei der Landung abzubremsen.

Kriegsbedingt stieg die russische Flugzeugproduktion steil an: Bis zum Jahre 1917 hatte sich die Zahl der Flugzeugwerke mit 18 mehr als verdoppelt. Ihre Jahresproduktion war von rund 400 Flugzeugen auf etwa 2000 Maschinen gestiegen. Hier und dort versuchten sich einzelne russische Konstrukteure neben Sikorski mit eigenen Entwürfen. Dmitri Grigorowitsch, ein junger Flugzeugbauingenieur, konstruierte einige vielversprechende Flugboote – mit Schwimmern ausgerüstete Flugzeuge –, die von der Marine in der Ostsee und im Schwarzen Meer eingesetzt werden konnten. Ein amerikanischer Pilot, der Grigorowitschs einmotorige M-9 bei Manövern besichtigte, erlebte, wie sieben dieser Maschinen innerhalb einer Viertelstunde von Kriegsschiffen zu Wasser gebracht wurden und starteten. Im Gegensatz zu den Engländern, deren Seeflugzeuge anklappbare Tragflächen hatten und an Bord in eigenen Hangars untergebracht waren, ließen die Russen ihre M-9 an Deck stehen und setzten sie von dort direkt aufs Wasser, ohne Zeit mit Montage und Rangieren zu verlieren.

Die M-9 wurden im allgemeinen zur Schiffszielbekämpfung eingesetzt. Ein halbes Dutzend M-9 nahm jedoch an einem strategischen Bombenangriff auf ein Ziel im feindlichen Hinterland teil – ein im Jahre 1917 neuartiger Einsatz. Sie warfen rund 50 Bomben auf den Damm am Terkossee, dem Wasserreservoir Konstantinopels (des heutigen Istanbuls). Die Bomben trafen, und die Flugzeugführer meldeten beträchtlichen Schaden – obwohl nicht bekannt ist, daß das Leben in der türkischen Hauptstadt dadurch ernstlich beeinträchtigt worden wäre.

Zu den Konstrukteuren, die Rußland im Laufe der Zeit mit erstklassigen Flugzeugen belieferten, gehörte außer Grigorowitsch ein junges Genie namens Nikolai Polikarpow, der bei der Russisch-Baltischen Waggonfabrik eingestellt und mit der Leitung der I.-M.-Produktion betraut wurde. Vorerst mußte sich Polikarpow jedoch darauf beschränken, Sikorskis Konstruktionen in die Praxis umzusetzen.

Die wenigen anderen Flugzeuge aus russischer Fabrikation besaßen kaum empfehlenswerte Eigenschaften. Ein in Odessa gebauter kleiner Aufklärer, ein Doppeldecker, wurde zum Serienbau zugelassen, obwohl er im Flug fast keine Seitenstabilität aufwies. Als er an die Front kam, verursachte er weit höhere Verluste bei russischen Flugzeugführern als beim Gegner. Ein weiterer Aufklärer, das nach dem Konstrukteur und Hersteller W. A. Lebedew benannte Muster Lebed XII, war so schlecht ausgelegt, daß Flugzeugführer und Beobachter fast an den Auspuffgasen des Motors erstickten. Beide Flugzeuge wurden nach wenigen Monaten außer Dienst gestellt. Die Lizenzbauten ausländischer Flugzeugtypen waren nicht viel besser. In Rußland nachgebaute französische Nieuport-Aufklärer gingen oft in einen unvorhersehbaren Sturzflug über. Nach mehreren Unfällen stellte sich heraus, daß die Tragflächen im falschen Winkel angesetzt worden waren. Praktisch alle in Rußland gebauten Flugzeuge waren den deutschen Konkurrenzmustern in bezug auf Geschwindigkeit, Steigfähigkeit, Gipfelhöhe und Reichweite unterlegen. In den meisten Fällen ließen sich diese Mängel auf die unzulängliche Ausbildung der Fabrikarbeiter zurückführen – eine Folge des verspäteten Eintritts Rußlands in das Industriezeitalter.

Flugzeuge wurden auch weiterhin importiert: Frankreich, England und die Vereinigten Staaten lieferten Rußland zwischen 1914 und 1917 rund 900 Maschinen. Doch auf alliierter Seite gab es eigene Prioritäten. Die Franzosen hatten 1916 bei Verdun so hohe Verluste erlitten, daß sie danach die Lieferung von Nieuport-Jagdflugzeugen einschränkten. Russi-

Drei Bomber des Typs Ilja Muromez sind auf dem polnischen Flugplatz Jablonna, im Ersten Weltkrieg Heimatflughafen der zaristischen Flugschiff-Staffel, in Zelthangars untergebracht. Rechts unten ist einer der Riesenbomber von der Bodenmannschaft aus seinem Zelt gerollt worden.

Ein Bomber Ilja Muromez, dessen Tragflächensektionen auf Pferdewagen verladen sind, wird 1914 an die Front ausgeliefert. Da das Herstellerwerk keinen eigenen Flugplatz besaß, wurden die Riesenflugzeuge als Bausätze über Land transportiert und am Bestimmungsort zusammengebaut.

sche Piloten an der Ostfront klagten, daß sie anstelle der versprochenen neuesten französischen Muster lediglich zusammengeflickte, an der Westfront ausgemusterte Flugzeuge erhielten.

Verschlimmert wurde diese Misere noch durch die Tatsache, daß die Russen ständig Schwierigkeiten mit der Wartung ihrer Flugzeuge hatten. Erstens war das technische Personal keineswegs besser ausgebildet als die Fabrikarbeiter. Zweitens bedeutete die Vielfalt ausländischer Baumuster, daß Flugzeugmotoren und andere Ersatzteile nicht untereinander austauschbar waren. An der Front herrschte außerdem ständig Mangel an Ersatzteilen jeglicher Art, weil die Straßen und Eisenbahnen Rußlands für die im Krieg erforderlichen umfangreichen Truppen- und Materialtransporte nicht ausreichten. Diese Mängel bewirkten eine ungewöhnlich hohe Ausfallquote: Nur wenige Flugzeuge brachten es im Einsatz auf über 80 Flugstunden. Angesichts des abnehmenden Vertrauens zu ihren Flugzeugen und ständig wachsender Verlustziffern war es kein Wunder, daß die Kampfmoral der russischen Flieger katastrophal absank.

Was sie über die Verhältnisse in der Heimat hörten, war keineswegs dazu angetan, ihre Stimmung zu heben. Lebensmittel waren knapp, Arbeiter organisierten Protestdemonstrationen, revolutionäre Gruppen verbreiteten aufrührerische Schriften, und dem Zaren wurden Versäumnisse bei der Kriegführung vorgeworfen. Im Juli 1917 plünderten Landarbeiter die Güter der Großgrundbesitzer; Arbeiter raubten Fabriken aus und brachten sie unter ihre Kontrolle. Die Wende kam am Abend des 7. November 1917, als ein als Bolschewiki bekannter Kader politischer Revolutionäre unter Führung des mitreißenden Redners Wladimir Iljitsch Lenin die Macht ergriff. Lenin zeigte sofort, welche Bedeutung er den Luftstreitkräften beimaß. Innerhalb von drei Tagen nach der Machtergreifung ernannte er einen Luftfahrtausschuß mit acht Kommissaren. Einige Wochen später gab er seinen Entschluß bekannt, „alle Fliegertruppenteile und Fliegerschulen

dem werktätigen Volk zu erhalten". Im Zuge einer geschickten Kampagne mit dem Ziel, alle Assoziationen zwischen den Luftstreitkräften und dem gestürzten Zaren zu zerstören und das Volk für die Fliegerei zu begeistern, gaben die Revolutionsführer der neuen Streitmacht den Namen „Rote Luftflotte der Arbeiter und Bauern".

Vom zaristischen Regime übernahmen die Bolschewiki eine Luftwaffe mit rund 1000 Maschinen und eine Flugzeugindustrie, die etwa 8000 Arbeiter beschäftigte und pro Jahr etwa 2000 Flugzeuge herstellen konnte. Den neuen Herren standen jedoch schwere Kämpfe bevor. Die Bolschewiki mußten ihre errungene Macht verteidigen. Da sie einige Niederlagen hinnehmen mußten und zudem in der militärischen Führung unerfahren waren, trieben sie einen derartigen Raubbau mit ihrer Luftflotte, daß diese innerhalb von drei Jahren verbraucht war.

An der Front bewirkte die bolschewistische Oktoberrevolution einen völligen Zusammenbruch der militärischen Disziplin. Nirgends war das Chaos größer als bei den Kaiserlichen Luftstreitkräften. Auf Frontflugplätzen kam alle Arbeit zum Erliegen: Flugzeuge blieben stehen, wo sie gerade standen. Die Bodenmannschaften einer Jagdstaffel versuchten, mit den Maschinen heimzufliegen, machten aber damit Bruch. Andere Einheiten meuterten und wählten „Soldatenräte", die den Befehl von den Offizieren übernahmen. Da die meisten Offiziere Adlige oder zumindest Vertreter der führenden Schichten des gestürzten zaristischen Regimes waren, wurden Hunderte von ihnen auf der Stelle erschossen. Zu den Opfern gehörte General Schidlowski, der Sikorski die Möglichkeit gegeben hatte, die bahnbrechende I.M. zu bauen, und der in der Armee die berühmte Flugschiff-Staffel befehligt hatte. Weitere Hunderte von Offizieren flüchteten ins westliche Ausland oder gingen in den Untergrund, um sich antibolschewistischen Gruppen anzuschließen.

Lediglich etwa ein Drittel aller Piloten der Kaiserlichen Luftstreitkräfte flog für die Bolschewiki weiter. Und diese Männer stellten in den Augen der bolschewistischen Führer, die ständig eine Konterrevolution befürchteten, eine potentielle Bedrohung dar. Deshalb unterstellten die Bolschewiki alle ehemaligen zaristischen Offiziere der Aufsicht durch Politkommissare, um ganz sicherzugehen, daß sie keine antirevolutionären Neigungen erkennen ließen. Diese Kommissare übten die wahre Macht in der Luftflotte aus: Befehle waren nur gültig, wenn sie von einem Kommissar gegengezeichnet waren, und kein Flugzeug startete ohne seine Erlaubnis.

Um dem Mangel an Flugzeugführern abzuhelfen, wählte die Führung junge Bolschewiki aus, die garantiert „proletarischer Herkunft und der Revolution zugetan" waren, und befahl ihnen, fliegen zu lernen. Nicht alle Ausgewählten wollten Flieger werden; viele von ihnen waren nicht einmal tauglich. Alexei Tumanski, ein ehemaliger zaristischer Pilot, der zu den Bolschewiki übergegangen war, mußte feststellen, wie wenig Begeisterung ein Flugzeugführer mitbrachte, der frisch aus der Moskauer Fliegerschule in Tumanskis Staffel versetzt worden war.

„Hast du schon Bombenangriffe geflogen?" fragte Tumanski.

„Einmal – mit einem Lehrer. Er hat die Bomben geworfen, und ich hab' zugesehen", antwortete der andere.

„Verstehst du was von Maschinengewehren?"

„Mit dem Bord-MG haben wir nie schießen müssen."

„Wie viele Flugstunden hast du?"

„Na ja, nicht allzu viele. Ungefähr vierzig, schätze ich."

„Wie bist du zu den Luftstreitkräften gekommen? Als Freiwilliger oder als Wehrpflichtiger?"

„Als Wehrpflichtiger! Mich hätte sonst keiner in die Luft gekriegt!"

Das andere Extrem bildeten tollkühne Flieger, die mehr schadeten als nützten. Ein bolschewistischer Flieger, Georgi Saposchnikow, sollte eine französische Spad vorführen, die er schneidig mit einem Pik-As auf dem Rumpf, einem schwarzen Pfeil am Seitenleitwerk und schwarzen Sternen auf den Tragflächen bemalt hatte. Bedauerlicherweise hatte Saposchnikow am Abend zuvor zuviel gefeiert und war am Morgen der Flugvorführung keineswegs flugtauglich. Sein Mechaniker, der eine Katastrophe verhindern wollte, klemmte den Anlaßschalter ab. Aber Saposchnikow war nicht aufzuhalten: Er zog seine Pistole und zwang den Mechaniker, den Zündschalter zu reparieren. Dann kletterte er unsicher in die Spad, ließ den Motor warmlaufen, startete und zog die Maschine unmittelbar nach dem Abheben steil hoch. In diesem kritischen Augenblick setzte der Motor aus. Das Flugzeug stürzte ab und ging in Flammen auf. Niemand weiß, wie viele Flieger ihre Flugzeuge durch solch selbstmörderische Tollkühnheit vernichteten und dabei den Tod fanden.

Die russische Flugzeugindustrie war nicht imstande, Ersatz für zerstörte Maschinen zu liefern. Im Chaos der Revolution flüchteten Arbeiter mit ihren Familien aufs Land. Noch schädlicher wirkten sich die von den neuen Machthabern getroffenen Strafmaßnahmen gegen einige der prominentesten russischen Wissenschaftler, Konstrukteure und Ingenieure aus, die den Revolutionären nicht weniger verhaßt waren als die Offiziere. Viele von ihnen wurden ermordet, eingesperrt oder zum Untertauchen gezwungen. Zu den Konstrukteuren, denen die Flucht glückte, gehörte Igor Sikorski; er schlug sich nach Murmansk durch, gelangte an Bord eines Dampfers und fuhr nach Westen. Im März des Jahres 1919 landete er in New York, wo er eine lange und erfolgreiche Karriere vor sich hatte.

Unter diesen schlimmen Voraussetzungen – Mangel an Offizieren, Flugzeugführern, Material, Konstrukteuren und einer leistungsfähigen Flugzeugindustrie – mußten die Bolschewiki weiterhin Krieg führen. Im Februar 1918 traten die Deutschen zu einer Großoffensive an, überrannten russische Stellungen in Estland, Lettland und der Ukraine und erbeuteten über 500 russische Flugzeuge, die unbewacht auf ihren Flugplätzen zurückgeblieben waren. Oberst Josef Baschko, ein zu den Roten übergegangener zaristischer Offizier, konnte sich mit seiner Besatzung in einer I.M. in Sicherheit bringen, bevor die Deutschen kamen. Aber es gab nicht genügend Piloten, um alle großen Bomber zu retten. Auf anderen Frontplätzen steckten deshalb russische Truppen 30 dieser Maschinen in Brand, um zu verhindern, daß sie den Deutschen in die Hände fielen.

Die Roten hatten diese beträchtlichen Flugzeugverluste noch längst nicht verkraftet, als im Frühjahr 1918 der Bürgerkrieg ausbrach. Die Luftflotte der Arbeiter und Bauern wurde mit einzelnen Verbänden, die über die Weiten Rußlands verteilt waren und nur über eine Handvoll Piloten für ihre Maschinen verfügten, zur Verteidigung der Revolution eingesetzt. Kritisch wurde die Lage, als antibolschewistische Gruppen und ehemalige zaristische Offiziere, die in lockeren Verbänden die „Weißen" Armeen bildeten, ein Gebiet besetzten, das von der Wolga nach Osten über Sibirien bis zum Pazifischen Ozean reichte. Im Norden, Westen und Süden kam es zu Aufständen, als eine Gruppierung nach der anderen den Bolschewiki die Herrschaft streitig machte. Unterdessen schlossen die Westmächte im November 1918 einen Waffenstillstand, der den Ersten Weltkrieg beendete. Aus der Sicht der Roten bestand eine der Hauptauswirkungen dieses Waffenstillstands darin, daß nun Truppen der Verbündeten des alten Zarenreichs auf der Seite der Weißgardisten in den Bürgerkrieg eingriffen. In den erbitterten, unübersichtlichen Kämpfen der beiden folgenden Jahre standen die Roten in ganz Osteuropa zu verschiedenen Zeiten gegen Streitkräfte von etwa 20 verschiedenen Regierungen und nationalen Gruppierungen im Einsatz.

Auf die schwerste Probe wurden die roten Flieger im Süden gestellt, wo der ehemalige zaristische General Peter Nikolajewitsch von Wrangel eine Reihe von auf Moskau abzielenden Großoffensiven unternahm. Zu den Hauptzielen gehörte Zarizyn, die alte Stadt an der Wolga, deren Name auf generationenalte Bindungen an die Zaren hinwies. Die Stadt wurde eine Zeitlang von einem der ehrgeizigsten Mitarbeiter Lenins verteidigt: Josef Stalin. Als sich dieser in späteren Jahren ebenfalls die Vorrechte eines Herrschers anmaßte, verlieh er dieser umworbenen Stadt seinen eigenen Namen und nannte sie Stalingrad.

Der Angriff der Weißen auf Zarizyn wurde von zwei Staffeln der Royal Air Force unterstützt, die englische Camels sowie D.H.9 flogen und von Jagdfliegerassen aus dem Ersten Weltkrieg mit zahlreichen Abschüssen geführt wurden. Im Frühjahr 1919 stieß die Rote Luftflotte während des Vormarsches der Weißen auf Zarizyn erstmals auf die kampferprobten britischen Luftstreitkräfte. Vier Camels der R.A.F. befanden sich auf einem Aufklärungsflug nördlich der Stadt, als eine Kette roter Nieuport 28 versuchte, sie abzufangen. In den sich daraus entwickelnden Luftkämpfen waren die Roten den erfahrenen englischen Jagdfliegern unterlegen; eine Nieuport wurde abgeschossen. Trotzdem stiegen am nächsten Tag erneut zwei rote Jäger auf, um einen Verband von Bombern D.H.9 abzufangen, der das Hauptquartier der Bolschewiki in Zarizyn angegriffen hatte. Aber sie wurden von Begleitjägern abgedrängt.

Russische Fliegerschulung vor dem Ersten Weltkrieg

Als das Kaiserliche Kriegsministerium im Jahre 1910 die Flugschule Gatschina bei St. Petersburg einrichtete, glaubten nur einige wenige Weitblickende an den militärischen Wert des Flugzeugs. Die meisten waren Kavalleristen, die seit jeher Aufklärungsaufgaben zu erfüllen hatten und deren Ansichten ein junger Offizier prägnant ausdrückte: „Auf dem Schlachtfeld besiegt ein Zwerg, der sehen kann, einen blinden Riesen." So gehörten auch Kavalleristen zu denen, die sich sofort für den ersten Lehrgang mit 30 Flugschülern in Gatschina meldeten.

Die Flugschüler wurden in dem unbewohnten Sommerschloß eines Adligen untergebracht, das inmitten riesiger brachliegender Weizenfelder stand. Die Flugzeuge kamen aus Frankreich, und eine Gruppe französischer Mechaniker und Piloten begleitete sie, um die Russen auszubilden.

Die Schulung verfolgte das Ziel, auf allen Gebieten Experten heranzubilden, die Theorie, Konstruktion und Wartung ebenso beherrschten wie Fliegerei und Navigation. Wenn die Flugschüler nicht flogen oder theoretischen Unterricht hatten, mußten sie als Flugzeugmechaniker und beim Bespannen der Maschinen aushelfen.

Die fliegerische Ausbildung begann mit einer Serie von Rollübungen, die den Flugschüler mit der Wirkung von Höhen- und Seitenruder vertraut machen sollen. Danach durfte er als Fluggast mitfliegen: Auf seinem separaten Platz hinter dem Flugzeugführer beugte sich der Flugschüler nach vorn und legte eine Hand auf die des Fluglehrers, um zu lernen, wie der Steuerknüppel bewegt werden mußte. Nach mehreren solchen Flügen startete er zum ersten Alleinflug, und nach etwa 100 Flugstunden war er fertig ausgebildet – wenn er bis dahin überlebte.

Die für die Anfängerschulung verwendete Farman 4 war ein Doppeldecker mit besonders üblen Eigenschaften. Ihr 50-PS-Motor hatte keinen Gashebel: Sämtliche Flugbewegungen – auch die Landung – wurden mit Vollgas durchgeführt, was vermutlich sogar vorteilhaft war, weil die Farman unterhalb der Höchstgeschwindigkeit sofort durchsackte. Selbst bei Höchstgeschwindigkeit ließen sich mit diesem Flugzeug nur sehr flache Kurven fliegen, wenn es nicht ins Trudeln geraten sollte. Ebenso gefährlich war ein breiter Waldstreifen, der quer durch das Landegelände verlief und vielen unaufmerksamen Flugschülern zum Verhängnis wurde. Die Bäume konnten nicht gefällt werden, weil sich der Grundbesitzer weigerte.

Die Russen bildeten trotzdem weiter aus. Innerhalb weniger Jahre wurde aus dem Rinnsal neuer Piloten, die aus Gatschina kamen, ein Strom. Bis zum Kriegseintritt Rußlands im Jahre 1914 hatten Gatschina und eine kleinere Schule in Sewastopol 300 Piloten ausgebildet. Pro Jahr schulten sie 130 neue Flugzeugführer. Und das zu einem Zeitpunkt, zu dem es in den Vereinigten Staaten, der Wiege der Fliegerei, kaum 25 qualifizierte Piloten gab!

In der Fliegerschule Gatschina schiebt eine Gruppe von Flugschülern ein soeben zusammengebautes Schulflugzeug Farman 4 aus seiner Halle.

Vier für die Fortgeschrittenenschulung benützte Nieuport-Eindecker warten 1913 auf den Start.

Ein Flugschüler bleibt 1916 beim ersten Alleinflug mit einer Farman 4 vorsichtshalber in Bodennähe.

Ein zu Bruch gegangener Doppeldecker Farman 22 demonstriert Flugschülern in Gatschina, wie schwierig dieses Flugzeug zu landen ist.

Dieses aus den Resten eines zu Bruch gegangenen Flugzeugs zusammengebaute Gerät diente in Gatschina als Feuerwehr- und Krankenwagen.

Noch in derselben Woche kam es zu spektakulären Luftkämpfen über der Wolga, auf der ein sowjetischer Schleppzug mit einer Ladung von Flugzeugen für das rote Hauptquartier flußabwärts unterwegs war. Bomber der R.A.F., die von einem halben Dutzend Camels begleitet wurden, begannen den Schleppzug zu bombardieren. Ein halbes Dutzend roter Spads und Nieuports startete sofort, um sie zu vertreiben. Zwei Flugzeuge der Roten stürzten brennend ab, aber diesmal wurden auch zwei Camels schwer beschädigt, bevor der Kampf abgebrochen wurde. Er war ohne klares Ergebnis zu Ende gegangen – aber die sowjetischen Flugzeugführer hatten sich als ernstzunehmende Gegner erwiesen.

Für die unerfahrenen Offiziere, denen die Bolschewiki Kommandobefugnisse übertrugen, stellten Feindflüge nicht selten ein erschreckendes Erlebnis dar. Der Veteran Alexei Tumanski schilderte, wie lästig es sein konnte, einen Neuling an Bord zu haben. „Wir sichteten unser Ziel, den Panzerzug, aus einiger Entfernung", schrieb Tumanski, „und griffen sofort an." Er belegte den Zug bei drei Anflügen mit Bomben und beobachtete einige Schäden; der letzte Wagen des Panzerzugs war entgleist und umgestürzt. „Ich hatte noch etwa zehn Zehn-Kilogramm-Bomben übrig und begann tieferzugehen, um aus nächster Nähe anzugreifen und meine restlichen Bomben wirkungsvoll abzuwerfen", berichtete Tumanski weiter. „Plötzlich erschien mein Vorgesetzter neben mir, umklammerte den Steuerknüppel und brüllte mir zu, ich solle umkehren, wobei er auf ein großes Loch in der linken Tragfläche deutete. Unter dem Krachen detonierender Granaten bemühte ich mich, ihm zu versichern, wir hätten nichts zu befürchten und ich würde den Zug bald erledigt haben – aber er weigerte sich, den Steuerknüppel loszulassen und brüllte immer wieder ‚Umkehren!', und ich wagte nicht, seinen Griff mit Gewalt zu lösen."

Im Juni 1919 machten die Roten die bis dahin unangenehmste Bekanntschaft mit der feindlichen Luftmacht. Zu diesem Zeitpunkt stand Wrangels Weiße Armee vor Zarizyn, das von den Roten mit nur schwachen Kräften hartnäckig verteidigt wurde. Wrangel erfuhr, daß eine gegnerische Kolonne mit 3000 Kavalleristen zum Entsatz der Stadt in Richtung Zarizyn unterwegs war. Er ließ eine der englischen Staffeln die rote Kavallerie angreifen, während sie sich auf dem Marsch durch die tief eingeschnittenen Täler und Schluchten nördlich der Stadt befand. Die Flugzeuge der R.A.F. griffen immer wieder im Tiefflug an und nahmen Reiter und Pferde unter erbarmungsloses MG-Feuer. Die zwischen den Bergwänden des Passes eingekeilten roten Soldaten konnten weder fliehen noch in Deckung gehen. Sie wurden niedergemäht, wo sie standen, und als das letzte Flugzeug abdrehte, war der Paß mit Gefallenen und Verwundeten blockiert. Die Roten zogen ihre Truppen gerade noch rechtzeitig aus Zarizyn ab und überließen die Stadt vorläufig den Weißen. Sie hatten ihre Lektion gelernt: Die vernichtende Wirkung feindlicher Luftangriffe auf Bodentruppen sollte ihnen für immer ins Gedächtnis eingebrannt bleiben.

Die Weißen hielten Zarizyn nicht lange; im Oktober traten die Bolschewiki zu einem massiven Gegenangriff an. Die Roten genossen nun einen Vorteil, den sie wirkungsvoll nutzten: Da der Widerstand im Norden, Osten und Westen gebrochen war, zogen sie von dort Flugzeuge ab und konzentrierten ihre Luftstreitkräfte in diesem einen Gebiet. Damit war ein Präzedenzfall für derartige Flugzeugkonzentrationen geschaffen, wie sie im Jahre 1943 auch in Kursk auftreten sollten. Vor Zarizyn wurden fast 40 Flugzeuge eingesetzt. Das war die bis dahin größte auf einem Kriegsschauplatz eingesetzte Luftflotte der Bolschewiki.

Stalins rote Falken

An der Turkestanfront machen sowjetische Bombenwarte 1920 während des Bürgerkriegs im Munitionslager ihrer Staffel Bomben scharf. Zu den Waffen gehören ein

Maschinengewehr (rechts), kleine Brandbomben (Mitte) und Splitterbomben (rechts außen). Die Flugzeuge sind englische Sopwith-Doppeldecker.

Während einer auf dem Land durchgeführten Werbekampagne, durch die Geldmittel für die Rote Luftwaffe beschafft wurden, rollt im Jahre 1923 ein auf einem Lastwagen montiertes Flugzeug mit dem „Piloten" im Führersitz durch eine russische Stadt. Veranstalter dieser Kampagne war die Gesellschaft der Freunde der Luftflotte, eine der vielen zivilen Vereinigungen zur Förderung der Luftfahrt in der Sowjetunion.

Zu den zur Unterstützung dieses Gegenangriffs nach Süden entsandten Flugzeugen gehörten auch zwei I.M., die den Ersten Weltkrieg überlebt hatten. Die riesigen viermotorigen Bomber waren bei den roten Fliegern, von denen sich jeder wünschte, sie einmal fliegen zu dürfen, sehr beliebt. Die Fliegerei mit den I.M. hatte nur einen Nachteil, der allerdings nicht auf das Flugzeug selbst zurückzuführen war. Rote Kommandeure sparten manchmal an Treibstoff, um die Bombenladungen der Maschinen erhöhen zu können. Alexei Tumanski erinnerte sich an einen Flug, auf dem er schon nach zehn bis zwölf Kilometern wegen Treibstoffmangels notlanden mußte. Das einzig annehmbare Gelände lag in einem Sumpfgebiet, und selbst wenn Treibstoff herangeschafft worden wäre, hätte das Riesenflugzeug wegen des morastigen Bodens nicht wieder starten können. Es blieb nichts übrig, als die I.M. zu demontieren und ihre fünf Tonnen in Teilen zum Flugplatz zurückzutransportieren.

Die schweren Bombenlasten hatten eine weitere Auswirkung: Sie beschränkten die Gipfelhöhe der Maschinen im Einsatz auf maximal 800 Meter. In einer Beziehung war diese niedrige Angriffshöhe jedoch vorteilhaft, denn sie steigerte die Zielsicherheit der Bombenschützen – und rief Entsetzen beim Feind hervor, wie Tumanski feststellen konnte, als er mit einer I.M. einen Angriff auf einen weißen Militärzug und ein Nachschublager im mittleren Weißrußland flog. Er war gewarnt worden, daß das Ziel von starken Flugabwehrkräften geschützt werde, und bei seinem Anflug begann tatsächlich feindliches Abwehrfeuer. Zu seiner freudigen Überraschung verstummten jedoch die Batterien, weil die Geschützbedienungen nacheinander fluchtartig ihre Posten verließen. Tumanski konnte das Nachschublager dreimal umfliegen, so daß seine Besatzung reichlich Zeit hatte, die Bomben zu werfen.

Aus den schrecklichen Erinnerungen an Zarizyn, wo ihre eigene Kavallerie den Tiefangriffen weißer Flugzeuge hilflos ausgesetzt gewesen war, und der in der Praxis auftretenden Notwendigkeit, die schweren I.M. in geringen Höhen zu fliegen, entwickelte sich eine sowjetische Spezialität. Lenin warf die Frage auf, ob es möglich sei, ein Spezialflugzeug für Tiefangriffe zu entwickeln. Das überstieg die damaligen Möglichkeiten der russischen Flugzeugindustrie. Doch zu den mit den fliegenden Verbänden durchs Land reisenden Wartungsmannschaften gehörte ein junger Mann namens Sergei Iljuschin. Vorerst mußte er sich noch auf die langweilige

Arbeit beschränken, beschädigte Flugzeuge zusammenzuflicken. Innerhalb von zwei Jahrzehnten sollte er jedoch die Il-2 konstruieren – den für den Gegner so verhängnisvolle Sturmowik des Zweiten Weltkriegs.

Niemand konnte behaupten, die Bolschewiki hätten den Bürgerkrieg nur mit Hilfe der anfangs noch unerfahrenen Roten Luftflotte gewonnen. Aber auf fast sämtlichen Kriegsschauplätzen starteten rote Flieger zur Unterstützung ihrer Bodentruppen. Und die Roten schlugen die Angriffe der Weißen nacheinander zurück, bis sie die letzten Reste von Wrangels Weißer Armee im November 1920 auf die Krim und bei Sewastopol bis ans Meer zurückgeworfen hatten. Entlang des Rückzugsweges griffen rote Flugzeuge weiße Kavallerieschwadronen im Tiefflug an und flogen Störangriffe auf weiße Truppenformationen, Panzerzüge, Eisenbahnknotenpunkte, Nachschublager und Flugplätze. Als die letzten Weißen am 21. November 1920 Sewastopol räumten, war der Bürgerkrieg zu Ende.

Sechs Jahre Krieg und Revolution hatten einen gewaltigen Aderlaß für die Luftstreitkräfte bedeutet. Von den rund 1000 Flugzeugen, die die Bolschewiki von der zaristischen Armee übernommen hatten, waren nur etwa 300 übriggeblieben. Viele von ihnen waren nicht mehr einsatzfähig oder veraltet. Außerdem reichte die Flugzeugproduktion nicht aus, um die im Einsatz erlittenen Verluste zu ersetzen, denn die russische Flugzeugindustrie befand sich nach wie vor in desolatem Zustand. Die Fabriken hatten im Bürgerkrieg keine 700 Flugzeuge gebaut. Ihre Belegschaft war von 8000 Mann auf weniger als 3500 zurückgegangen.

Um der Industrie wieder auf die Beine zu helfen, forderte Lenin eine Mobilmachung der Flugzeugbauer, durch die sie aktiven Soldaten gleichgestellt wurden. Alle Holz- und Metallfacharbeiter, Ingenieure und Techniker zwischen 17 und 50 Jahren, die im vorhergehenden Jahrzehnt mindestens sechs Monate in der Flugzeugindustrie gearbeitet hatten, wurden zum Wiederaufbau der Roten Luftflotte herangezogen.

An finanziellen Mitteln stellte Lenin dafür 35 Millionen Goldrubel aus einem im zaristischen Schatzamt entdeckten Geldversteck bereit. Ein Teil dieser Summe war für den Wiederaufbau der sowjetischen Flugzeugindustrie gedacht; mit dem Rest sollten ausländische Flugzeuge gekauft werden.

Aber sowjetische Einkäufer wurden in Frankreich, England und den Vereinigten Staaten abgewiesen, denn während des Bürgerkriegs hatten sich die Roten die Feindschaft der ehemaligen Verbündeten Rußlands zugezogen. Die Sowjets lösten dieses Problem durch eines der merkwürdigsten Geheimabkommen, die je zwischen zwei Staaten geschlossen wurden. Im April 1922 unterzeichneten sie einen Vertrag mit ihren ehemaligen Feinden, den Deutschen, denen der Versailler Vertrag untersagte, eine Luftwaffe zu besitzen, Militärflugzeuge zu bauen oder Flugzeugführer auszubilden. Ein halbes Jahr später trafen ohne Wissen der Westmächte rund 400 deutsche Techniker und Ingenieure in dem Moskauer Vorort Fili ein, um mit den von Hugo Junkers, einem der fortschrittlichsten deutschen Konstrukteure, gelieferten Konstruktionen und Ausrüstungen eine moderne Flugzeugfabrik aufzubauen. In Fili konnten sich die besten sowjetischen Ingenieure mit modernster Technologie vertraut machen, wobei die Deutschen die Ausbilder und die Russen die Arbeiter stellten. Laut Plan sollten jährlich 300 Flugzeuge hergestellt werden – teils für die Rote Luftflotte und teils für eine Fliegerschule in dem 400 Kilometer südöstlich von Moskau gelegenen Lipezk, wo deutsche Fluglehrer russische und deutsche Flugschüler ausbildeten.

Anfang 1925 vermittelten rund 60 deutsche Offiziere und 100 deutsche Techniker einer neuen Generation russischer und deutscher Militärpiloten die neuesten fliegerisch-taktischen Erkenntnisse – und das in sicherer Entfernung von der Interalliierten Militär-Kontrollkommission, die Deutschland überwachte. Alles wurde getan, um das Abkommen, das fast ein Jahrzehnt lang in Kraft blieb, geheimzuhalten. Die deutschen Flugschüler trugen Uniformen der Roten Luftflotte und besaßen russische Decknamen. Nach vier- bis fünfmonatiger Ausbildung kehrten sie in ihren Zivilberuf in der Heimat zurück, um dann Jahre später als Kader der deutschen Luftwaffe aus der Versenkung aufzutauchen.

Unterdessen hatte Leo Trotzki, Lenins Kriegskommissar und der Sprachgewaltigste der führenden Bolschewiki, Maßnahmen ergriffen, um dafür zu sorgen, daß die Rote Luftflotte während ihres Aufbaus die entscheidend wichtige Unterstützung durch das Volk erhielt. Am 6. März 1923 benutzte er die Zeitung *Prawda* als Sprachrohr und veröffentlichte darin einen langen Leitartikel unter der Überschrift „Die Luftflotte: ganz oben auf der Tagesordnung". In diesem Artikel gab er die Gründung einer neuen Gesellschaft von Freunden der Luftflotte bekannt, die dazu beitragen sollte, die Flugbegeisterung im Volk zu fördern.

Die Bevölkerung strömte in Scharen in diese Gesellschaft. Am Jahresende konnte sie bereits stolz auf eine Million Mitglieder verweisen, und drei Jahre später hatte sich diese Zahl fast verdoppelt. Die Gesellschaft gab die Monatszeitschrift *Samoljot (Flugzeug)* heraus, veranstaltete Flugtage, Vortragsreihen und Ausstellungen und unterrichtete Schulkinder im Flugmodellbau. Besucher der 1923 in Moskau stattfindenden ersten Allrussischen Landwirtschaftsschau konnten – auch ohne Mitglied der Gesellschaft zu sein – Rundflüge mit einem Ganzmetall-Eindecker des Typs Junkers F 13 machen. Innerhalb eines Jahrzehnts standen Mitgliedern, die selbst den Pilotenschein machen wollten, 21 Fliegerschulen zur Verfügung. Diese betrieben über 100 Flugplätze, auf denen Soldaten der Roten Luftflotte als Ausbilder eingesetzt waren.

Die Gesellschaft ließ nichts unversucht, um die Gefühle der Werktätigen anzusprechen und eine Verbindung zwischen Fliegerei und Patriotismus herzustellen. In sowjetischen Flugzeugfabriken hingen Spruchbänder, auf denen die Arbeiter mit Losungen wie ARBEITER! BAUT EINE LUFTFLOTTE! und PROLETARIAT! EROBERE DIE LUFT! zu ständig größeren Anstrengungen angefeuert wurden. Belegschaften, die auf einen Tageslohn verzichteten, sicherten sich dadurch das Vorrecht, einem neuen Flugzeug den Namen ihrer Fabrik, ihrer Gewerkschaft oder eines Volkshelden wie Lenin geben zu können. Dieser starke Mann hatte inzwischen mehrere Schlaganfälle erlitten. Als er im Januar 1924 starb, wurde Josef Stalin sein Nachfolger. Stalin beherrschte inzwischen die Bolschewistische – jetzt Kommunistische – Partei der Sowjetunion. Als Staatschef sollte er auch zur treibenden Kraft hinter der Roten Luftwaffe werden.

Welchen Stellenwert Stalin und seine Regierung einer Luftwaffe beimaßen, sollte sich noch vor Ablauf dieses Jahrzehnts zeigen. „Zu den wichtigsten Erfolgen der vergangenen fünf Jahre gehört die Schaffung der Roten Luftwaffe", behauptete 1929 das von Stalin beherrschte Zentralkomitee. „In den nächsten Jahren muß es unsere wichtigste Aufgabe sein, qualitativ zu den führenden bourgeoisen Staaten aufzuschließen und alle Anstrengungen auf die Schaffung, die Förderung und den Ausbau unserer eigenen sowjetischen Kader von Wissenschaftlern, Konstrukteuren und Ingenieuren zu richten."

Bei einem 1923 außerhalb von Moskau stattfindenden Flugtag lagern sich die Zuschauer am Platzrand oder besichtigen die Flugzeuge einer Jagdstaffel.

Gigantische Zeugen sowjetischer Technologie

Als die riesige achtmotorige *Maxim Gorki* am 19. Juni 1934 zum erstenmal über Moskau erschien, waren die Sowjetbürger im ganzen Lande zu Recht stolz. Von der *Gorki* zu reden bedeutete, in Superlativen zu sprechen. Mit 62,80 Metern Spannweite, insgesamt 500 Quadratmetern Tragfläche und dem phantastischen Abfluggewicht von über 40 Tonnen war sie das bei weitem größte Flugzeug der Welt. Ihre Höchstgeschwindigkeit übertraf mit 260 Stundenkilometern die vieler Jagdflugzeuge. Mit ihren 2000 Kilometern Reichweite konnte sie von Moskau nach Leningrad und wieder zurückfliegen, ohne tanken zu müssen.

Die militärischen Möglichkeiten der *Maxim Gorki* blieben den Nachbarn der Sowjetunion Mitte der dreißiger Jahre nicht verborgen. Ein Staat, der solche ehrfurchtgebietenden Flugzeuge baute, konnte – und tat dies auch – große Flotten schwerer Langstreckenbomber bauen. Aber dieses spezielle Symbol sowjetischer Technologie und kommunistischer Macht sollte keine Bomben, sondern Propaganda tragen. Das von Andrei Tupolew, dem berühmtesten sowjetischen Fluzeugkonstrukteur, entworfene und nach einem berühmten russischen Schriftsteller der Revolutionszeit benannte Flugzeug war als Flaggschiff einer einzigartigen Propagandastaffel eingerichtet, die den Auftrag hatte, regierungsamtliche Verlautbarungen bis in die letzten Winkel des sowjetischen Riesenreichs zu tragen.

Die *Maxim Gorki* oder ANT-20, wie die Musterbezeichnung lautete, war für diese Aufgabe hervorragend geeignet. Riesige Landeklappen und starke Radbremsen ermöglichten Landungen mit 100 Stundenkilometern auf 400 Meter langen unbefestigten Plätzen. Dort sammelten sich Neugierige unter den Tragflächen, um mit Propaganda eingedeckt zu werden. Wenn keine Landung möglich war, imponierte die *Gorki* mit einem spektakulären Überflug, ließ Flugblätter herabregnen, strahlte Musik und Lautsprecherdurchsagen ab, projizierte riesige Bilder auf höhere Wolken und ließ mit roten Glühbirnen auf den Flächenunterseiten patriotische Losungen aufleuchten.

Obwohl die *Maxim Gorki* im Jahre 1935 nach einem Zusammenstoß mit einem Begleitjäger abstürzte, wurde sie einige Jahre später durch einen weiteren Riesen ersetzt, der die Bezeichnung ANT-20bis erhielt. Dieses mit der *Gorki* identische Schwesterflugzeug, das lediglich statt der ursprünglichen acht Motoren sechs stärkere Triebwerke erhalten hatte, war als Langstreckenverkehrsflugzeug ausgelegt, das 64 Passagiere und acht Besatzungsmitglieder befördern konnte. Dieses Muster wurde in 16 Exemplaren gebaut, von denen viele noch Ende des Zweiten Weltkriegs im Dienst standen.

Bei einer 1935 in Moskau stattfindenden Militärparade fliegt das von zwei vergleichsweise winzig wirkenden Jagdflugzeugen I-4 begleitete Riesenflugzeug „Maxim Gorki" über den Roten Platz.

47

In einem Werk bei Moskau beplanken Arbeiter die Tragfläche der „Gorki" mit Duralumin-Wellblechen. Die kleine Kanzel ist der Posten eines Mechanikers.

Die „Gorki" steht in Abstellposition auf dem Werksflugplatz. Ihre riesigen Tragflächen konnten über 40 Tonnen Abfluggewicht auf über 5000 Meter Höhe heben.

Passagiere gehen zu einem Langstreckenflug an Bord einer der „Gorki" ähnlichen ANT-20bis, in deren dicke Flächenwurzeln Schlafkabinen eingebaut waren.

Ein Flugzeug im Dienste der Propaganda

Für ihre Propagandaeinsätze war die *Maxim Gorki* mit allen nur denkbaren Einrichtungen ausgestattet: einer Druckerei, einem Photolabor, einer Funkkabine, einem Speiseraum, der sich rasch in ein kleines Filmtheater verwandeln ließ, und Schlafräumen für das Dutzend staatlicher Propagandisten, das an Bord des riesigen Flugzeugs lebte und arbeitete. Zu der achtköpfigen Besatzung gehörten drei Bordmechaniker, von denen zwei ihren Posten in den Tragflächenkanzeln hatten, um die 900 PS leistenden Zwölfzylindermotoren zu überwachen. Die Bordmechaniker konnten die in die Tragflächen eingebauten Motoren notfalls im Flug von Korridoren aus warten, die eineinhalb bis zwei Meter lichte Höhe hatten.

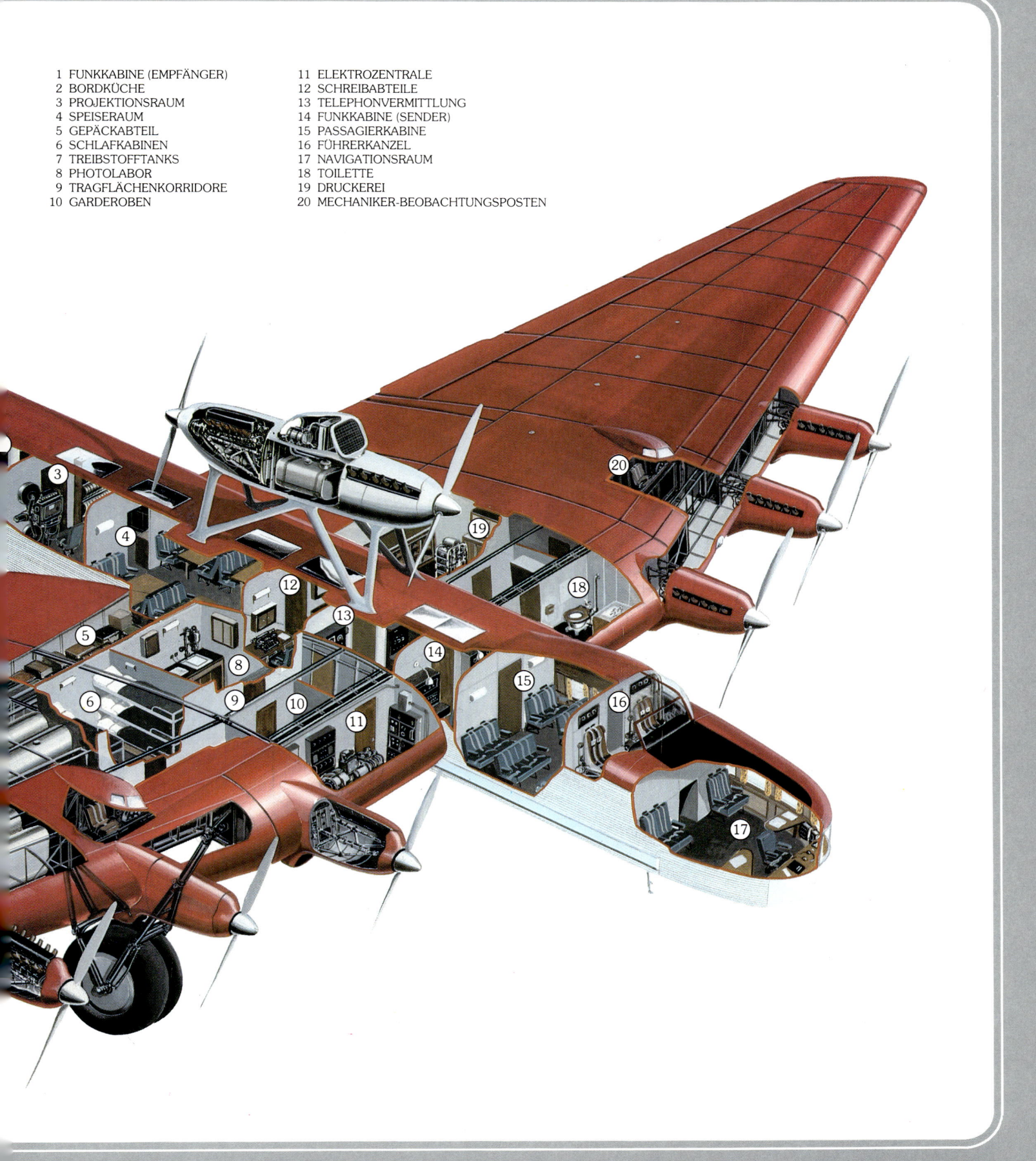

1 FUNKKABINE (EMPFÄNGER)
 2 BORDKÜCHE
 3 PROJEKTIONSRAUM
 4 SPEISERAUM
 5 GEPÄCKABTEIL
 6 SCHLAFKABINEN
 7 TREIBSTOFFTANKS
 8 PHOTOLABOR
 9 TRAGFLÄCHENKORRIDORE
10 GARDEROBEN
11 ELEKTROZENTRALE
12 SCHREIBABTEILE
13 TELEPHONVERMITTLUNG
14 FUNKKABINE (SENDER)
15 PASSAGIERKABINE
16 FÜHRERKANZEL
17 NAVIGATIONSRAUM
18 TOILETTE
19 DRUCKEREI
20 MECHANIKER-BEOBACHTUNGSPOSTEN

51

Glucken
mit tödlichen Küken

Im Jahre 1935 besaß die Sowjetunion mehr schwere Langstreckenbomber als sämtliche anderen Weltmächte zusammen: fast 1000 riesige Kriegsflugzeuge, darunter 800 viermotorige Tupolew TB-3 *(rechts)*, die 1300 Kilometer im Nonstopflug zurücklegen und dabei fast drei Tonnen Bomben schleppen konnten. Aber trotz dieses imposanten Arsenals machten sich sowjetische Luftkriegstaktiker schon lange Sorgen wegen der Verwundbarkeit ihrer Bomberverbände im Kriegsfall. Bei Einsätzen tief im Feindesland konnten selbst die größten Bomber von Schwärmen feindlicher Jäger überwältigt werden, wenn es nicht gelang, sie durch Langstrecken-Begleitjäger zu schützen. Eine Lösungsmöglichkeit stammte von dem einfallsreichen jungen Ingenieur Wladimir Wachmistrow, der auf die Idee kam, einige der großen Bomber zu fliegenden Flugzeugträgern umzubauen, von denen herkömmliche Kurzstreckenjäger starten konnten.

Mitte der dreißiger Jahre begann Wachmistrow mit einer bemerkenswerten Versuchsreihe, bei der er verschiedene Kombinationen von Bombern, die als „Glucken" bezeichnet wurden, und Jagdflugzeugen — „Küken" oder „Parasiten" genannt — verwendete. Der Höhepunkt wurde im Jahre 1935 erreicht, als eine TB–3 nicht weniger als fünf Begleitjäger trug und startete.

Das Interesse an den „Küken" oder „Parasiten" schwand Ende der dreißiger Jahre teils wegen technischer Probleme, teils wegen des Wechsels der sowjetischen Taktik, die nun der Luftnahunterstützung des Heeres den Vorzug vor Luftangriffen mit Langstreckenbombern gab. Aber Wachmistrows Arbeit war nicht ganz vergeblich gewesen. Während des Zweiten Weltkriegs operierte eine Gruppe von sechs TB-3, die jeweils zwei Jagdbomber I-16 trugen, bis Ende 1942 erfolgreich von der Krim aus gegen Ziele in Rumänien und der Ukraine.

Eine Kette schwerer Bomber TB-3 des Fernost-Kommandos befindet sich im Jahre 1936 auf einem Patrouillenflug über dem Amur, dem Grenzfluß zwischen China und der Sowjetunion. Die Transportversion der TB-3 konnte drei Tonnen Fracht oder 30 Fallschirmjäger befördern.

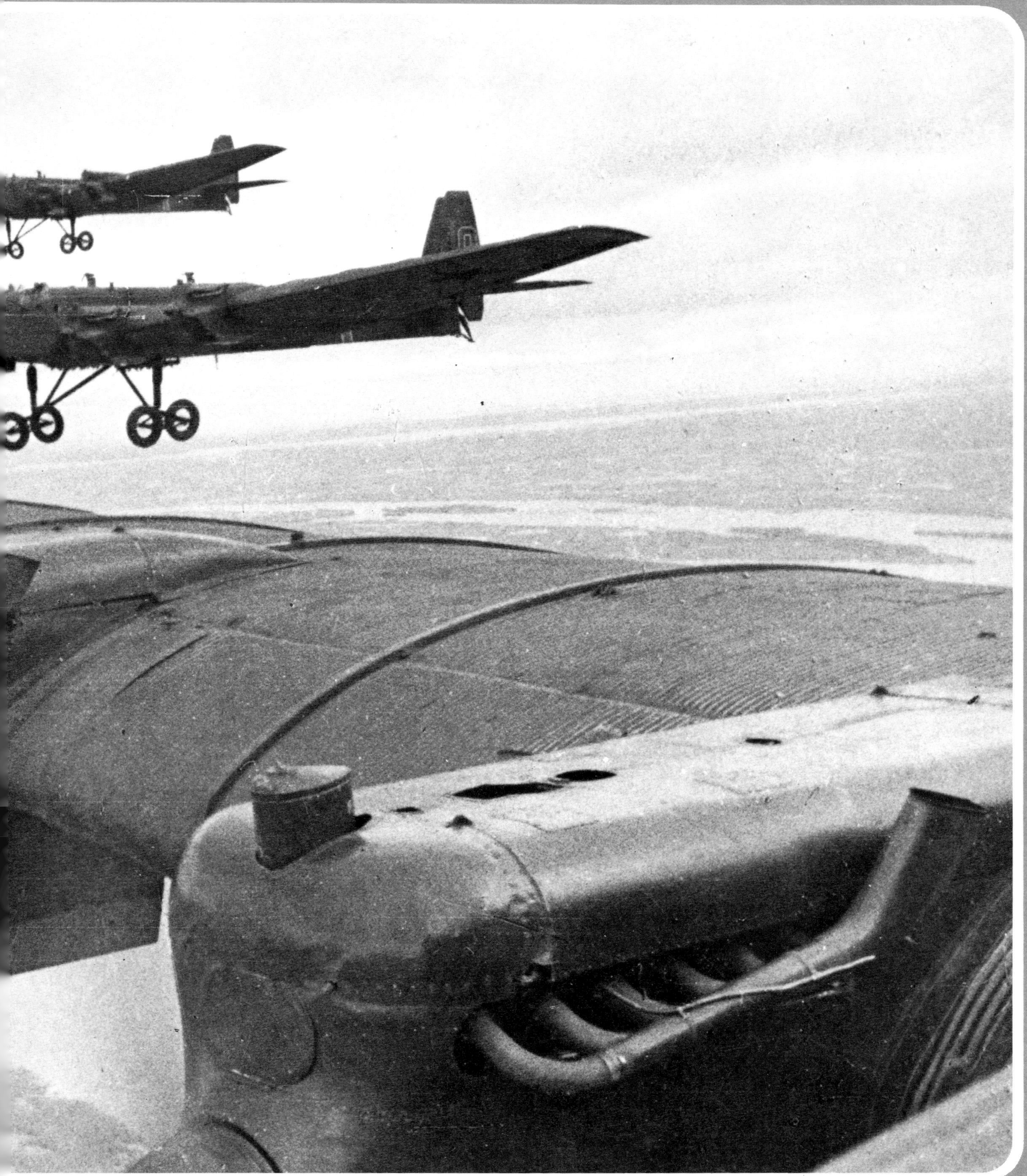

Vor einem der ersten Versuche, Begleitjäger von einem Trägerflugzeug aus zu starten, wird 1931 ein Jäger I-4 über eine Rampe auf die Tragfläche eines zweimotorigen Bombers TB-1 gerollt. Die Versuche verliefen erfolgreich – zur Enttäuschung skeptischer militärischer Beobachter, die über „Wachmistrows Zirkus" gespottet hatten.

Bei einem 1932 durchgeführten ähnlichen Versuch stehen drei Jagdflugzeuge I-5 sicher in ihren Halterungen auf Rumpf und Tragflächen eines viermotorigen Bombers TB-3. Obwohl alle drei Jäger einwandfrei starteten, mußte diese Anordnung wegen der schwierigen Anbringung des mittleren Flugzeugs wieder aufgegeben werden.

Im Zweiten Weltkrieg hängt ein Jagdbomber I-16, der zwei 250-Kilogramm-Bomben trägt, unter der Fläche seines Trägerflugzeugs TB-3. Der große Bomber konnte zwei dieser Maschinen Hunderte von Kilometern weit ins feindliche Hinterland tragen, wo sie dann im Sturzflug kleine, aber wichtige Ziele — oft Brücken — angriffen. Danach hatten die I-16 noch genügend Treibstoff, um zu einem sowjetischen Flugplatz zurückzufliegen.

Diese historische Aufnahme aus dem Jahre 1931 hält einen der ersten Starts bemannter Jäger von einem fliegenden Trägerflugzeug aus fest. Mit den Motoren aller drei Flugzeuge erreichte die Kombination etwa 3000 Meter Höhe, wo die Halterungen der Jäger gelöst wurden.

Bei dieser in der Öffentlichkeit als „Wachmistrows Bukett" bekannten Flugvorführung fliegen 1935 sechs Maschinen als Einheit. Die TB-3 startete mit zwei Jagdflugzeugen I-5 auf den Tragflächen und zwei I-16 darunter. In 1000 Meter Höhe wurde ein einziehbares Trapez herabgelassen, in das sich ein heranfliegender Jäger I-Z einhaken konnte, bevor alle fünf Flugzeuge ausgeklinkt wurden.

Bei einer Flugvorführung im Jahre 1934 erfaßt ein mit einem Fanghaken ausgerüsteter sehr wendiger Jäger I-Z die unterste Sprosse eines an einer TB-3 angebrachten Trapezes mit vier Meter Länge. Der Jäger konnte dann ausgeklinkt oder unter den Rumpf gezogen werden, um in dieser Stellung ungefährdet mit dem Trägerflugzeug zu landen.

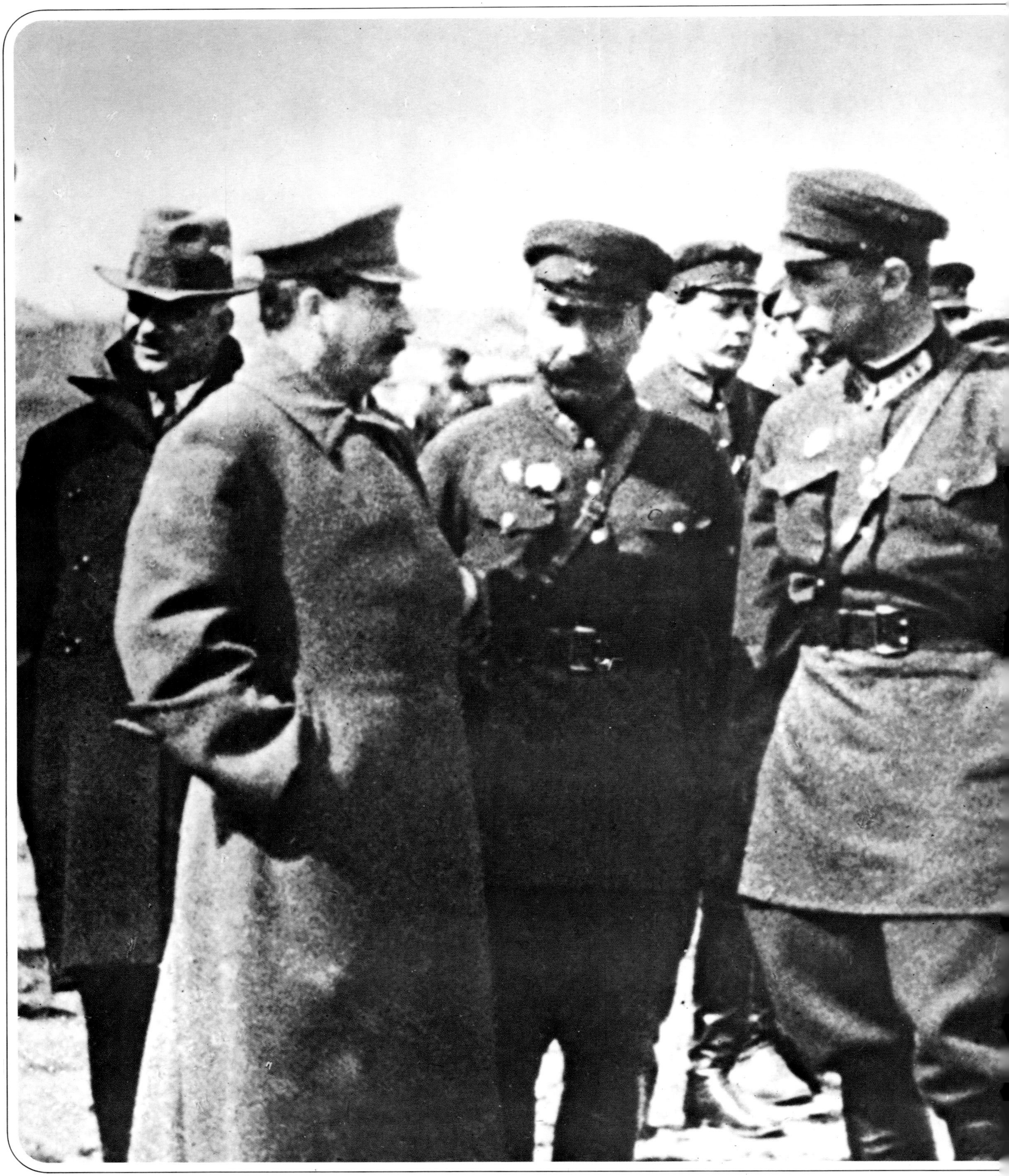

2
Eine Demonstration militärischer Stärke

Der Prototyp eines Jagdflugzeugs, der eines Morgens im Jahre 1930 aus den Hallen der Staatlichen Flugzeugfabrik Nr. 39 rollte, trug ein merkwürdiges Kennzeichen: einen roten Stern mit den großen Buchstaben WT. Der rote Stern war selbstverständlich als Symbol der bolschewistischen Revolution vertraut. Aber die Buchstaben WT bedeuteten *Wnutrennaja Tjur'ma*, wörtlich „internes Gefängnis", und deuteten damit an, daß dieser Jäger unter eigenartigen Umständen entwickelt und gebaut worden war.

Die in der Nähe von Moskau liegende Staatliche Flugzeugfabrik Nr. 39 war in Wirklichkeit eine sowjetische Strafanstalt. Das Flugzeug war nicht nur von Zwangsarbeitern gebaut worden, sondern – was noch bemerkenswerter war – die beiden Insassen, die es konstruiert hatten, gehörten zu den begabtesten Flugzeugbauingenieuren der Sowjetunion. Einer der beiden war Dmitri Grigorowitsch, der Schöpfer der Flugboote, die im Ersten Weltkrieg von der zaristischen Marine eingesetzt worden waren. Der andere war Nikolai Polikarpow, der als Igor Sikorskis Nachfolger den Bau der Ilja-Muromez-Bomber in der Russisch-Baltischen Waggonfabrik beaufsichtigt hatte. Seit damals hatte Polikarpow mehrere höchst erfolgreiche Flugzeuge konstruiert, darunter den vielseitigen Doppeldecker Po-2 *(S. 94–95)*. Im Jahre 1927 hatte der Diktator Josef Stalin jedoch ein überlegenes Jagdflugzeug russischer Konstruktion und aus russischer Produktion für die Luftwaffe gefordert – und als zwei Jahre verstrichen waren, ohne daß Grigorowitsch oder Polikarpow einen brauchbaren Jäger konstruiert hatten, wurden beide eingesperrt und erhielten den Auftrag, ihre Entwicklungsarbeit unter strenger staatlicher Aufsicht fortzuführen.

Die widersinnige Erwartung, daß sich Begabungen ausgerechnet hinter Gittern entfalten würden, konnte nur im Sowjetrußland der zwanziger und dreißiger Jahre gehegt werden. Andererseits spiegelt nichts besser die Dringlichkeit wider, mit der die sowjetische Führung die von ihr für notwendig erachtete große, moderne Luftwaffe zu schaffen versuchte – oder die Launen und Methoden Stalins, der den riesigen neuen Staat nach seinem eigenen Gutdünken zu gestalten versuchte.

Das Werkzeug zur Durchsetzung von Stalins Willen war die unter der Abkürzung NKWD (Volkskommissariat für Innere Angelegenheiten) bekannte Geheimpolizei. Sie hielt alle Lebensbereiche der Sowjetbürger unter scharfer Beobachtung. Die in der Luftfahrt Beschäftigten stießen in Forschung, Produktion, Flugerprobung, Strategie und Kampftaktik auf den allgegenwärtigen NKWD. Jeder Fehler eines Konstrukteurs, eines

Der sowjetische Diktator Josef Stalin unterhält sich im Jahre 1936 in der Aufbauperiode der Roten Luftwaffe mit Marschall Semjon Budjonny (Mitte) und Luftwaffenoberbefehlshaber Jakow Alksnis, der später im Zuge der Großen Säuberung verhaftet und hingerichtet wurde.

Eine Demonstration militärischer Stärke

Ingenieurs, eines Fabrikdirektors oder eines Offiziers konnte zu einer Vorladung in die Schreckenskammern der Geheimpolizei führen – oder, was noch schlimmer war, zur sofortigen Verhaftung und dem Abtransport in einem der als „Raben" bekannten schwarzen Wagen. Die Zahl der Verhaftungen und Verurteilungen zu Haftstrafen wuchs ständig, bis die Geheimpolizei in der zweiten Hälfte der dreißiger Jahre eine gigantische Säuberungsaktion durchführte. Statt Festnahmen und Haftstrafen gab es nun Massenmorde in nie dagewesenem Ausmaß.

Die sowjetische Luftfahrt machte in diesem Jahrzehnt große Fortschritte. Mitte der dreißiger Jahre beschäftigte die Flugzeugindustrie 350 000 Arbeiter, die in drei Schichten Tag und Nacht tätig waren. „Man gewinnt den Eindruck, als erzeuge die sowjetische Industrie mit zehnmal mehr Arbeitskräften zwanzigmal mehr Flugzeuge als die französische", schrieb Louis Charles Breguet, ein französischer Flugzeughersteller, der 1936 die Sowjetunion bereiste. Mit ihren inzwischen ganz aus einheimischer Produktion stammenden Flugzeugen bemühten sich die Sowjets eifrig darum, sämtliche Flugrekorde an sich zu bringen. Bis 1938 errangen sie nicht weniger als 62 Geschwindigkeits-, Höhen- und Streckenweltrekorde.

Trotz ihrer Vielzahl und ihrer publizistisch ausgeschlachteten Triumphe in Friedenszeiten erwiesen sich sowjetische Flugzeuge und Piloten oft als überraschend schwach, wenn sie kämpfen sollten: im Spanischen Bürgerkrieg, in dem sie der im Aufbau befindlichen deutschen Luftwaffe nicht gewachsen waren; in der Mandschurei, in der sie anfangs Mühe hatten, sich gegen unterlegene japanische Luftstreitkräfte zu behaupten; in Finnland, wo sie, als sie sich eines sofortigen Sieges gewiß waren, von einer kleinen Truppe zäher Flieger, die veraltete Maschinen flogen, in größte Verlegenheit gebracht wurden. Zugleich versäumten es die Sowjets auf unerklärliche Weise, Vorkehrungen gegen die von ihnen anscheinend nicht einmal erkannte Bedrohung durch das nationalsozialistische Deutschland zu treffen, das gegen Ende jenes Jahrzehnts bereits Aufklärungsflüge über russischem Territorium durchführte. Das Ergebnis dieser erstaunlichen Mischung von Erfolg und Versagen war die Rote Luftwaffe, wie sie beim Kriegseintritt der Sowjetunion im Jahre 1941 bestand.

Schon im Jahre 1925 hatte die sowjetische Führung entschieden, Rußland brauche Jagdflugzeuge eigener Konstruktion und Herstellung; alle ausländischen Flugzeuge seien „unverzüglich" aus dem aktiven Dienst zu ziehen. Diese Forderung war unrealistisch, denn die sowjetische Luftwaffe war noch immer völlig auf ausländische Konstruktionen angewiesen: auf Muster der englischen Firma De Havilland, der deutschen Firmen Heinkel und Junkers, der italienischen Ansaldo und Savoia. Und 80 Prozent dieser Maschinen waren Aufklärer; die Rote Luftwaffe besaß nur wenige Jäger. Außerdem konnten es sich die sowjetischen Ingenieure kaum leisten, auf ausländisches Fachwissen zu verzichten. Ihr Land war industriell noch so unterentwickelt, daß die Arbeiter jedes Luftschraubenblatt in Handarbeit fertigen mußten. Aber die Erinnerung an die Behinderungen, die der Mangel an ausländischen Flugzeugen im Ersten Weltkrieg verursacht hatte, war noch zu frisch. Im Jahre 1928 verkündete Stalin den ersten von mehreren Fünfjahresplänen, durch die Rußland industriell autark werden sollte. Dieser Plan forderte eine Luftwaffe, deren Größe die Luftwaffen aller angrenzenden potentiellen Gegner zusammengenommen übertreffen sollte. Allein bei Bombern betrug die vorgesehene Produktionsquote 500 bis 600 Maschinen pro Jahr.

Der Konstrukteur Andrei N. Tupolew demonstriert die Belastbarkeit seiner neuesten Konstruktion, des zweimotorigen Ganzmetallbombers ANT-4 aus dem Jahre 1925, indem er sich auf eine mit Aluminium-Wellblech beplankte Tragfläche stellt. Der erfinderische Tupolew ergänzte Flächen und Leitwerk der ANT-4 später durch einen neuen Rumpf und schuf so das Verkehrsflugzeug ANT-9, das als erstes sowjetisches Flugzeug über 30 Fluggäste befördern konnte.

Nikolai Polikarpow (links) lernt 1934 in einer Fabrik, in der seine Flugzeuge gebaut werden, verspätet eine Schulmaschine fliegen. Als Leiter der Jägerentwicklung in den dreißiger Jahren konzentrierte sich Polikarpow auf sehr wendige, aber relativ langsame Doppeldecker – keine Gegner für die schnellen Eindecker, mit denen die deutsche Luftwaffe im Juni 1941 angriff.

Von allen Flugzeugtypen stellte der Jäger die höchsten konstruktiven und technischen Anforderungen. Wie Polikarpow auf einer Konferenz sowjetischer Konstrukteure und Luftwaffenkommandeure ausführte, mußte ein Jäger wendig sein und brauchte deshalb viel Leistung. Eine Leistungserhöhung machte ihn jedoch schwerer und dadurch schwerfällig. Polikarpow hatte einige Muster konstruiert, die zu lahm waren, und Grigorowitsch einige, die zu schwer waren; mehrere Versuchsmuster waren unmittelbar nach dem Start abgestürzt. Beide Männer wurden wegen „Verschwörung zur Sabotage an der Flugzeugindustrie" verhaftet.

Als diese Anklage gegen sie erhoben wurde, befanden sich etwa 600 000 Russen in mindestens sechs Gefangenenlagern. Darunter waren rund 400 Konstrukteure, Ingenieure und Techniker – ausreichend Personal für ein spezielles „Häftlings-Konstruktionsbüro", das in einem ehemaligen Hotel neben der NKWD-Zentrale eingerichtet worden war. Polikarpow und Grigorowitsch erhielten eine Gruppe technischer Zeichner zugewiesen und mußten sich an die Arbeit machen. Innerhalb von acht Monaten entwarfen Grigorowitsch, Polikarpow und ihre 40 Mitarbeiter mit der WT den von Stalin so heiß begehrten Jäger.

Die WT war keine Schönheit. Der kleine Doppeldecker hatte einen gedrungenen Rumpf und nur sechs Meter Spannweite. Er fiel auch nicht durch überragende Geschwindigkeit auf, sondern erreichte lediglich 285 Stundenkilometer – ungefähr 15 Stundenkilometer weniger, als die amerikanischen Curtiss Hawks und die englischen Bulldogs schafften. Aber das Flugzeug besaß andere Qualitäten, die diesen Nachteil mehr als wettmachten. Es stieg mit acht Metern in der Sekunde, erreichte 8000 Meter Höhe und war hervorragend leicht zu steuern. Kein geringerer Offizier als Jakow Alksnis, der damalige stellvertretende Oberbefehlshaber der Luftstreitkräfte, unternahm selbst einen Probeflug mit der neuen Maschine und bezeichnete sie als erstklassig. Als ihre guten Eigenschaften bekannt wurden, kamen weitere hohe Funktionäre auf den Werksflugplatz, um sich die Maschine vorfliegen zu lassen. Auch Stalin gehörte zu ihnen. Er änderte die Bezeichnung WT in I-5 um (wobei das I für *Istrebitel* – Jäger – stand), ordnete die Serienproduktion dieses Musters an und belohnte Polikarpow und Grigorowitsch damit, daß er ihnen die Freiheit schenkte.

Während das Jägerproblem dem Kreml Sorgen machte, kam die Bomberentwicklung gut voran, was zum Teil auf die Tatsache zurückzuführen war, daß Bomber nicht ganz so große Probleme aufwarfen wie Jagdflugzeuge. Bomber brauchten weder so schnell noch so wendig wie Jäger zu sein. Statt dessen mußten sich die Konstrukteure mit Größen- und Reichweitenproblemen herumschlagen: Es galt, Flugzeuge für große Nutzlasten zu bauen und sie über immer größere Entfernungen hinweg ins Ziel zu bringen. Den russischen Konstrukteuren fiel es nicht schwer, diese Anforderungen zu erfüllen. Sie hatten schon zu Beginn der dreißiger Jahre die größten Flugzeuge gebaut: Riesenflugzeuge, die Rekorde in bezug auf Spannweite, Antriebsleistung, Abfluggewicht und Zuladung brachen und Gebiete wie die Arktis überflogen, die allerhöchste Ansprüche an die Leistungsfähigkeit von Mensch und Maschine stellten.

Der Erfinder, der diese Rekordflugzeuge möglich machte, war Andrei N. Tupolew, ein ehemaliger Schüler des großen Gelehrten Nikolai Schukowski. Im Laufe seiner fast ein halbes Jahrhundert umspannenden großartigen Laufbahn sollte Tupolew über hundert verschiedene Flugzeuge konstruieren – eine Leistung, die an sich bereits einen Rekord darstellte. Er begann im Jahre 1921 bescheiden mit der ANT-1, deren Buchstabenkombination aus dem Monogramm Tupolews bestand. Das Flugzeug war eine einsitzige Sportmaschine mit 100 Stundenkilometern Höchstgeschwindigkeit. Vier Jahre später, nach zwei weiteren Konstruktionen, stellte er im Rahmen seiner Tätigkeit im ZAGI (dem Zentralen Aero- und Hydrodynamischen Institut) die ANT-4 fertig, einen zweimotorigen schweren Bomber von 29,60 Meter Spannweite und 18,30 Meter Länge. Er war beinahe so groß wie die berühmte *Ilja Muromez* und doppelt so leistungsfähig. Bei Versuchsflügen erreichte das neue Muster zwar nur mittelmäßige 165 Stundenkilometer, aber es konnte 900 Kilogramm Bomben und so viel Treibstoff schleppen, daß seine Reichweite bei über 1000 Kilometern lag. Die bald in Serie gebaute ANT-4 wurde eine der Hauptstützen der Roten Luftwaffe. In den folgenden sieben Jahren verließen insgesamt 216 ANT-4 die Montagehallen.

Die besondere Bedeutung der ANT-4 lag darin, daß sie der Prototyp einer ganzen Familie von Riesenbombern war. Fünf Jahre nach der ANT-4 brachte Tupolew die ANT-6 heraus, die vier statt zwei Motoren aufwies und 4500 Kilogramm Bomben tragen konnte. Die Produktion der ANT-6 begann 1932; als sie 1937 auslief, hatte die sowjetische Luftwaffe über 800 dieser Bomber erhalten. Die ANT-Serie ging bis zur Konstruktionsnummer 42 im Jahre 1938 weiter, als das letzte Modell mit über 3500 Kilogramm Bombenzuladung 300 Stundenkilometer erreichte.

Unterdessen stiegen die jährlichen Produktionsziffern für Flugzeuge aller Typen steil an. Im Jahre 1930 baute die Sowjetunion etwa 860 Flugzeuge; nur zwei Jahre später reichte die Produktion aus, um die Ist-Stärke der sowjetischen Luftwaffe auf 2200 einsatzbereite Flugzeuge zu bringen.

Die sowjetische Luftmacht übertraf nun die jedes westlichen Staates. Die Streitkräfte der Vereinigten Staaten konnten noch am ehesten mithalten: Im Juni 1932 besaßen die Vereinigten Staaten 1709 Militärflugzeuge. Aber in Großbritannien hatte die R. A. F. im Jahre 1933 kaum 850 Flugzeuge; davon standen nur 488 für Verteidigungszwecke zur Verfügung, und alle diese Maschinen waren Doppeldecker, deren Leistungen kaum höher lagen als die Leistungen der im Ersten Weltkrieg gebauten Muster. Deutschland besaß in diesem Jahr angeblich überhaupt keine Militärflugzeuge, zog aber zwei Jahre später schlagartig die Aufmerksamkeit der Weltöffentlichkeit auf sich, als Reichskanzler Adolf Hitler im März 1935 die Existenz der deutschen Luftwaffe bekanntgab. Ihre Stärke betrug 2000 Flugzeuge unterschiedlicher Zweckbestimmung. Die Produktion war unter Mißachtung der Verbotsklauseln des Versailler Vertrages heimlich angelaufen. Viele Maschinen der neuen Luftwaffe waren bis dahin als Eigentum von Fliegerclubs und Polizeistaffeln getarnt gewesen.

Die Sowjetunion war weit davon entfernt, ihre Fortschritte verbergen zu wollen. Sie legte sogar Wert darauf, sie aller Welt vorzuführen. Großverbände ihrer wachsenden Luftwaffe erschienen regelmäßig zu den jährlichen Flugparaden an Feiertagen. Am 1. Mai 1932 wurde Moskau von neun fabrikneuen ANT-6, 70 ANT-4, 59 Aufklärungsbombern und 27 Jägern des Typs I-5 überflogen. Um die Kampfkraft der sowjetischen Luftwaffe auch im Ausland zu unterstreichen, entsandte Stalin die großen Bomber zu Demonstrationsflügen nach Berlin, Paris, Rom und sogar ins ferne Tokio. Stalin lobte die Flieger als den Idealtyp des „neuen Sowjetmenschen". Er überhäufte sie mit Auszeichnungen und lud sie unter großem Aufsehen in sein sonst nur wenigen zugängliches Arbeitszimmer ein, um neue Flüge mit ihnen zu planen. Oft verabschiedete er seine

Bei einer Zwischenlandung in Detroit auf ihrem berühmten Flug Moskau–New York im Oktober 1929 wird die mit der sowjetischen und der amerikanischen Flagge geschmückte „Sowjetland" von Reportern und Schaulustigen belagert. Der schwere Bomber flog zuerst nach Sibirien und dann im Nonstopflug rund 8000 Kilometer über den Pazifik bis zur amerikanischen Westküste.

Helden auf dem Flugplatz und war meistens zur Begrüßung da, wenn sie von erfolgreichen Flügen zurückkehrten.

Mitte der dreißiger Jahre waren die Leistungen der Sowjets die Sensation in Fachkreisen. Im Mai 1935 kam es jedoch zu einem peinlichen Unfall, der durch bloßen Leichtsinn verursacht wurde. Das damals größte Flugzeug war Andrei Tupolews *Maxim Gorki (S. 50–51)* – ein 1934 gebautes, riesiges achtmotoriges Verkehrsflugzeug, das ausdrücklich für die Verbreitung kommunistischer Propaganda in der gesamten Sowjetunion eingesetzt wurde. Nachdem sich die *Maxim Gorki* während elf Monaten auf Propagandaflügen über Dutzenden von russischen Städten gezeigt hatte, startete sie auf dem Flugplatz Tuschino bei Moskau zu einem Sonderflug. Bei diesem Flug sollte ein Dokumentarfilm über die *Maxim Gorki* zur Aufführung in Schulen, Aeroclubs und Fabriken im In- und Ausland gedreht werden. Zur Demonstration der Nutzlast des Riesenflugzeugs waren 44 Personen an Bord, unter denen sich mehrere ZAGI-Techniker und -Ingenieure befanden, die als Belohnung einen Rundflug mit ihren Familien machen durften.

Hinter der *Maxim Gorki* flog ein Aufklärer des Typs R-5 mit dem Kameramann an Bord. Um seine Größe noch zu unterstreichen, wurde der Riese von einem winzigen Jäger des Musters I-5 begleitet. Der Pilot des Jagdflugzeugs, ein gewisser Nikolai Blagin, war als Angeber bekannt.

Die Flugzeuge befanden sich noch nicht lange in der Luft, als dem Piloten der *Maxim Gorki* auffiel, daß Blagin zu dicht an seine linke Tragfläche heranflog. Er forderte den Jäger über Funk auf, doch „bitte in sicherere Entfernung abzudrehen". Blagins Antwort kam knackend durch den Kopfhörer: „Ich werd' euch zeigen, was für ein guter Flieger ich bin!" Mit diesen Worten begann er einen Looping um die Tragfläche des Riesenflugzeugs. Er stieg und ging in den Rückenflug über. Und dann setzte

Eine Demonstration militärischer Stärke

Blagins Motor zum Entsetzen Tausender von Zuschauern aus. Einen Augenblick lang hing der Jäger auf dem Rücken in der Luft, bevor er abstürzte und sich in den Flügel der *Maxim Gorki* bohrte. Durch den Aufprall wurde einer der acht Motoren aus seiner Aufhängung gerissen. Der Jäger blieb sekundenlang eingeklemmt, löste sich dann und knallte gegen das Seitenruder der *Maxim Gorki*. Der Riese erzitterte, legte sich auf die Seite und begann, in der Luft auseinanderzubrechen. Passagiere und Besatzung der *Maxim Gorki* wurden in 700 Meter Höhe aus dem Flugzeug geschleudert. Es gab keine Überlebenden.

Aber die Erinnerung an dieses Unglück verblaßte rasch angesichts der Flut neuer sowjetischer Rekorde, die von den Kesselpauken sowjetischer Propaganda begleitet wurden. In den Jahren 1935 und 1936 brachen Stalins „Falken" über ein halbes Dutzend Höhenrekorde, die bis dahin von Frankreich und Italien gehalten worden waren. Im Mai 1937 gelang ihnen eine spektakuläre Erstleistung: eine Flugzeuglandung auf dem Nordpol. Um diese Leistung gebührend zu würdigen, berichtete der Rundfunk täglich über Einzelheiten der Expedition. In einem Funkspruch der Flieger hieß es: „Wir versammelten uns unter freiem Himmel, aber wir spürten die Kälte nicht, denn wir waren in die warmen Worte gehüllt, in denen die Fürsorge des großen Stalin mitschwang."

Der größte Triumph folgte im Juni 1937, als Waleri Tschkalow, Georgi Baidukow und Alexander Beljakow Luftfahrtgeschichte machten, indem sie als erste eine Transpolarroute zwischen Europa und Nordamerika beflogen. Ihr Flugzeug war natürlich eine Tupolew: die ANT-25, ein riesiger, schmetterlingsähnlicher Eindecker mit nur einem Motor und mächtigen Tragflächen voller Treibstofftanks. Nach dem Start in Moskau blieben die Flieger 62½ Stunden in der Luft und landeten schließlich nach einem Nonstopflug von fast 9000 Kilometern in Vancouver, Washington. Ihre Leistung faszinierte die Amerikaner kaum weniger als ihre eigenen Landsleute. Als die Flieger auf dem Rückweg in die Heimat die amerikanische Ostküste erreichten, wurden sie im Weißen Haus vom Präsidenten empfangen und mit fast ebensoviel Lob überhäuft wie Charles Lindbergh, als er ein Jahrzehnt zuvor den Atlantik bezwungen hatte.

Tschkalow sollte seinen Ruhm leider nicht lange genießen können. Innerhalb eines Jahres wurde er ein Opfer seines gefährlichen Berufs: Bei der Erprobung eines neuen Jägers von Polikarpow hatte er in niedriger Höhe einen Motordefekt und streifte bei einer versuchten Notlandung einen Telegraphenmasten. Das Flugzeug überschlug sich, und Tschkalow wurde aus dem Führersitz geschleudert. Er starb auf dem Transport ins Krankenhaus; sein Leichnam wurde feierlich aufgebahrt und dann an der Kremlmauer beigesetzt – eine ausschließlich verdienten Funktionären und Nationalhelden höchsten Ranges vorbehaltene Ehre.

Der Transpolarflug Tschkalows und seiner beiden Kameraden verfolgte wie die meisten Leistungen sowjetischer Flieger einen doppelten Zweck. Während sich die Sowjets in einer Art bewaffnetem Frieden übten, verloren sie die Erfordernisse eines Krieges nicht aus den Augen: Ein Staat, dessen Flugzeuge den Nordpol überflogen, konnte ebensoleicht Bomber zu jeder Großstadt Europas entsenden. Tatsächlich erprobte die Rote Luftwaffe schon damals ihre Soldaten und ihr Material auf den Schlachtfeldern des Spanischen Bürgerkriegs.

Dieser Krieg war im Juli 1936 als Machtkampf zwischen einer linksgerichteten republikanischen Regierung und einer Allianz rechtsstehender

Während eines öffentlichen Flugtags im Jahre 1938 steht der sowjetische Pilot T. P. Stefanowski in voller Fliegerbekleidung vor einer Staffel Schulflugzeuge UT-1. Stefanowski war ein berühmter Versuchsflieger: Er flog die riesigen Bomber TB-3, die Jäger auf ihren Flächen in die Luft trugen.

Gruppen ausgebrochen, die König Alfonso XIII. wieder auf den Thron setzen und sich selbst die Macht im Staate sichern wollten. Die politischen Verflechtungen hatten bewirkt, daß sich viele europäische Staaten rasch auf die eine oder andere Seite stellten. Als erste ernsthafte kriegerische Auseinandersetzung im Westen seit dem Ersten Weltkrieg waren die Ereignisse in Spanien von größtem Interesse für Militärs im allgemeinen und Flieger im besonderen. Als sich Generalissimus Francisco Franco, der Führer der rechtsstehenden Nationalspanier, mit der Bitte um Unterstützung an den Deutschen Adolf Hitler und den Italiener Benito Mussolini wandte, waren ihm die beiden Diktatoren deshalb gern gefällig.

Franco verfügte über 20 000 Mann für einen Vorstoß nach Madrid, aber seine Truppen saßen in Spanisch-Marokko fest. Hitler kam ihm zu Hilfe, indem er 30 Transportflugzeuge Ju 52 mit Besatzungen zur Verfügung stellte. Mit dem Transport von Francos Truppen aus Marokko nach Sevilla und Cádiz richteten sie die erste große strategische Luftbrücke der Militärgeschichte ein. Die Deutschen blieben in Spanien und bildeten den Kern der Legion Condor, die schließlich etwa 5000 Mann umfaßte und die mit bis zu 285 Maschinen Einsätze für Franco flog. Mussolini entsandte zwölf Transportflugzeuge Savoia 81. Insgesamt sollte Italien 763 Flugzeuge und 50 000 Mann im Spanischen Bürgerkrieg einsetzen.

Der Konflikt in Spanien stellte Stalin vor ein Dilemma. Obwohl die Sympathien der Kommunisten eindeutig den Republikanern gehörten, wagte Stalin nicht, sofort offen zu intervenieren. Damals bemühte er sich um ein besseres Verhältnis zu Frankreich und England, und diese beiden Staaten verfolgten eine Politik der Nichteinmischung. Stalin legte auch keinen Wert darauf, Hitler zu provozieren, der im Falle eines europäischen Krieges sein wahrscheinlichster Gegner war. Aber wenn er den Hilferuf linker Gesinnungsgenossen unbeantwortet ließ, mußte seine Glaubwürdigkeit bei Freund und Feind gleichermaßen leiden. Stalin entschloß sich deshalb zu einem Täuschungsmanöver. Am 29. August 1936 verbot er die Ausfuhr sowjetischen Kriegsmaterials nach Spanien – und einige Tage später genehmigte er insgeheim die Entsendung von Soldaten, Flugzeugen und Kampfmitteln, um die Republikaner zu unterstützen.

Die Fliegertruppe hatte 141 Piloten und wurde aus vielen der ranghöchsten und besten Flieger der Roten Luftwaffe gebildet. An ihrer Spitze stand der Litauer Jakow Smuschkewitsch, der als Politkommissar in die Luftwaffe eingetreten war. Die nach Spanien abkommandierten Flugzeugführer, die dort Erfahrungen sammeln sollten, stellten eine Elite dar und wurden im Halbjahresturnus abgelöst. Aber diese Tatsachen wurden erst viel später bekannt. Die Russen reisten als Touristen nach Spanien ein und nahmen dort Decknamen an, um ihre wahre Identität zu verbergen. Smuschkewitsch nutzte das Gerücht, in Spanien kämpften auch Amerikaner, um sich „General Douglas" zu nennen. Andere entschieden sich für spanischer klingende Namen wie „Genosse Pablo" – in Wirklichkeit der 25jährige Ukrainer Pawel Rytschagow, der sich mit 15 bestätigten Abschüssen als Jagdflieger-As auszeichnen sollte.

Trotz aller Tarnversuche blieb die sowjetische Intervention nicht lange geheim. Am 13. Oktober 1936 meldeten Zeitungskorrespondenten, der sowjetische Frachter *Bolschewik* habe in dem südspanischen Hafen Cartagena angelegt und 18 Jäger des Typs I-15 ausgeladen – von Polikarpow konstruierte wendige und 360 Stundenkilometer schnelle Maschinen. Bis Ende Oktober hatten die Reporter ein Dutzend sowjetischer Frachter und das Ausladen von rund 50 Flugzeugen registriert.

Eine Demonstration militärischer Stärke

Danach dauerte es nicht mehr lange, bis sowjetische Jäger und Bomber von Flugplätzen bei Madrid, Barcelona, Murcia, Cartagena, Valencia, Albacete, Baeza und in der Estremadura starteten, so daß ihre Plätze ein über ganz Spanien ausgebreitetes Netz bildeten.

Zum ersten Luftkampf kam es am Himmel über Madrid, wo deutsche und italienische Aufklärer kühne Einsätze für Francos Truppen flogen. Als am 4. November ein von zwei Fiat-Jägern C.R.32 begleiteter italienischer Aufklärer Ro-37 über dem durch Madrid fließenden Manzanares erschien, stieg ein Verband von zehn Doppeldeckern des Musters I-15 unter der Führung von „Genosse Pablo" im Alarmstart auf, um die Eindringlinge zu vertreiben. Die Russen schossen die beiden italienischen Jäger ab, die brennend abstürzten. Die Ro-37 konnte jedoch rechtzeitig abdrehen und meldete, die Angreifer seien amerikanische Curtiss-Doppeldecker gewesen. Aber diese falsche Identifizierung wurde bald berichtet, als immer mehr sowjetische Flugzeuge eintrafen, um gegen die Deutschen und Italiener um die Luftherrschaft auf dem spanischen Kriegsschauplatz zu kämpfen. Anfang 1937 standen in Spanien insgesamt 433 sowjetische Flugzeuge im Einsatz – hauptsächlich I-15, aber auch eine immer größere Zahl I-16, schnelle kleine Eindecker, die als erste Jagdflugzeuge ein Einziehfahrwerk besaßen *(S. 134)*. Die sowjetischen Verbände waren zahlenmäßig so stark, daß sie über 90 Prozent der Luftstreitkräfte der Republikaner stellten. Dadurch waren die Republikaner den aufständischen Nationalspaniern auf diesem Gebiet ums Doppelte überlegen.

Eine Zeitlang waren die sowjetischen Maschinen auch den deutschen und italienischen gegenüber im Vorteil. „Der Jäger He 51 war den roten I-15 und I-16 in bezug auf Geschwindigkeit und Feuerkraft eindeutig

Während des Spanischen Bürgerkriegs bauen sowjetische Mechaniker in einer geheimen Fabrik in Alicante Jäger I-15 zusammen. Insgesamt brachten sowjetische Frachter rund 1400 Militärflugzeuge nach Spanien. Viele von ihnen wurden im Einsatz von Piloten der Roten Luftwaffe geflogen, die unter Decknamen auf seiten der republikanischen Armee am Krieg teilnahmen.

Staffelkapitän Jakow Smuschkewitsch – unter dem Decknamen „General Douglas" Führer des sowjetischen Luftwaffenkontingents in Spanien – trifft sich im Jahre 1937 mit einigen seiner Piloten auf dem Flugplatz Alcañiz. Die Sowjets unterstützten die spanischen Republikaner nicht nur mit Piloten und Flugzeugen, sondern bildeten auch spanische Flieger in Rußland aus.

unterlegen", schrieb der Herzog von Lerma, der als 26jähriger spanischer Pilot 68 Bombenangriffe mit deutschen Junkers für Francos Truppen flog. Auch die italienischen Fiat-Jäger waren der I-15 nach Meinung des Herzogs in ihrer Feuerkraft unterlegen.

Den ganzen Winter 1936/37 hindurch wurde ein immer erbitterter werdender Luftkrieg geführt. Die deutschen und italienischen Bombenangriffe auf Nachschublager der Republikaner – und die Zivilbevölkerung – erreichten eine Intensität, wie sie im Ersten Weltkrieg unvorstellbar gewesen wäre. Die Republikaner verteidigten sich mit ganzen Schwärmen von sowjetischen Jägern. Im Februar 1937 gehörte der Herzog von Lerma zu einem Junkers-Verband, der einen Angriff gegen Nachschublinien der Republikaner östlich von Madrid flog. „Je näher wir den feindlichen Linien kamen, desto grimmiger wurde das Bild", schrieb der Herzog. „Rote Jäger schienen den Himmel zu füllen und nur darauf zu warten, sich auf uns zu stürzen, während wir mit unseren langsamen, würdevollen Junkers herankamen." Er flog sein Ziel zweimal an, pflügte durch die Jäger und „stieß jedesmal auf konzentriertes Flaksperrfeuer. Das war ein höchst eindrucksvolles und unheimliches Erlebnis; wir hatten bis dahin noch nichts Vergleichbares gesehen". Er erreichte sein Ziel schließlich im dritten Anflug, bei dem sein Flugzeug jedoch schwer beschädigt wurde. „Meine Maschine vibrierte vom Bug bis zum Heck", schrieb er. „Es war mir sehr schwergefallen, mich auf meinen Bombenangriff zu konzentrieren, denn ich wollte instinktiv nach meinem Maschinengewehr greifen und die sich zwischen unseren Bombern hindurchschlängelnden I-16 beharken."

Im Sommer 1937 war es nicht ungewöhnlich, daß in einer einzigen Luftschlacht bis zu 90 Flugzeuge in Luftkämpfe verwickelt durch den Himmel röhrten. Und an einem Oktobertag dieses Jahres flog die republikanisch-sowjetische Luftwaffe nicht weniger als 400 Einsätze gegen den Feind. Stalin, der nach außen hin weiter eine Scheinneutralität wahrte, zeichnete unterdessen in Moskau sowjetische Flieger öffentlich für ihre in Spanien bewiesene Tapferkeit aus.

Trotz der großen Zahl sowjetischer Flugzeuge und der Heldentaten ihrer Piloten veränderte sich das Kräfteverhältnis allmählich. Die Rote Luftwaffe sollte sich im Kampf schon bald im Nachteil befinden. Deutsche Offiziere, die sämtliche Einsätze in allen Einzelheiten analysierten, hatten neue Luftkampftaktiken entwickelt. Deutsche Ingenieure hatten fieberhaft an der Konstruktion verbesserter Jagdflugzeuge gearbeitet. Im Juli 1937 war ein neues deutsches Jagdflugzeug einsatzbereit: die Messerschmitt Me 109, ein kampfstarker kleiner Jäger, der rund 150 Stundenkilometer schneller war als die sowjetischen I-15 und I-16.

Der Einsatz der Me 109 bei Luftkämpfen im Spanischen Bürgerkrieg war ein Debakel für die Rote Luftwaffe. Im August schossen die Me 109 westlich von Madrid 60 rote Flugzeuge ab und in den ersten Septembertagen über Saragossa weitere 30 Maschinen. Die Me 109 waren nur das auffälligste der neuen Muster, die jetzt von den Deutschen in den Kampf geschickt wurden. Im Sommer 1937 setzten die Deutschen auch die von Heinkel und Dornier gebauten Bomber He 111 und Do 17 ein, die 1500 beziehungsweise 750 Kilogramm Bomben tragen konnten – erheblich mehr als die 300 Kilogramm, die die bisher eingesetzten He 70 hatten tragen können. Im Dezember führten die Deutschen mit der Junkers Ju 87 A das erste ihrer heulend herabstoßenden Sturzkampfflugzeuge vor.

Die Deutschen verbesserten nicht nur ihre Konstruktionen, sondern beherzigten auch die taktischen Lehren der Luftkämpfe. Sie stellten fest,

Eine Demonstration militärischer Stärke

daß die Dreierketten, in denen Piloten seit dem Ersten Weltkrieg in den Kampf flogen, ungeeignet waren, weil sich die Flugzeugführer mehr auf das Fliegen im Verband konzentrierten, als die Bewegungen des Gegners vorauszuahnen. Die deutsche Luftwaffe ging zu Rotte und Schwarm über, die aus zwei beziehungsweise vier Maschinen bestanden. Auf diese Weise flogen die Piloten in Teams, die für Angriff und Abwehr gleich gut geeignet waren, weil die Maschinen sich gegenseitig Feuerschutz geben konnten. Dreierketten hatten den Nachteil, daß der dritte Pilot allein zurückblieb, sobald ein Flugzeug der Kette das andere unterstützte.

Als die Luftkämpfe im Jahre 1938 weitergingen, betrugen die sowjetischen Verluste Hunderte von Maschinen. Die Folge war, daß der Roten Luftwaffe die Luftherrschaft entglitt. Im Sommer war sie kein wirksames Kampfinstrument mehr, und der Kreml ordnete ihren Abzug an. Bis Ende 1938 waren alle sowjetischen Soldaten heimgekehrt. Bei ihrem Abzug ließen sie ihre Flugzeuge für die spanischen Republikaner zurück. Allerdings waren das nur wenige Maschinen. Von den rund 1400 Flugzeugen, die Stalin von Oktober 1936 bis Ende 1938 nach Spanien geschickt hatte, waren 1176 Maschinen – über 80 Prozent – zerstört worden.

Im Jahre 1938 wurden Piloten, Kommandeure und weitere aus Spanien heimkehrende Soldaten als Helden empfangen und bei Festaufmärschen ausgezeichnet. Hinter den Kulissen war die sowjetische Führungsspitze jedoch über den Ausgang des Spanienabenteuers entsetzt. Unter anderem hatten die dortigen sowjetischen Kommandeure keine Verwendungsmöglichkeit für die im vergangenen Jahrzehnt so eifrig gebauten riesigen, für Langstrecken bestimmten ANT-Bomber gefunden. Natürlich waren auf dem spanischen Kriegsschauplatz nur beschränkte Entfernungen zu überwinden. Trotzdem schien die sich herausschälende moderne Luftkampftaktik – zumindest vorerst – gegen Flächenbombardements aus großen Höhen und für eine Punktzielbekämpfung aus verhältnismäßig geringen Höhen zur Unterstützung der Erdtruppen zu sprechen. Die dafür benötigten Flugzeuge lagen irgendwo zwischen den riesigen, für Langstrecken konstruierten ANT-Bombern und den winzigen Jägern I-15 und I-16; sie entsprachen also den He 111, Do 17 und Ju 87 der deutschen Luftwaffe.

„Die damaligen Ereignisse waren eine unangenehme, man könnte sogar sagen unerklärliche Überraschung", erinnerte sich der Flugzeugkonstruk-

Im Juni 1938 machen sowjetische Mechaniker einen Jäger I-16 auf einem spanischen Flugplatz startklar. Das Gestänge auf dem Lastwagen war Bestandteil eines Eigenbau-Anlaßgeräts: Die Welle war mit der Kardanwelle des Fahrzeugs verbunden, deren Drehmoment ausreichte, um den Flugzeugmotor durchzudrehen, bis er ansprang.

Ein Verband sowjetischer Jäger I-16 befindet sich im Juni 1937 im Tiefflug über einer Ebene in Spanien. Das wendige kleine Flugzeug hieß bei den spanischen Republikanern „Mosca" (Fliege), während die Nationalspanier und ihre deutschen Verbündeten es „Rata" (Ratte) nannten.

teur Alexander Jakowlew später. „Trotzdem war es eine Tatsache: Wir lagen eindeutig hinter Hitlerdeutschland, unserem potentiellen Gegner, zurück. Diese gefeierten Rekordflugzeuge und Luftriesen entsprachen nicht im geringsten dem, was wir brauchten."

Alle Beteiligten suchten irgendeinen Sündenbock. Die Piloten machten ihre Flugzeuge für ihre Mißerfolge verantwortlich. Die Kommandeure suchten die Schuld bei ihren Piloten, denen sie mangelnden Kampfgeist sowie schlechte fliegerische und Schießleistungen vorwarfen. Stalin machte alle verantwortlich – Mannschaften, Offiziere, Konstrukteure – und benutzte die in Spanien erlittene Niederlage als Ausrede, um die Polizeikontrolle zu verstärken, durch die Polikarpow und Grigorowitsch zu Beginn dieses Jahrzehnts hinter Gitter gekommen waren.

Seit 1930 hatte die Geheimpolizei ihren Zuständigkeitsbereich ausgedehnt, bis er sämtliche Bereiche des sowjetischen Alltags umfaßte. Bis Mitte der dreißiger Jahre hatte sich die Zahl der Häftlinge auf geschätzte sechs Millionen verzehnfacht – und für viele dieser Menschen war das Gefängnis lediglich eine Durchgangsstation. Im Jahre 1937 begann auf Stalins Befehl „ein wahnwitziges Bacchanal der Hinrichtungen", wie ein sowjetischer Diplomat später sagte. Tausende wurden ermordet. Allein in einem Gefängnis fanden zweimal pro Woche Hinrichtungen statt, zu denen jeweils Gruppen von mindestens 40 Opfern geführt wurden.

Kein Bereich der sowjetischen Gesellschaft war von den Säuberungen stärker betroffen als die Luftwaffe. Ihren vorläufigen Höhepunkt erreichten

Eine Demonstration militärischer Stärke

sie am 23. November 1937, als Jakow Alksnis, der Oberbefehlshaber, auf der Fahrt zu einem Diplomatenempfang in Moskau festgenommen und wegen angeblichen Hochverrats in das Moskauer Lubjanka-Gefängnis eingeliefert wurde. Seine Verhaftung kam für alle seine Untergebenen völlig überraschend. Alksnis war erst im Vorjahr mit dem Rotbanner-Orden ausgezeichnet worden, nachdem er die Ehre gehabt hatte, am 1. Mai die Flugparade über dem Roten Platz anzuführen. Nach seiner Verhaftung verschwand er spurlos. Es ging jedoch das Gerücht um, er werde brutal gefoltert. Die *Große Sowjetenzyklopädie* berichtet, Alksnis sei am 29. Juli 1938 erschossen worden. Wie er verschwanden sein Stellvertreter Wasili Chripin, A. I. Todorski, der Chef der Luftfahrt-Militärakademie „Professor N. J. Schukowski", sieben hohe Luftwaffenkommandeure und fünf Luftwaffenchefs der Militärbezirke. Die Säuberungen gingen weiter, bis Ende 1939 drei Viertel der höheren Offiziere ihres Postens enthoben und in den meisten Fällen hingerichtet worden waren.

Ausmaß und Strenge der Säuberungen waren erstaunlich. Der Schatten des NKWD hatte allerdings stets über der Luftwaffe gelegen, und jeder Offizier hatte gewußt, daß schon eine beiläufige Bemerkung seine Karriere beeinträchtigen oder beenden konnte. Der Pilot Wladimir Unischewski schilderte später, wie er nach einem Abend mit zwei guten Kameraden Schwierigkeiten bekommen hatte. Er nahm 1934 an einem Kommandeurslehrgang auf einem Luftstützpunkt bei Sewastopol teil, als Sergei Kirow, einer der engsten Mitarbeiter Stalins, ermordet wurde. Wenig später saß Unischewski eines Abends mit Kameraden im Aufenthaltsraum, wo „wie üblich über den Mord gesprochen wurde", als er im Scherz bemerkte, daß manche Leute sich gefreut hätten, wenn nicht Kirow, sondern Stalin ermordet worden wäre. Alle lachten und wechselten damit das Thema.

Später am selben Abend wurde Unischewski zur Geheimpolizei zitiert und dort gefragt, ob er je antisowjetische Agitation betrieben habe. Diese Frage kam so überraschend, daß er lachte. Aber sie war kein Scherz. Unischewski wurde wegen „mangelnder politischer Eignung" aus der Luftwaffe ausgeschlossen und als Postflieger eingeteilt. Er gelangte zu dem Schluß, einer seiner beiden Kameraden müsse ein Spitzel gewesen sein.

„Das Schlimmste, was einem Offizier passieren kann, ist die Entlassung wegen mangelnder politischer oder moralischer Eignung", erläuterte Unischewski später. „Jeder Beamte ist von vornherein gegen ihn eingenommen; bewirbt er sich um bestimmte Stellen und Tätigkeiten, wird er automatisch abgewiesen." Vier Jahre später stahl Unischewski, der ein Leben voller unaufhörlicher Schwierigkeiten vor sich hatte, bei einem Fliegerclub ein Flugzeug und flüchtete damit in den Westen.

Unischewski gehörte damit zu den wenigen, die Glück hatten. Aus wichtigen Positionen war praktisch keine Flucht möglich. In der Flugzeugindustrie wurden von 1934 bis 1941 schätzungsweise 450 Konstrukteure und Ingenieure verhaftet. Von den Inhaftierten starben etwa 100 in Arbeitslagern, und 50 wurden hingerichtet.

Selbst der große Tupolew, der an die Spitze aller sowjetischen Flugzeugkonstrukteure gestellt worden war, zog Stalins Zorn auf sich und wurde 1937 zu lebenslanger Haft verurteilt. In seinem Fall lautete die unsinnige Anklage, er habe Deutschland die Originalpläne verkauft, aus denen dann die Me 109 entwickelt worden sei. Wäre diese Anklage nicht so diabolisch gewesen, hätte man sie als lächerlich bezeichnen müssen. Der unermüdliche Arbeiter Tupolew konstruierte jedoch weiter, und eines seiner Flugzeuge, der Schnellbomber Tu-2, brachte ihm einen Preis und einen uner-

Auf dieser dramatischen Bildfolge, die den Kampf zweier Großmächte am spanischen Himmel festhält, ist eine deutsche Me 109 (oben rechts) dabei, auf zwei sowjetische Bomber SB-2 herabzustoßen. Einer der Bomber wird getroffen, stürzt brennend ab und explodiert beim Aufschlag (unten). Eine Rauchspur zeigt seinen Absturzweg.

warteten Gnadenerweis Stalins ein. Im Dezember 1943 ließ der Diktator Tupolew zu sich holen, um sich mit einem Händedruck bei ihm zu entschuldigen – eine Zugeständnis, das der starrsinnige Diktator offenbar kein zweitesmal gemacht hat, soviel heute bekannt ist. Aber damals befand sich die Sowjetunion im Krieg mit Deutschland, und selbst dem notorisch mißtrauischen Stalin konnte nicht entgehen, daß Tupolews Arbeit von einzigartigem Wert für die russische Flugzeugindustrie war.

Angesichts dieser Atmosphäre aus Wahnwitz und Mord ist es erstaunlich, daß die sowjetische Luftwaffe alle kritischen Situationen meisterte, mit denen sie in den späten dreißiger und frühen vierziger Jahren konfrontiert wurde. Eine dieser Krisen ereignete sich im Jahre 1939 an der Ostgrenze der UdSSR, als mongolische Nomaden unabsichtlich einen Grenzkrieg mit den in der Mandschurei stehenden japanischen Besatzungstruppen auslösten. Im Mai dieses Jahres zogen die Nomaden nach Osten über den Fluß Chalchin-Gol und wurden von Grenzwachen der japanischen Kuantung-Armee zurückgetrieben. Danach kam es zu einigen Scharmützeln, und wenig später kämpften Sowjets und Japaner einen Sommer lang um einen Streifen karstiges Weideland zwischen dem Chalchin-Gol und dem 15 Kilometer weiter östlich gelegenen Dorf Nomonhan.

Aus einigen Schüssen, die eine Handvoll Soldaten aus leichten Waffen abgegeben hatten, entstand nun eine massive Konfrontation zwischen 270 000 Mann, die mit Panzern und schwerer Artillerie kämpften und von Flugzeugstaffeln unterstützt wurden. Rein zahlenmäßig kämpften dort sogar noch größere Heere und Luftwaffen als im Spanischen Bürgerkrieg. Als Kommandeur der sowjetischen Luftstreitkräfte entsandte das Oberkommando Jakow Smuschkewitsch, der im Bürgerkrieg als „General Douglas" berühmt geworden war und als einer der wenigen hohen Offiziere die Säuberungen überlebt hatte. Er war jetzt – vermutlich wegen seiner politischen Zuverlässigkeit – stellvertretender Oberbefehlshaber der Roten Luftwaffe. An der Front verfügte er theoretisch über 515 Jäger und zweimotorige mittelschwere Bomber des Typs SB-2 – Erdkampfflugzeuge nach deutschem Vorbild, mit deren Bau die Sowjets inzwischen begonnen hatten. Smuschkewitsch setzte sie in massierten Verbänden von mindestens 60 Maschinen gegen die japanischen Bodentruppen auf dem Nomonhanplateau ein und ließ sie von Begleitjägern der Muster I-15 und I-16 schützen. Die Japaner reagierten ähnlich, so daß manchmal bis zu 200 Flugzeuge über dem kahlen Land in Luftkämpfe verwickelt waren.

Die Japaner besaßen kein Flugzeug, das mit der deutschen Me 109, die der Roten Luftwaffe im Spanischen Bürgerkrieg so zugesetzt hatte, vergleichbar gewesen wäre. Die Luftstreitkräfte der Kuantung-Armee bestanden aus insgesamt rund 500 Maschinen, hauptsächlich Jägern und leichten Bombern, die teils in Japan hergestellt, teils aus Italien importiert worden waren. Zu den japanischen Jägern gehörten Nakajima Ki 27 des Typs 97: nicht sonderlich robuste Flugzeuge, die sehr wendig, aber nicht stark genug bewaffnet und zudem leicht verwundbar waren, weil ihre schlanken Rümpfe keine Panzerung hatten und der Treibstoff in Flügelaußentanks mitgeführt wurde. Die japanischen Piloten waren jedoch gut ausgebildet und sehr diszipliniert. Sie nutzten die Wendigkeit der Nakajima geschickt aus und blieben oft Sieger über die Sowjets.

Die Rote Luftwaffe erhielt jedoch schon bald ihre ersten Jäger des Musters I-153, eine erheblich verbesserte Ausführung des Standardjägers I-15. Die neuen Jäger besaßen zwei 7,62-mm-MGs mit großer Schußfol-

Eine Demonstration militärischer Stärke

Im russisch-finnischen Winterkrieg von 1939/40 erteilt der Staffelchef (rechts) den Besatzungen einer sowjetischen SB-2-Bomberstaffel ihren Kampfauftrag.

ge, 850-PS-Motoren, die ihnen hohe Steiggeschwindigkeit verliehen und vor allem ein Einziehfahrwerk, mit dem sie 450 Stundenkilometer erreichten – 90 Stundenkilometer mehr als die I-15. Das Einziehfahrwerk war bei Jagdflugzeugen noch neuartig, und den Sowjets soll es gelungen sein, die Japaner zu täuschen, indem sie mit ausgefahrenem Fahrwerk in den Kampf flogen, so daß ihre Maschinen den alten I-15 glichen. Sobald sie jedoch den Gegner in Luftkämpfe verwickelt hatten, zogen die sowjetischen Piloten das Fahrgestell ein, erhöhten ihre Geschwindigkeit und fielen über die Japaner her.

Noch wichtiger als solche Vorteile, die sich einzelne Piloten im Luftkampf verschafften, war die Tatsache, daß die Rote Luftwaffe erstmals wirkliches Geschick bei der Koordination ihrer Einsätze mit denen der Bodentruppen bewies. Der führende Kopf hinter dieser Taktik, an die sich die Sowjets in Zukunft unter allen Umständen hielten, war General Georgi K. Schukow, der 1917 in der zaristischen Kavallerie gedient und seitdem die Fähigkeit bewiesen hatte, den Kampfwert von Verbänden innerhalb kürzester Frist zu steigern. Da Schukow nicht nur praktisch veranlagt war, sondern auch einen gewissen Weitblick besaß, erkannte er deutlicher als jeder andere den Wert einer Luftwaffe für die enge, ständige Unterstützung von Infanterie, Artillerie und Panzern.

Er traf im Juli 1939 im Fernen Osten ein, um den Oberbefehl zu übernehmen, und plante für den 20. August einen Großangriff. Um sicherzustellen, daß jeder wußte, was sich ereignen konnte und wo es sich ereignen würde, sorgte er dafür, daß alle Piloten das geplante Unternehmen gemeinsam mit Infanterie- und Panzeroffizieren durcharbeiteten und sich mit sämtlichen Geländedetails – wie Hügeln, die das Vormarschtempo der Panzer verlangsamen, und Einschnitten, in denen Artillerie oder Truppenmassen verborgen sein konnten – vertraut machten. Bis dahin hatten sich die Kommandeure darauf beschränkt, ihre Piloten mit vagen Anweisungen starten zu lassen und das Beste zu hoffen.

Die Schlacht begann am 20. August um 6 Uhr, als 100 000 russische Soldaten, die von 1000 großkalibrigen Geschützen unterstützt wurden, entlang der rund 80 Kilometer breiten Front zum Angriff antraten. Gleichzeitig startete ein gewaltiger Verband von Flugzeugen – 150 Bomber SB-2 mit 144 Begleitjägern –, um die japanischen Stellungen mit Bomben und Bordwaffen anzugreifen und den Vorstoß der bereits anrollenden 800 sowjetischen Panzer zu unterstützen. Die Angreifer stießen auf nur geringe Gegenwehr bei den japanischen Piloten, die offenbar völlig überrascht worden waren. Der Luftangriff dauerte eine Viertelstunde – und hatte kaum aufgehört, als bereits ein weiterer Großverband am Himmel erschien: 52 Bomber und 167 Jäger als Begleitschutz. Dieser zweite Verband flog weiter, um japanische Flugplätze und Truppenbereitstellungen im rückwärtigen Gebiet anzugreifen. Am Ende dieses Tages hatte die Rote Luftwaffe die Luftherrschaft über dem Schlachtfeld erkämpft, und die sowjetischen Bodentruppen hatten mit ihrer massiven Unterstützung die vorgeschobenen Stellungen der Japaner überrannt.

Die Schlacht ging bis Ende August weiter, wobei die Sowjets die Japaner unablässig unter Druck setzten. Abweichend von ihrer sonstigen Taktik führten die Sowjets einen psychologischen Feldzug gegen die Japaner, indem sie kleine Gruppen von Bombern in 6000 Meter Höhe über die feindlichen Linien schickten, um sie ihre Bomben werfen und mit Höchstgeschwindigkeit abdrehen zu lassen, bevor japanische Jäger zum Angriff aufsteigen konnten. Die Japaner versuchten, sich davor zu schützen,

Eine Demonstration militärischer Stärke

indem sie Jäger in großen Höhen patrouillieren ließen. Aber diese Taktik hatte einen entscheidenden Fehler: Die Piloten führten nicht genug Sauerstoff mit sich und fielen dem Sauerstoffmangel zum Opfer.

Eine weitere sowjetische Taktik bestand darin, daß sich Jäger des Typs I-16 als Erdkampfflugzeuge versuchten, indem sie in Baumhöhe anflogen, um japanische Stellungen mit ihren Bordwaffen anzugreifen. Bei einem Einsatz fielen 50 I-16 über einen japanischen Flugplatz her, schossen den Kommandeur ab, der eben zu einem Aufklärungsflug startete, und zerstörten weitere fünf Flugzeuge am Boden. Solche Angriffe folgten manchmal dicht aufeinander – fünf oder sechs in ebenso vielen Stunden. Die unaufhörlichen Alarme zermürbten die japanischen Piloten, deren Kommandeure sich nicht den Luxus regelmäßiger Ablösungen gestatten konnten, weil viele Flugzeugführer an anderen Orten in der Mandschurei gegen die Chinesen kämpften. Ende August war die Kuantung-Armee bereit, den ungleichen Kampf einzustellen, und am 16. September 1939 schlossen Japan und die Sowjetunion einen Waffenstillstand.

Die Zahlenangaben beider Seiten differieren, aber nach zuverlässigen Schätzungen dürfte die Rote Luftwaffe in den drei kurzen Monaten dieses Grenzkriegs über 160 japanische Flugzeuge zerstört und dabei etwa 200 eigene Maschinen verloren haben. Angesichts der Tatsache, daß sich die

Sowjets im allgemeinen in der Offensive befanden, waren solche Verluste tragbar. Wichtiger war jedoch, daß sowjetische Flieger entscheidend dazu beigetragen hatten, daß die Bodentruppen in der Lage gewesen waren, die japanischen Absichten in der Mongolei zu vereiteln. Stalin zeichnete 60 seiner heimkehrenden „Falken" als Helden der Sowjetunion aus.

Die Einstellung der Kampfhandlungen im Fernen Osten kam für die Sowjetunion gerade noch rechtzeitig. Eine weit gefährlichere Bedrohung entstand am 1. September 1939, als die deutschen Panzer nach Polen hinein vorstießen und England und Frankreich zur Kriegserklärung an Deutschland veranlaßten. Der Zweite Weltkrieg war ausgebrochen. Für die Sowjetunion bedeutete dies eine Periode der Anpassung und der politischen Winkelzüge. Neun Tage vor Beginn des deutschen Blitzkriegs hatte Stalin einen Pakt mit Hitler geschlossen, durch den Polen in russische und deutsche „Interessensphären" aufgeteilt wurde. Dadurch wurde vor allem ein Puffer zwischen den beiden potentiellen Gegnern geschaffen. So konnte Stalin seine Aufmerksamkeit einem anderen Gebiet zuwenden, in dem Rußland seine „Interessen" glaubte wahren zu müssen: Finnland.

Der sowjetische Außenminister Wjatscheslaw Molotow hatte den Finnen viele Monate lang zugesetzt, der UdSSR zum besseren Schutz der Zugänge nach Leningrad einen Gebietsstreifen in Südfinnland abzutreten. Aber die finnische Regierung hatte sich strikt geweigert, diese Forderung zu erfüllen. Als die Verhandlungen ergebnislos blieben, fielen die Russen am 30. November 1939 in Finnland ein.

Anfangs schien alles für einen raschen Sieg der Sowjets zu sprechen – nicht zuletzt dank ihrer Luftüberlegenheit. Allein zur Unterstützung ihrer Bodentruppen konnten sie 900 Flugzeuge einsetzen. Leider waren die fliegenden Verbände mehr quantitativ als qualitativ eindrucksvoll, denn nach ihrem endlich errungenen Sieg im Fernen Osten waren die Sowjets so siegesgewiß, daß sie hauptsächlich alte I-15 und I-16 sowie einige Uraltbomber einsetzten. General Smuschkewitsch, der Held vom Chalchin-Gol, befehligte auch diesmal die Luftstreitkräfte. Er mußte jedoch nicht nur mit zweitklassigem Flugmaterial auskommen, sondern hatte als Offiziere hauptsächlich unerfahrene Neulinge.

Allem Anschein nach verdiente die finnische Luftwaffe kaum diese Bezeichnung, denn sie bestand aus nur 145 Flugzeugen – verschiedenen englischen, deutschen und italienischen Jägern sowie einigen französischen Morane-Aufklärern. Bei der zahlenmäßigen Überlegenheit der Russen zweifelte niemand daran, daß die Rote Luftwaffe die Finnen mit einem einzigen Schlag erledigen würde. Andererseits konnte sich niemand vorstellen, wie zäh und einfallsreich die Finnen kämpfen würden, um ihre Heimat zu verteidigen. Der Winterkrieg – unter diesem Namen wurde der sowjetisch-finnische Konflikt bekannt – sollte sich als schmerzliches und peinliches Ereignis für die Sowjetunion im allgemeinen und die Rote Luftwaffe im besonderen erweisen. Die Sowjets brauchten 105 Tage – die Kampfhandlungen dauerten bis zum 13. März 1940 –, um den finnischen Widerstand zu brechen. Und die russischen Menschen- und Materialverluste waren erschreckend hoch.

Die Feindseligkeiten wurden damit eröffnet, daß sowjetische Bomber in einer Serie von Tagesangriffen über Helsinki, Viipuri (heute Wyborg) und Petsamo (heute Petschenga) hinwegdonnerten. Die Russen mußten jedoch feststellen, daß die Finnen daraufhin nicht wie erwartet unterwürfig kapitulierten, sondern die Luftangriffe trotzig der Weltpresse schilderten.

Eine Gruppe lachender Rotarmisten, die im russisch-finnischen Winterkrieg an einer Lufttransportübung teilnimmt, steckt in Behältern unter den Flächen eines mit Schneekufen ausgerüsteten Aufklärers R-5. Die unter den Soldaten hängenden Verkleidungen wurden vor dem Start hochgeklappt und festgemacht, um den Behältern die erforderliche Stromlinienform zu geben.

Radio Moskau behauptete, die russischen Flieger hätten lediglich Brot für die verhungernden Massen in Finnland abgeworfen. Aber die Finnen konnten Photos vorlegen, die das Gegenteil bewiesen: Die Sowjets hatten das Universitätsviertel bombardiert und dabei versehentlich auch ihre eigene Botschaft getroffen. Mit einem aus Verzweiflung und festem Überlebenswillen geborenen Humor prägten die Finnen einen Ausdruck, der sich während des ganzen Winterkriegs halten sollte. Sie bezeichneten die russischen Bomben verächtlich als „Molotows Brotkörbe".

In den folgenden zwei Wochen verdeckten schwere Schneestürme viele Bodenziele und verhinderten den Einsatz von Flugzeugen. Als sich jedoch Mitte Dezember das Wetter besserte, startete die Rote Luftwaffe mit größeren Verbänden und mußte dann feststellen, daß sich die Finnen nicht von ihrer zahlenmäßigen Überlegenheit einschüchtern ließen, sondern sich einfallsreich zur Wehr setzten. In einer überraschenden Variante ihrer Tiefffliegertaktik gingen finnische Jagdflieger dazu über, die sowjetischen Bomber zu übersteigen und dann mit hämmernden MGs mitten auf den feindlichen Verband herabzustoßen. Ein von Hauptmann Jorman Sarvanto von der finnischen 24. Staffel ganz allein geführter Luftkampf war charakteristisch für diese Kampfweise.

Am 6. Januar 1940 befand sich Sarvanto mit einer Fokker D XXI auf einem Patrouillenflug entlang der Einflugstrecke sowjetischer Bomber nach Mittelfinnland, als am Horizont sieben Maschinen auftauchten. Sarvanto flog auf sie zu, überstieg den Gegner rasch und stürzte sich dann auf ihn. Aus 30 Meter Entfernung gab er einen Feuerstoß ab, der einen der Bomber mit einer langen schwarzen Rauchfahne abstürzen ließ. Die sowjetischen Bomber lösten sich aus dem Verband und strebten verwirrt auseinander, so daß der Jäger sie einzeln angreifen konnte. Sarvanto kurvte ein, schoß rasch nacheinander zwei weitere Bomber ab, zog sich für kurze Zeit zurück, nahm den Angriff wieder auf und schoß nochmals drei Bomber ab. Die siebte und letzte Maschine, die wieder den russischen Linien zustrebte, entkam ihm nur, weil Sarvanto sich verschossen hatte. Aber einer seiner Staffelkameraden, der den Luftkampf aus der Ferne gesehen hatte, flog heran und schoß auch den letzten Bomber ab.

Als die sowjetischen Verluste höher wurden, ordnete General Smuschkewitsch zusätzliche Angriffe auf finnische Flugplätze an. Aber die Finnen waren am Boden ebenso listig, wie sie in der Luft kampfstark waren. Sie hatten ihre Luftstützpunkte bereits geräumt und ihre Flugzeuge auf sorgfältig getarnten Feldflugplätzen über das ganze Land verteilt.

Die sowjetischen Bomber verfehlten jedoch sogar stationäre Ziele, die unbehindert erreichbar waren. Von den 60 sowjetischen Luftangriffen auf den Hafen Turku bewirkte nicht einer eine längere Unterbrechung des dortigen Schiffsverkehrs. Außerdem schienen die teuer bezahlten Lehren aus der Mandschurei in Vergessenheit geraten zu sein. Die Rote Luftwaffe schien außerstande zu sein, ihre Einsätze mit der Roten Armee abzustimmen, die nur im Schneckentempo und unter großen Schwierigkeiten vorankam. Eine Ursache dafür war möglicherweise der strenge Winter, der Schnee und Temperaturen bis $-35°$ C brachte.

Bei allen ihren Fehlleistungen hatten die Sowjets den Vorteil fast unbegrenzter Reserven. Im Januar 1940 schickten sie weitere 500 Flugzeuge an die Front – darunter neue I-153 und I-16 einer späten Baureihe, die sich in der Mandschurei bewährt hatten, sowie einige neue Bomber des Musters DB-3, das der aufstrebende Konstrukteur Sergei Iljuschin entworfen hatte. Im Februar folgten weitere 500 Maschinen der Roten Luftflotte.

Jetzt begann sich die rein zahlenmäßige Überlegenheit der Angreifer auszuwirken. Am 13. März 1940 mußten die Finnen ihre Niederlage eingestehen und den Russen die von ihnen geforderte Pufferzone abtreten.

Der Moskauer Propaganda-Apparat arbeitete nun auf Hochtouren, um einen weiteren grandiosen sowjetischen Sieg zu rühmen. Stalin zeichnete 68 Flieger als Helden der Sowjetunion aus und verlieh einer Fliegerbrigade, 12 Luftwaffenregimentern und zwei Staffeln den begehrten Rotbanner-Orden. Aber die Verlustzahlen waren kein Ruhmesblatt. Die Rote Luftwaffe hatte 700 bis 900 Flugzeuge verloren, während die Finnen nicht mehr als 60 bis 70 eingebüßt hatten.

Das alles entging Adolf Hitler und seinen Kriegsplanern in Berlin natürlich nicht. Ende 1940 schätzte der deutsche Nachrichtendienst, daß die Rote Luftwaffe und die Rote Armee – infolge der Säuberungen und der in der Mandschurei und Finnland erlittenen Verluste – noch vier Jahre brauchen würden, um ihre Schlagkraft aus dem Jahre 1937 wiederzuerlangen. Hitler war höchst zufrieden. Am 18. Dezember 1940 erließ er die „Weisung Nr. 21: Fall Barbarossa". Der Plan für das Unternehmen *Barbarossa* sah vor, die Sowjetunion innerhalb eines halben Jahres zu überfallen.

Den Sowjets gingen zahlreiche Warnungen bezüglich der Absichten der Deutschen zu. Stalin weigerte sich jedoch unverständlicherweise, auf sie zu reagieren. Als Grenzwachen im Frühwinter meldeten, die deutsche Luftwaffe führe fast täglich Aufklärungsflüge über sowjetischem Gebiet durch, wies er die Rote Luftwaffe an, diese Luftraumverletzungen zu ignorieren. Die Flüge gingen ungestraft weiter: In dem halben Jahr von Dezember 1940 bis Juni 1941 flog die deutsche Luftwaffe 150 solcher Einsätze.

Im Februar 1941 spielte ein deutscher Drucker mit kommunistischen Neigungen dem sowjetischen Konsulat in Berlin einen kleinen deutschrussischen Sprachführer zu, der in hoher Auflage gedruckt worden war. Er enthielt Redewendungen wie „Hände hoch!", „Halt oder ich schieße!" und „Ergebt euch!" Als das nach Moskau weitergemeldet wurde, ordnete Stalin an, auch diese Tatsache solle ignoriert werden.

Anfang Juni meldete ein Agent aus der Schweiz, die Deutschen wollten am 22. Juni 1941 angreifen. Außerdem lieferte dieser Agent Einzelheiten der deutschen Angriffsplanung, der ersten Hauptziele und der deutschen Einschätzung der zu erwartenden sowjetischen Reaktionen. In der Moskauer Zentrale des sowjetischen Nachrichtendienstes gelangten Fachleute zu der Auffassung, der Bericht sei zu detailliert, um wahr zu sein. Am Abend des 18. Juni überschritt ein deutscher Deserteur im Raume Kiew die russische Grenze. Er gestand, daß er betrunken einen Offizier geschlagen habe und damit rechne, erschossen zu werden. Deshalb wolle er zu den Russen überlaufen – mit Informationen, die ihm seiner Überzeugung nach einen begeisterten Empfang sichern würden, denn er nannte nicht nur den Angriffstag, den 22. Juni, sondern sogar die Stunde: 3.15 Uhr. Der Kommandierende General jedoch schnaubte: „Ein Deutscher, der um seine Haut fürchtet, kann alles Mögliche brabbeln."

Am Abend des 21. Juni konnten sowjetische Grenzwachen in der Dunkelheit das Brummen von Panzern und Lastwagen hören, als die deutschen Truppen überall entlang der polnisch- und rumänisch-russischen Grenze ihre Ausgangsstellungen bezogen. Das sowjetische Oberkommando wurde den ganzen Abend mit entsprechenden Meldungen überflutet. Als Stalin davon benachrichtigt wurde, warf er dem Oberkommando vor, es erzeuge „grundlos Panik".

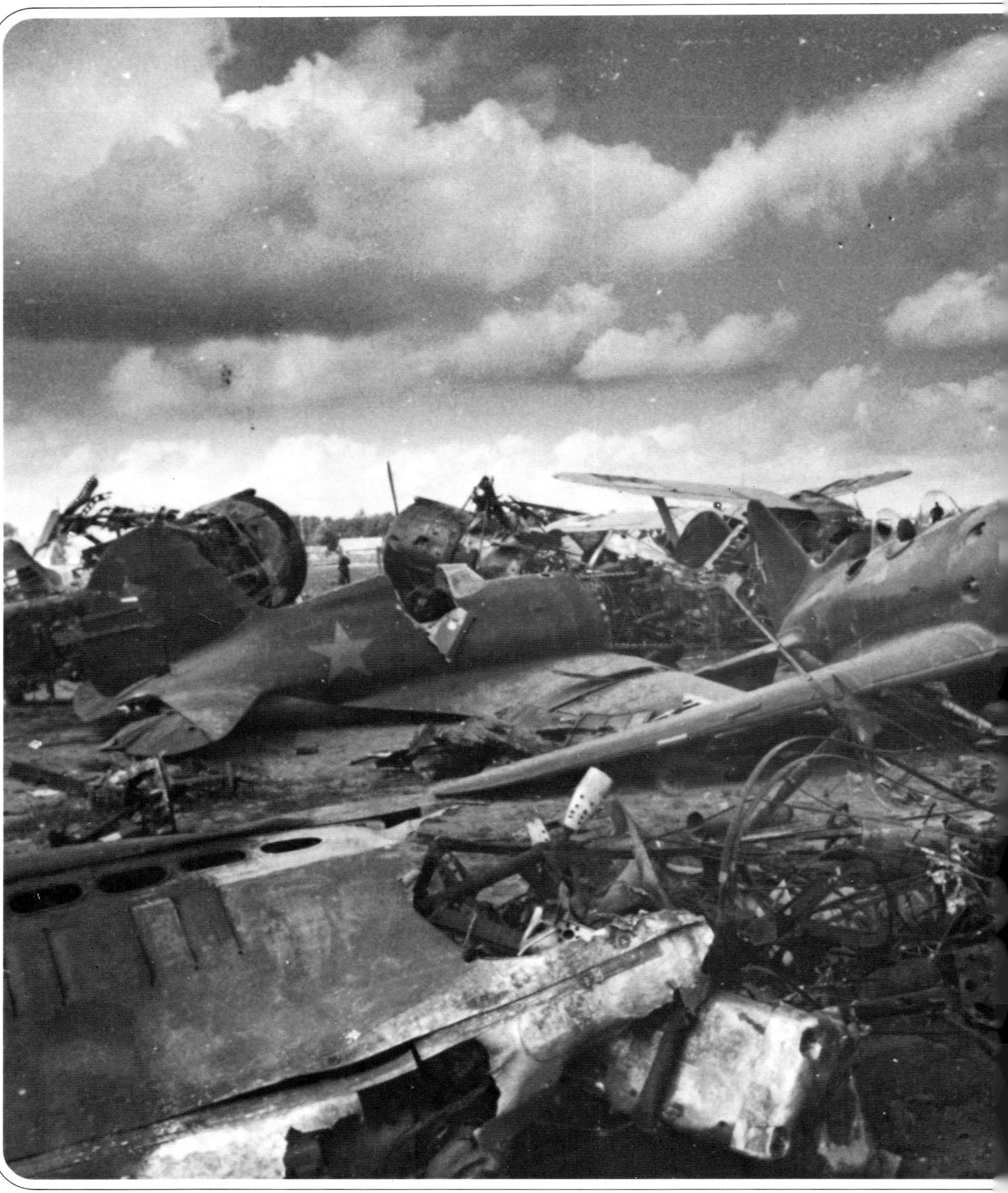

3
Der Kampf ums Überleben

Zwischen den deutschen Oberbefehlshabern der für den Rußlandfeldzug wichtigsten Heeres- und Luftwaffenverbände gab es grundlegende Meinungsverschiedenheiten. Generalfeldmarschall Fedor von Bock, dessen Heeresgruppe Mitte die Hauptlast des bevorstehenden Kampfes würde tragen müssen, bestand darauf, daß das Unternehmen *Barbarossa* – die deutsche Offensive gegen die Sowjetunion – in der letzten Nachtstunde mit einem gewaltigen Feuerschlag der eigenen Artillerie beginnen müsse.

Im Idealfall wäre dieser Feuerschlag von massierten Angriffen der deutschen Luftwaffe auf vorgeschobene Flugplätze des Gegners begleitet worden. Aber Generalfeldmarschall Albert Kesselring, dessen Luftflotte 2 Bocks Heeresgruppe unterstützen sollte, sprach sich aus guten Gründen gegen diesen Zeitplan aus. „Meine Gruppen", sagte Kesselring, „brauchen Tageslicht, um sich zu formieren und massiert anzugreifen. Wenn das Heer darauf besteht, in der Dunkelheit zu marschieren, dauert es eine ganze Stunde, bevor wir über den Flugplätzen des Feindes sein können, und bis dann sind die Vögel ausgeflogen."

Die beiden Oberbefehlshaber einigten sich schließlich auf einen Kompromiß: Die größte Offensive der Kriegsgeschichte würde von einer Handvoll Bombern mit speziell für Nachtangriffe ausgebildeten Besatzungen eröffnet werden. Lediglich 30 Maschinen der Typen He 111, Ju 88 und Do 17 Z, die durch ihre geringe Anzahl keinen Verdacht erregen würden, sollten die Grenze nachts in großer Höhe überfliegen. Dann würden sie in der Morgendämmerung nach der kürzesten Nacht des Jahres in Dreiergruppen zum Angriff auf zehn vorgeschobene sowjetische Flugplätze zwischen Bialystok und Lemberg herabstoßen, von denen die meisten in dem gewaltigen Grenzvorsprung lagen, der im Jahre 1939 durch die russische Besetzung Ostpolens entstanden war.

Diese ersten Angreifer sollten keineswegs versuchen, die sowjetische Luftwaffe zu vernichten, sondern nur Zeit für den deutschen Hauptschlag gewinnen, indem sie Schrecken und Verwirrung unter dem Gegner verbreiteten. Das gelang ihnen auch.

Die Russen wurden völlig überrumpelt. Stalin selbst hatte ihnen mehrmals versichert, ein Krieg mit Deutschland sei undenkbar. Der verspätete Befehl, die sowjetischen Flugzeugverbände auseinanderzuziehen, hatte die vorgeschobenen Plätze noch nicht erreicht. Viele Besatzungen und Angehörige des Bodenpersonals hatten Wochenendurlaub, und die meisten der Zurückgebliebenen schliefen noch. Auf den Flugplätzen, die jetzt

Die Wracks zerstörter Jäger I-16 bedecken einen der 66 sowjetischen Flugplätze, die von dem Angriff der deutschen Luftwaffe zu Beginn des Unternehmens „Barbarossa" am 22. Juni 1941 getroffen wurden.

von Bombern mit dem schwarzen Balkenkreuz der deutschen Luftwaffe angeflogen wurden, standen ihre Maschinen in ordentlichen Reihen, Tragfläche an Tragfläche.

Es war genau 3.15 Uhr am Sonntag, dem 22. Juni 1941.

Die Angreifer flogen ihre Ziele tief an und warfen Hunderte von zwei Kilogramm schweren Splitterbomben des Typs SD 2, deren glühende Splitter Flugzeugrümpfe zerfetzten und Treibstofftanks aufrissen. Ströme brennenden Flugbenzins flossen aus und erfaßten eine russische Maschine nach der anderen, bis ganze Flugplätze in einem Flammenmeer verschwanden. Nach diesem ersten Angriff kamen die Bomber als Tiefflieger zurück und griffen die Plätze im Licht der von ihnen erzeugten Brandherde mit Bordwaffen an.

Danach drehten die Angreifer ab und flogen nach Westen zurück, woher sie gekommen waren. Kein Schuß war auf sie abgegeben worden. Bei Rowno, südlich der Pripetsümpfe, betrachtete ein russischer Luftwaffenkommandeur die Wracks seiner Flugzeuge – und weinte.

Der ganze Angriff hatte nur wenige Minuten gedauert. Zur gleichen Zeit brüllten entlang der über 3000 Kilometer langen Front zwischen Ostsee und Schwarzem Meer etwa 6000 Geschütze aller Kaliber auf. Rund 2500 Panzer rasselten aus ihren Ausgangsstellungen, und etwa drei Millionen deutsche Soldaten setzten sich nach Osten in Marsch, wo viele von ihnen ein grimmiges Schicksal erwartete.

Das Unternehmen *Barbarossa* war angelaufen.

Die Masse der deutschen Luftstreitkräfte sollte bei Sonnenaufgang mit insgesamt 500 Horizontalbombern, 270 Sturzkampfbombern und 480 Jägern angreifen. Trotz ihrer gewaltigen Kampfstärke waren die Deutschen jedoch zahlenmäßig weit unterlegen: Die amtlichen Statistiken nennen zwar unterschiedliche Zahlen, aber nach Schätzungen von Fachleuten soll die sowjetische Luftwaffe in den westlichen Militärbezirken bis zu 7500 Flugzeuge besessen haben, zu denen weitere 4500 bis 5000 im Inneren der Sowjetunion und im Fernen Osten kamen, wo die Japaner nach wie vor eine ständige Bedrohung darstellten.

Die Zahlen allein ergaben jedoch ein falsches Bild. In fast jeder anderen Beziehung war die deutsche Luftwaffe ihrem Gegner eindeutig überlegen. Entscheidend war vor allem, daß das Unternehmen *Barbarossa* die sowjetischen Luftstreitkräfte mitten in einer Periode durchgreifender Veränderungen in bezug auf Gliederung, Ausrüstung, Ausbildung und Bodeneinrichtungen überraschte. Schon im Juli des Jahres 1940 hatten die Sowjets – zumindest auf dem Papier – eine gründliche Umgliederung ihrer Luftwaffe eingeleitet: Regimenter mit 60 bis 64 Maschinen sollten die Staffeln mit 20 bis 30 Flugzeugen als taktische Grundeinheiten ablösen. Jeweils drei bis fünf Regimenter sollten eine Fliegerdivision bilden. Die meisten dieser Fliegerdivisionen sollten wiederum Armeen direkt unterstellt sein und auch ihre Einsatzbefehle von dort erhalten.

Das Ziel dieser Umgliederung war eine Verbesserung der Zusammenarbeit zwischen der Luftwaffe und den Heeresverbänden. Aber diese umfassende Reorganisation war noch keineswegs abgeschlossen. Von den im Februar 1941 genehmigten 106 neuen Fliegerregimentern waren erst knapp 19 tatsächlich aufgestellt. Deshalb verfügten erst wenige Armeen über eigene Fliegerdivisionen. Was Befehlsstrukturen und Unterstellungsverhältnisse betraf, herrschte bei den sowjetischen Luftstreitkräften ein völliges Durcheinander.

Während des „Barbarossa"-Angriffs fällt eine Reihe deutscher 250-Kilogramm-Bomben, zwischen deren Flossen angsterzeugende Sirenen montiert sind, auf einen sowjetischen Flugplatz bei Wilna. Weitere Bomben detonieren bereits in einer quer über den Platz führenden Kraterreihe. Einige der abgestellten Flugzeuge sind unterhalb der Hauptstraße am oberen Bildrand und vor den zwei Hallen oben rechts zu erkennen.

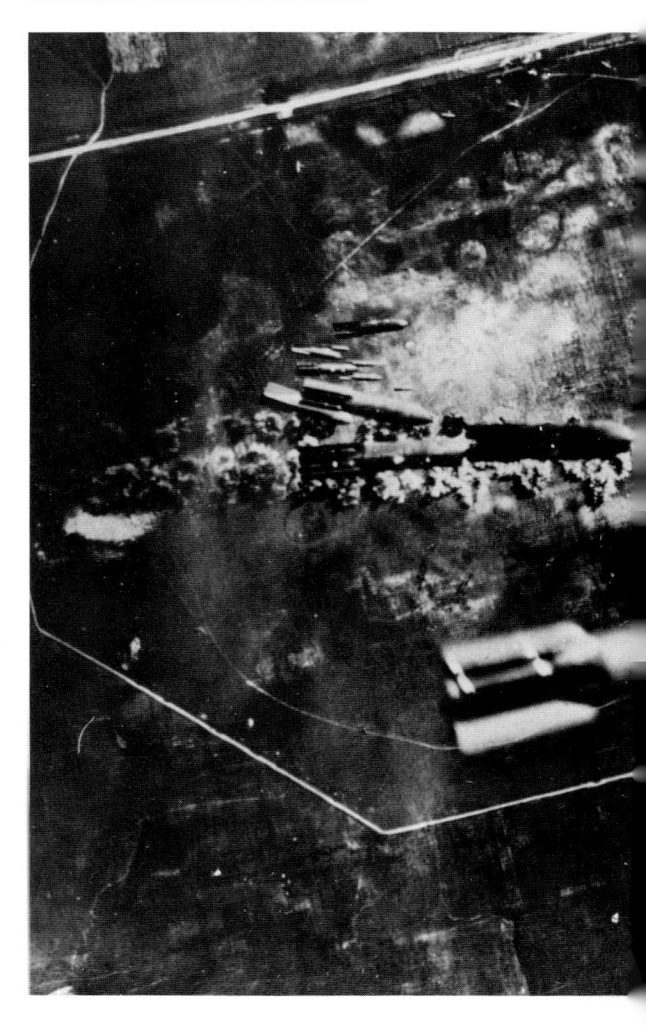

Außerdem hatte bei den in Grenznähe stationierten Einheiten eben erst die Indienststellung einer neuen Generation von Jagdflugzeugen begonnen. Das schlechte Abschneiden der sowjetischen Luftwaffe im späteren Verlauf des Spanischen Bürgerkriegs hatte eindeutig bewiesen, daß die alten Polikarpow-Jäger I-15 und I-16 technisch überholt waren. Selbst die I-153, die sich in der Mongolei gegen japanische Flugzeuge gut bewährt hatten, waren den deutschen Me 109 in bezug auf Höchstgeschwindigkeit, Sturzflugeigenschaften und Steigfähigkeit nicht gewachsen. Trotzdem blieben diese Maschinen in den Frontstaffeln.

Darüber hinaus waren die zweimotorigen Bomber SB-2 und DB-3 der sowjetischen Luftwaffe nicht nur in fast allen Leistungsbereichen den von den Deutschen eingesetzten Ju 88 und He 111 unterlegen, sondern galten auch in ihrer Einsatzkonzeption als veraltet – wie die Erfahrungen in Spanien gezeigt hatten. Sie wurden durch leichtere, schnellere Maschinen ersetzt, deren Hauptaufgabe die enge Luftunterstützung der Heeresverbände war. Wie bei den Jägern erfolgte die Umstellung auf die neuen Muster jedoch auch hier viel zu langsam. Als am 22. Juni 1941 das Unternehmen *Barbarossa* anlief, waren erst 20 Prozent der sowjetischen Luftwaffe mit neuen Flugzeugen ausgerüstet. Besatzungen und Bodenmannschaften mußten auch erst noch lernen, sie ganz zu beherrschen.

Die schlimmsten Auswirkungen hatte jedoch vermutlich die Tatsache, daß alte wie neue Flugzeuge durch falsche Entscheidungen der Staatsführung in schwere Gefahr gebracht worden waren. Anstatt die neu hinzugewonnenen Gebiete in Ostpolen und dem Baltikum tatsächlich als Pufferzonen zu nutzen, die von den angreifenden Deutschen erst hätten durchquert werden müssen, hatte Stalin seine eigenen Militärgrenzen einfach vorverlegt. Das hatte unter anderem zur Folge, wie die sowjetische *Geschichte des Großen Vaterländischen Krieges* berichtet, daß viele Flugplätze „zu nahe an der Grenze angelegt worden waren, was sie im Falle eines Überraschungsangriffs besonders verwundbar machte".

Da die Sowjets in den besetzten Gebieten nur verhältnismäßig wenige und noch dazu recht einfache Feldflugplätze vorgefunden hatten, lief im Frühjahr 1941 ein riesiges Bau- und Ausbauprogramm an. Für seine Durchführung war der NKWD verantwortlich. Die sowjetische Geheimpolizei, der mehr als genug Zwangsarbeiter zur Verfügung standen, hatte jedoch wenig Verständnis für militärische Erfordernisse und bestand trotz der Einwände von Luftwaffenkommandeuren darauf, das gesamte Projekt gleichzeitig in Angriff zu nehmen, anstatt es in sorgfältig geplanten Ausbaustufen zu verwirklichen.

Anstatt zweckmäßig disloziert zu sein, waren deshalb am 22. Juni 1941 Tausende von russischen Flugzeugen auf verhältnismäßig wenigen bereits ausgebauten Plätzen massiert. Diese einladenden Ziele flog die erste große Welle deutscher Flugzeuge an, deren Einsatzbefehl in der Weisung für das Unternehmen *Barbarossa* definiert war: Die Aufgabe der Luftwaffe war es, „das Eingreifen der russischen Luftwaffe schon bei Beginn der Operation durch kraftvolle Schläge zu verhindern".

Wie sich dann zeigte, sollte der Erfolg dieses Einsatzes den Kriegsverlauf in den ersten entscheidenden Monaten des gewaltigen Überlebenskampfes der Roten Luftwaffe bestimmen.

In dieser schrecklichen Phase, die erst endete, als die durch die Schlacht um Moskau fast gleichermaßen erschöpften Gegner eine Kampfpause eintreten ließen, um für die vor ihnen liegenden Schlachten Kräfte zu sammeln, hing das Überleben der sowjetischen Luftwaffe an einem seidenen Faden. Angesichts der erstaunlichen Zahlen über sowjetische Verluste blieb jedoch die Tatsache weitgehend unbeachtet, daß auch die deutsche Luftwaffe Verluste hinnehmen mußte, von denen sie sich nie mehr ganz erholen sollte.

Auf in mehrfacher Hinsicht überraschende Weise kristallisierten sich in diesen ersten Wochen Einsatzgrundsätze heraus, die bis Kriegsende Gültigkeit haben sollten. Am bedeutsamsten war vielleicht, daß sich beide Seiten dazu entschlossen, ihre Flugzeuge nicht als strategische, sondern als taktische Waffe einzusetzen. Hitlers Weisung Nr. 21 drückte diese Aufgabenstellung für die Luftwaffe am genauesten aus: Um alle Kräfte „zur unmittelbaren Unterstützung des Heeres zusammenfassen zu können, ist die Rüstungsindustrie... nicht anzugreifen. Erst nach Abschluß der Bewegungsoperationen kommen derartige Angriffe, in erster Linie gegen das Uralgebiet, in Frage."

Die Sowjets waren wie die Gegenseite entschlossen, ihre Flugzeuge als eine Art fliegende Artillerie einzusetzen. „Die stalinistische Kriegstheorie", schrieb ein hoher General der sowjetischen Luftwaffe, „geht davon aus, daß der Sieg im modernen Krieg nur durch direkte Unterstützung des Heeres bei sämtlichen Einsatzarten errungen wird." Und ein anderer russischer Flieger fügte hinzu: „Luftherrschaft ist kein Selbstzweck, sondern nützt den Bodentruppen."

So kam es, daß immer und überall, wo auf sowjetischem Boden gekämpft wurde, Schwärme von Flugzeugen dicht über den Gefechtsfeldern in Luftkämpfe verwickelt waren. Der Luftkrieg fand zu einem großen Teil in Flughöhen unter 600 Metern statt. Einem deutschen Piloten erschien die Luftschlacht, die er aus der Ferne beobachtete, wie „eine schwarze pulsierende Masse von Insekten, die über einem riesigen Steppenbrand durcheinandergewirbelt wird".

Während sich die ersten 30 Angreifer am 22. Juni 1941 noch auf dem Rückflug zu ihren Fliegerhorsten befanden, war die eigentliche Armada der deutschen Luftwaffe bereits gestartet und dröhnte durch den im Osten bereits heller werdenden Morgenhimmel. Unverständlicherweise blieb die sowjetische Luftwaffe selbst nach den ersten deutschen Angriffen noch untätig. Die roten Kommandeure waren durch Stalins eisernes Regiment so gehemmt, daß nur sehr vereinzelt russische Flugzeuge starteten.

„Wir trauten unseren Augen kaum", erinnerte sich Hauptmann Hans von Hahn, der Kommandeur einer im Raum Lemberg angreifenden Gruppe. „Endlose Reihen von Aufklärern, Bombern und Jägern standen wie zu einer Besichtigung aufgestellt." Die Angreifer ließen sich 20 Minuten lang Zeit, flogen über dem Platz hin und her, zerstörten mit Kanonen- und MG-Feuer fast 100 Flugzeuge aller Typen und mußten diesen Erfolg eher symbolisch mit zwei durch gegnerisches Flakfeuer leicht beschädigten Messerschmitt-Maschinen bezahlen.

Der gleiche erstaunliche Anblick erwartete deutsche Flieger auf 66 Flugplätzen entlang der gesamten Grenze. Auch in den seltenen Fällen, in denen die Russen reagierten, blieben sie weitgehend erfolglos. Bei Brest-Litowsk versuchten 30 sowjetische Jäger zu starten. Deutsche Flugzeuge stießen auf sie herab, belegten sie mit einem tödlichen Teppich aus Splitterbomben und ließen sie am Startbahnende brennend zurück.

Um 4.30 Uhr befanden sich die meisten der angreifenden Flugzeuge bereits wieder auf ihren Fliegerhorsten, wo sie für den nächsten Einsatz betankt und aufmunitioniert wurden. Bei nur zwei eigenen Verlusten hatten sie ein feuriges Inferno hinterlassen – und heillose Verwirrung. „Wir werden beschossen", hatte eine sowjetische Einheit von der Grenze aus einer vorgesetzten Kommandostelle über Funk gemeldet. „Was sollen wir tun?" Die Antwort: „Ihr müßt übergeschnappt sein! Und warum funkt ihr unverschlüsselt?" Als das Bezirkskommando der Roten Armee in Riga Unterstützung bei einer in Libau stationierten Luftwaffeneinheit anforderte, lautete die verzweifelte Antwort: „Kann keine Unterstützung gewähren. Mein Jägerregiment ist durch Bomben vernichtet worden."

Aus Moskau war an diesem Tag keinerlei Hilfe zu erwarten. Als die ersten Bomben fielen, hielt Admiral N. G. Kusnezow, der Volkskommissar für die Marine, ein Nickerchen auf der Couch in seinem Dienstzimmer. Er wurde durch den Anruf des Oberbefehlshabers der Schwarzmeerflotte geweckt, der ihm folgende Meldung machte: „Sewastopol ist das Ziel eines Luftangriffs gewesen. Flakartillerie wehrt den Angriff ab. Mehrere Bomben sind auf die Stadt gefallen."

Kusnezow rief aufgeregt Stalins Büro an und erhielt von dem Offizier vom Dienst, einem gewissen Loginew, die lakonische Auskunft: „Genosse Stalin ist nicht hier, und ich weiß nicht, wo er ist."

„Ich habe eine äußerst wichtige Nachricht", drängte Kusnezow, „die ich Genosse Stalin sofort persönlich übermitteln muß."

„Ich kann Ihnen in keiner Weise behilflich sein", wehrte Loginew ab.

Und damit war die Sache erledigt.

Erst um 5.30 Uhr – nachdem der deutsche Botschafter in Moskau eine Erklärung abgegeben hatte, die einer Kriegserklärung gleichkam – gelangte Stalin endlich zu der Überzeugung, von Adolf Hitler, seinem Komplizen bei der Teilung Polens, verraten worden zu sein. Trotzdem dauerte es noch bis 7.15 Uhr – seit Beginn des Unternehmens *Barbarossa* waren vier Stunden vergangen –, bis der sowjetische Diktator Semjon Timoschenko, dem Volkskommissar für Verteidigung, gestattete, der Luftwaffe den Befehl zu erteilen, zur Offensive überzugehen und „die feindlichen Flugzeuge mit gewaltigen Schlägen zu zerstören".

Für die bis dahin noch übriggebliebenen Reste der einst zahlenmäßig größten Luftwaffe der Welt war dieser verspätete Befehl in seiner Wirklichkeitsferne geradezu tragisch.

Diesen ganzen sonnigen Sonntag lang kamen die Angreifer in großen Schwärmen. Deutsche Bomber und Jäger flogen mehrere Einsätze nacheinander. Innerhalb weniger Stunden stiegen ölig-schwarze Rauchsäulen über Flugplätzen in den Räumen Kiew, Riga, Kaunas, Wilna, Grodno, Schitomir und Sewastopol auf. General I. W. Boldin, erster stellvertretender Kommandeur des Westlichen Militärbezirks, erlebte aus eigener Anschauung, wie die deutsche Luftwaffe den russischen Himmel beherrschte.

Bei dem Versuch, von Minsk nach Bialystok zu fliegen, um wieder Verbindung mit der 10. Armee aufzunehmen, sah Boldin überall Tod und Zerstörung. „Züge und Lagerhäuser brannten", schrieb er später. „Voraus und links von uns loderten Großbrände am Horizont. Ständig jagten feindliche Bomber durch die Luft."

Boldins Maschine flog so tief wie möglich und mied größere Ansiedlungen. „Je weiter wir kamen", fuhr er fort, „desto schlimmer wurde alles. Immer mehr feindliche Flugzeuge befanden sich in der Luft. Es war unmöglich, den Flug fortzusetzen. Vor uns lag ein kleiner Flugplatz, auf dem Flugzeuge neben einem Hangar aus Stahlträgern brannten. Ich traf eine Entscheidung und gab dem Piloten ein Zeichen, dort zu landen." Während Boldin um sein Leben rannte, hörte er „über uns das Dröhnen von Flugzeugmotoren. Neun Junkers tauchten auf. Sie gingen tief über den Platz herab und begannen zu bombardieren. Die Detonationen ließen den Erdboden erzittern." Die deutschen Maschinen zerstörten das Flugzeug, mit dem Boldin soeben gelandet war.

Unterdessen setzten sich sowjetische Flieger auf gesamter Frontlänge zur Wehr. Aber sie waren, was den Ausbildungsgrad der Besatzungen und die Kampfkraft ihrer Flugzeuge anbetraf, hoffnungslos unterlegen. Ein deutscher Luftwaffenoffizier hatte den Eindruck, die Rote Luftwaffe sei „lediglich ein großes, schwerfälliges Instrument von geringem Kampfwert". Beispielsweise bestand in manchen sowjetischen Flugzeugen das MG-Visier nur aus einem handgemalten Kreis auf der Windschutzscheibe. Selbst ein sowjetischer Beobachter gestand später ein, die russische Reaktion in der Luft sei „unkoordiniert und ziellos" gewesen.

Gegen 11 Uhr an diesem ersten Angriffstag landete eine Staffel Stuka Ju 87 auf ihrem Fliegerhorst nördlich von Warschau, nachdem sie feindliche Stellungen am Bug bombardiert hatte. Die Maschinen waren kaum gelandet, als sechs sowjetische SB-2, die einen geschlossenen, leicht verwundbaren Verband bildeten, den Platz angriffen. Zwei oder drei Me 109 F rasten mit röhrenden Motoren und hämmernden Bordwaffen in ihre Mitte. „Der erste schießt", berichtete Hauptmann Herbert Pabst, Chef einer Stuka-Staffel, der den Kampf vom Boden aus beobachtete. „Dünne Rauchfäden verbinden die beiden Maschinen. Schwerfällig neigt sich der große Vogel zur Seite, blitzt in der Drehung silbern auf und stürzt senkrecht nach unten, mit immer höherem Aufheulen der Motoren. Eine ungeheure Stichflamme schießt hoch – aus! Der zweite Bomber flammt grellrot auf, explodiert im Sturz – nur ein paar Flächenteile trudeln wie große Blätter." Binnen kurzem stiegen sechs Rauchsäulen in die stille Sommerluft auf. Aber die sowjetischen Bombenangriffe waren damit keineswegs beendet. Sie gingen den ganzen Nachmittag weiter – und bei 21 Angreifern zählte Pabst 21 Abschüsse.

Über solche zum Scheitern verurteilte Luftangriffe sollte der deutsche Generalfeldmarschall Kesselring bald fast bedauernd sagen: „Das war Kindermord." Aber selbst an diesem ersten Tag lag manchmal etwas in der Kampfweise der russischen Bomber- und Jägerpiloten, das in ihren Gegnern leichtes Unbehagen weckte. Ein Oberst der deutschen Luftwaffe beurteilte die sowjetischen Piloten als „Fatalisten, die ohne jegliche Hoffnung auf Erfolg oder Vertrauen zu ihren eigenen Fähigkeiten kämpften und dazu nur von ihrem eigenen Fanatismus oder der Angst vor ihren Kommissaren getrieben wurden".

Ein frühes Beispiel für diesen Kampfgeist zeigte sich in einem wilden Luftkampf zwischen einer Kette Messerschmitts und einer Gruppe I-16 über Kobrin. Drei sowjetische und zwei deutsche Jäger wurden rasch abgeschossen. Als sich der Kampf dem Ende näherte, riß Leutnant Dmitri Kokorew vom 124. Jagdfliegerregiment, der sich verschossen hatte, seine I-16 in eine senkrechte Steilkurve und rammte absichtlich eine Messerschmitt. Die deutsche Maschine stürzte brennend ab, während Kokorew sein beschädigtes Flugzeug heil zu Boden bringen konnte.

Im Raum Scholkwa bohrte der Leutnant I. I. Iwanow unterdessen die Luftschraube seines Jägers I-16 in das Leitwerk einer He 111. Für diese tapfere Tat wurde Iwanow posthum mit dem Titel eines Helden der Sowjetunion ausgezeichnet.

Die riesigen Abmessungen des Kriegsschauplatzes, der sich zwischen Arktis und dem Schwarzen Meer rund 3000 Kilometer weit über Westrußland erstreckte, machte es der deutschen wie der sowjetischen Luftwaffe über weite Zeiträume hinweg unmöglich, die absolute Lufthoheit zu erringen. Statt dessen faßten die Gegner ihre Luftstreitkräfte zur Unterstützung der großen Landschlachten zusammen – zu Kriegsbeginn entlang der polnisch-russischen Grenze, später vor Moskau, dann bei Stalingrad, auf der Krim, bei Kursk und zuletzt in Berlin, wo der Himmel über der Reichshauptstadt bei Kriegsende von 7500 Flugzeugen der Roten Luftwaffe verdunkelt wurde.

Insgesamt nahmen am ersten Kriegstag mindestens neun sowjetische Piloten Zuflucht zu der verzweifelten Methode, den Gegner zu rammen. Sie trugen allerdings nichts dazu bei, die deutsche Lawine aufzuhalten. Als die Sonne am rauchverhüllten Horizont unterging, waren etwa 1800 russische Flugzeuge zerstört – über 300 durch Flak und feindliche Jäger und fast 1500 am Boden. Die deutsche Luftwaffe hatte lediglich 35 Maschinen verloren, davon mehrere durch ihre eigenen Splitterbomben des Typs SD 2, denn diese „Teufelseier" hatten verschiedentlich die häßliche Eigenschaft gezeigt, in ihren Magazinen steckenzubleiben und den Bomber, der sie trug, bei der geringsten Erschütterung in Stücke zu reißen.

Der ungleiche Kampf ging tage- und wochenlang weiter. Nicht einmal Reichsmarschall Hermann Göring, der selbstgefällige Oberbefehlshaber der Luftwaffe, konnte die deutsche Behauptung, daß bis zum 24. Juni 2500 sowjetische Flugzeuge zerstört worden seien, glauben. Göring ordnete eine Nachzählung an – und erfuhr dann, daß die ursprüngliche Zahl um 200 bis 300 zu niedrig gewesen war. Aufgrund der Annahme, die sowjetische Luftwaffe könne die deutsche Lufthoheit nicht mehr gefährden, verzichtete die deutsche Luftwaffe bald auf Angriffe gegen Flugplätze und konzentrierte sich fast ausschließlich auf die enge Zusammenarbeit mit den voranstürmenden Panzerkolonnen.

Aber die Deutschen hatten ihren Gegner unterschätzt. Bei allen sonstigen Mängeln kannte die Rote Luftwaffe keinen Mangel an Flugzeugen. Viele russische Bomber waren nämlich im Inneren der Sowjetunion stationiert, das bisher noch keine feindlichen Angriffe erlebt hatte. Stalin, der zunächst einmal Zeit zu gewinnen versuchte, indem er die in der Mitte auf Moskau, im Norden auf Leningrad und im Süden auf Kiew abzielenden deutschen Vorstöße verlangsamte, machte sich kein Gewissen daraus, Hunderte von Bombern zu opfern.

Die plumpe Angriffstaktik der Russen verwunderte, ja entsetzte sogar manchmal den Gegner. Die sowjetischen SB-2 und DB-3 griffen weiterhin fast immer bei Tageslicht und ohne Jagdschutz an. Sie verschmähten jeden Versuch einer Ausweichbewegung und hielten stur eine dichtgeschlossene Keilformation bei, die sie eine leichte Beute werden ließ. Bei den ersten Einsätzen warfen sie ihre Bomben aus 3000 Meter Höhe, wie es vor dem Krieg vorgeschrieben gewesen war. Als sich dies als wenig wirkungsvoll erwies, flogen sie in Höhen unter 1000 Meter an – und gerieten in mörderisches deutsches Flakfeuer.

Ein russischer Bombenangriff im Raum Kiew war in seiner Durchführung – und seinem Ergebnis – charakteristisch für die russische Taktik. „Zehn Sowjetbomber flogen unbeirrbar ihr Ziel an", berichtete ein deutscher Offizier. „Deutsche Jagdflieger schossen sie in aller Ruhe nacheinander ab, während der Bomberverband keinen Versuch zu machen schien, den Angriffen auszuweichen. Gewissenhaft Formation haltend und der Führermaschine folgend, flogen die russischen Bomber weiter, bis sie alle abgeschossen waren."

Die deutschen Jagdflieger entdeckten zudem rasch, daß wegen der sowjetischen Geheimhaltungsmanie nur die Führer von Bomberverbänden gründlich in den Kampfauftrag eingewiesen waren oder auch Landkarten erhielten. Falls es den Deutschen gelang, die Führermaschine eines roten Bomberverbandes abzuschießen, blieb den anderen Piloten im allgemeinen nichts anderes übrig, als den Einsatz abzubrechen und nach Hause zurückzufliegen.

Die Kampfweise der sowjetischen Jagdflieger war ebenso unzureichend. Sobald der erste Gegner gesichtet wurde, bildeten die Russen hastig einen Verteidigungskreis, in dem sich jeder Flugzeugführer darauf verließ, daß die nachfolgende Maschine ihn deckte. Dieses Karussell am Himmel hatte jedoch einen entscheidenden Nachteil, den ein Veteran der deutschen Luftwaffe erläuterte: „Wenn es deutschen Jägern gelang, den Verteidigungskreis aufzubrechen, waren die meisten sowjetischen Piloten hilflos." In vielen Luftkämpfen hatten die Sowjets gar keine Gelegenheit, ihren Kreis zu bilden, sondern wurden überraschend von hinten angegriffen. Viele russische Jagdflieger „hatten nie gelernt, nach hinten zu beobachten", erläuterte der deutsche Major Gerhard Barkhorn. „Sie drehten sich im Führersitz niemals um, und es war verhältnismäßig einfach, sich an eine Kette von ihnen heranzuschieben und mehrere Abschüsse zu erzielen, bevor sie merkten, was los war." Barkhorn wußte, wovon er sprach: Bis Kriegsende erzielte er die außerordentlich hohe Zahl von 301 Abschüssen.

So war es kein Wunder, daß dies große Tage für die deutsche Luftwaffe waren. Im Raum Minsk schoß das Jagdgeschwader 51 allein am 30. Juni 114 sowjetische Flugzeuge ab. Über der Düna, wo sowjetische Bomber versuchten, den deutschen Vormarsch in Richtung Leningrad aufzuhalten, schossen Me 109 F des Grün-Herz-Geschwaders Nr. 54 an einem einzigen Tag nicht weniger als 65 Maschinen ab. Hauptmann Emil Lang trug zu diesem Erfolg 18 Abschüsse bei; er konnte innerhalb von drei Wochen sogar 72 Abschüsse verzeichnen.

Das Verhalten ihrer Gegner gab den deutschen Flugzeugführern wie schon zu Anfang Grund zur Verwunderung und zu nüchternen Überlegungen. Manchmal schienen die Russen in nicht mehr verständlichem Ausmaß feige zu sein. In großen Höhen fliegende deutsche Piloten konnten beispielsweise häufig mindestens 1000 Meter unter sich sowjetische Jäger beobachten, die wilde Luftkämpfe simulierten und wütend aus allen Rohren ins Leere ballerten. „Dieser merkwürdige Einsatz", schrieb ein Luftwaffenoffizier, „wurde uns später von russischen Kriegsgefangenen erläutert, die aussagten, der Kommissar habe angeordnet, alle sowjetischen Jäger hätten zu starten und den Feind in Luftkämpfe zu verwickeln, bis er das Zielgebiet verlassen habe. Wegen ihrer kurzen Flugdauer mußten die deutschen Jäger ohnehin nach einer Viertelstunde umkehren, so daß die sowjetischen Jagdflieger melden konnten, sie hätten ‚die Angreifer erfolgreich vertrieben'."

Andererseits kämpften viele Russen mit einer Tapferkeit, die kaum allein der Angst vor ihren Politkommissaren entspringen konnte. Das als *taran* bezeichnete absichtliche Rammen des Gegners, das im allgemeinen nur von Piloten gewagt wurde, die sich verschossen hatten, ging nicht nur weiter, sondern wurde zu mehr oder minder offiziellen Methoden weiterentwickelt, die sowjetischen Flugzeugführern wenigstens eine kleine Überlebenschance sicherten.

Eine bevorzugte Kampfform bestand darin, daß der russische Jagdflieger einen langsameren deutschen Bomber von hinten überholte, seine Geschwindigkeit drosselte, bis er nur noch geringfügig schneller als der Deutsche war, und mit seiner Luftschraube die Leitwerksflächen der feindlichen Maschine berührte. „Das läßt sich aufs genaueste beurteilen", erläuterte Leutnant Viktor Kiselew, nachdem er einen Gegner erfolgreich gerammt hatte. „Man darf ihn nur ganz leicht mit der Blattspitze berühren."

Diese elegante *taran*-Methode erforderte offensichtlich ein Fingerspitzengefühl, wie es nur wenige sowjetische Flieger besaßen – zumal in diesem Stadium des Krieges. Für die weniger Geschickten bot sich die nahezu selbstmörderische Methode an, einfach in den Gegner hineinzufliegen. Das garantierte zumindest, daß jedem eigenen Verlust auch ein feindlicher gegenüberstand. In Luftkämpfen herkömmlicher Art und Luft-Boden-Einsätzen mußten die zunehmend angriffsfreudigeren Sowjets jedoch mit mindestens fünf eigenen Verlusten für jedes zerstörte deutsche Flugzeug rechnen. Einschließlich der durch die verlustreichen ersten Überraschungsangriffe vernichteten Maschinen wollte die deutsche Luftwaffe im ersten Kriegsmonat 7500 sowjetische Flugzeuge zerstört haben – eine vermutlich ziemlich zutreffende Zahl. Gleichzeitig gaben die Deutschen zu, 774 Flugzeuge verloren zu haben.

Rein auf Verlustangaben bezogen, hatte sich die deutsche Luftwaffe also eine überwältigende zehnfache Überlegenheit erkämpft. Die Prozentangaben ließen das Bild jedoch weit weniger rosig erscheinen: Während die Sowjets fast 70 Prozent der Flugzeuge verloren hatten, mit denen sie den Krieg begonnen hatten, waren von den Deutschen fast 60 Prozent der ursprünglich an der Ostfront verfügbaren Maschinen eingebüßt worden. Die Verluste der deutschen Luftwaffe waren im Vergleich zu denen des

Gegners so hoch, daß viele der deutschen Kommandeure begannen, sich ernstlich Sorgen zu machen.

Darüber hinaus handelte es sich bei den sowjetischen Verlusten hauptsächlich um alte und veraltete Flugzeuge, während die Deutschen moderne Me 109, Ju 88 und He 111 verloren hatten. Noch schlimmer war, daß die sowjetischen Ersatzlieferungen – in Form neuer Muster – selbst in diesem Anfangsstadium des Krieges höher waren als die der deutschen Luftwaffe an der Ostfront zugeteilten Lieferungen. Die deutsche Industrie, die zugleich Flugzeuge für den Krieg im Westen gegen England liefern mußte, war nicht imstande, den Bedarf beider Fronten zu decken.

Natürlich waren die neuen sowjetischen Flugzeuge *(S. 128–139)* eine Grundvoraussetzung für das Überleben der Roten Luftwaffe. Da sie jedoch mit unzulänglich ausgebildeten Piloten in den Kampf geworfen und oft für Zwecke eingesetzt wurden, an die ihre Konstrukteure niemals gedacht hatten, waren sie keineswegs uneingeschränkt erfolgreich.

Beispielsweise war der Jäger MiG-3 von seinen Konstrukteuren Artjom Mikojan und Michail Gurewitsch dafür entworfen worden, seine besten Flugleistungen als Abfangjäger in Höhen von 6000 Metern und darüber zu erreichen. Da sein Triebwerk im Vergleich zum Rumpf überdimensioiert war, ließ er sich in geringeren Höhen schlecht fliegen – aber genau dort kam er wegen der Besonderheiten des sowjetisch-deutschen Luftkriegs in erster Linie zum Einsatz.

War schon die MiG-3 bei vielen russischen Piloten unbeliebt, so war die LaGG-3, eine Gemeinschaftsentwicklung der Konstrukteure Semjon Lawotschkin, Wladimir Gorbunow und Michail I. Gudkow, geradezu verhaßt. Mit seiner Zelle aus kunststoffgetränktem Birkensperrholz hatte der Jäger entschieden Übergewicht und stieg deshalb nicht nur äußerst schlecht, sondern besaß auch die lebensgefährliche Tendenz, aus Steilkurven ins Trudeln zu geraten. Deshalb deuteten sowjetische Jagdflieger die Abkürzung LaGG schon bald als *Lakirowanny Garantirowanny Grob* – als „lackierten Garantiesarg".

Insgesamt erhielt die sowjetische Luftwaffe während der kurzen Produktionsdauer dieser beiden Muster 3322 MiG-3 und 6552 LaGG-3; einige der Maschinen standen bis Kriegsende im Einsatz. Unterdessen wurden die sowjetischen Flugzeugfabriken angewiesen, sich auf die Herstellung des erfolgreichsten neuen Jägers zu konzentrieren: des Jägers Jak-1.

Noch kaum ein Jahrzent zuvor war Alexander Jakowlew ein kleiner Mechaniker auf dem Moskauer Zentralflughafen gewesen. Bekannt war der jetzt 35jährige wegen seiner Vorliebe für schnelle Wagen, flotte Mädchen und starke Getränke – sowie wegen der sportlichen kleinen Flugzeuge, die er vor dem Krieg konstruiert hatte. Nachdem er sich mit großer Tatkraft auf die Konstruktion eines Jagdflugzeugs gestürzt hatte, entstand ein Muster, dem die Fabrikarbeiter wegen seiner eleganten Linie bald den Kosenamen *Krasawtschik* – „Schönheit" – gaben.

Die Jak-1 hatte ihre Nachteile: Sie war in großen Höhen wenig leistungsfähig, und das Plexiglas ihrer Kanzel war in sich gewellt, so daß die Sicht stark beeinträchtigt wurde. Als Jäger in geringen und mittleren Höhen war sie jedoch sehr wendig und konnte in nur 17 Sekunden einen Vollkreis fliegen. Ihr einfacher Motor erwies sich als robust und ließ sich selbst unter primitivsten Bedingungen auf Feldflugplätzen verhältnismäßig einfach warten. Ihre Instrumentierung war aufs Allernotwendigste beschränkt, was aus russischer Sicht sogar ein Vorteil war: Wie ein sowjetischer Luftwaffenoberst trocken feststellte, sei es überflüssig, die Piloten mit einer Unmenge verspielter Anzeigegeräte „abzulenken".

Bevor die Jak-1 schließlich durch die weiterentwickelte Jak-7 abgelöst wurde, waren über 8700 Flugzeuge dieses Musters gebaut worden – und die „Schönheit" hatte große Dienste als Hauptstütze der sowjetischen Jagdwaffe in ihrer kritischsten Zeit geleistet.

Zu den letzten der bei sowjetischen Frontverbänden neu in Dienst gestellten Maschinen gehörte eines der primitivsten und schwerfälligsten Flugzeuge, das je in Kriegszeiten von einer Großmacht eingesetzt worden ist. Wegen seines unregelmäßigen Profils nannten seine Piloten es halb liebevoll, halb spöttisch „der Bucklige"; die Deutschen kannten es als „Schwarzer Tod". Nachdem es einige Wochen im Einsatz gewesen war, telegraphierte Josef Stalin an die Fabriken, die dieses Muster bauten, und ordnete eine Beschleunigung der Produktion an, die er mit den Worten begründete: „Die Front braucht diese Flugzeuge wie Luft oder Brot."

Sergei Iljuschins Schlachtflugzeug Il-2 Sturmowik war wie ein fliegender Panzer konstruiert: Seine über 900 Kilogramm schwere Panzerung war als belastbares Bauteil in die Zelle integriert. Der spätere sowjetische Luftmarschall Alexander Jefimow, der erstmals 1942 eine Sturmowik flog, schrieb später, die Il-2 habe „eine Art monumentaler Stärke" besessen.

Jefimows erster Sturmowik-Einsatz richtete sich gegen deutsche Truppenzüge auf dem Bahnhof Osuga zwischen Rschew und Wjasma. „Während wir uns noch im Anflug auf den Bahnhof Osuga befanden, eröffneten Hitlers Flakbatterien das Feuer auf uns", erinnerte sich Jefimow später. „Die stumpfgrauen Sprengwolken, die allmählich einen dichten Vorhang bildeten, standen über und unter unserer Flugbahn. Die Schlachtflugzeuge durchflogen diesen Vorhang, als flögen sie durch Nebel. Die Oberfläche des Flugzeugs schien wie mit Pockennarben bedeckt zu sein. Manche Löcher waren groß, etwa faustgroß; andere waren kleiner. Aber trotz der zahlreichen Splittertreffer arbeitete der Motor normal, und das Flugzeug reagierte weiterhin auf Steuerbewegungen."

Während des sowjetischen Angriffs wurde Jefimow von den übrigen Maschinen seiner Einheit getrennt und erhielt dadurch „einen unerwarteten taktischen Vorteil. Ich bekämpfte die hitlerschen Geschützbedienungen erneut mit Kanonen- und MG-Feuer. Ich hämmerte mit kurzen Feuerstößen auf sie ein und schoß unmittelbar darauf vier Raketen ab. Sie detonierten mitten in der Feuerstellung."

Weder sowjetische Soldaten noch Maschinen konnten den Vormarsch der deutschen Armeen aufhalten. Am 16. Juli wurde Smolensk erobert. Damit war der Weg nach Moskau frei. Doch kein anderer als Adolf Hitler verschaffte der sowjetischen Hauptstadt eine Atempause: Trotz nachdrücklich erhobener Einwände der meisten Armeeoberbefehlshaber an der Ostfront beschloß er, zunächst die Lage an den Flanken zu konsolidieren. Nachdem er Bocks Heeresgruppe Mitte den Haltbefehl erteilt hatte, entsandte er General Heinz Guderians Panzerdivisionen nach Süden, damit sie mithelfen konnten, die Eroberung der Ukraine abzuschließen, während General Wolfram von Richthofens VIII. Fliegerkorps nach Norden verlegt wurde, um an der Bombardierung Leningrads mitzuwirken.

Der Himmel über dem Roten Platz ist mit den Sprengwolken sowjetischer Granaten gesprenkelt, mit denen die russische Flak im Jahre 1941 Moskau gegen einfliegende deutsche Bomber verteidigt.

Die sowjetische Luftwaffe hatte in der Ukraine erfolgreicher als anderswo operiert, was zum Teil darauf zurückzuführen war, daß das ebene, freie Gelände Heeresverbänden wenig Deckung bot, so daß die Angriffe der roten Flieger beträchtlichen Schaden anrichteten. Darüber hinaus begann für die russischen Jagdflieger bereits ein durch eindrucksvolle taktische Verbesserungen gekennzeichneter Zeitabschnitt – dank des wachsenden Einflusses des damals 28jährigen Oberleutnants Alexander Pokryschkin.

Pokryschkin, der Sohn eines Maurers, flog erst seit vier Jahren, hatte aber im Spätsommer 1941 bereits sein Können als Jagdflieger unter Beweis gestellt: Nachdem er am zweiten Kriegstag seine erste Messerschmitt abgeschossen hatte, befand er sich nun auf einer Siegesbahn, an deren Ende er 1945 mit 59 Abschüssen an zweiter Stelle der erfolgreichsten sowjetischen Jägerpiloten stehen sollte. Aber Pokryschkin war erheblich mehr als nur ein begabter Flieger: Er machte sich Gedanken über die beste Luftkampftaktik und gab die dabei gewonnenen Erkenntnisse an seine Kameraden weiter.

Nach jedem Luftkampf, an dem er beteiligt gewesen war, ging Pokryschkin die verschiedenen Stadien nochmals durch: „Ich machte Skizzen der einzelnen Flugmanöver und stellte Berechnungen an. Ich versuchte, auf dem Papier zu addieren, was ich in der Luft getan hatte." Die Wände von Pokryschkins Unterkunft auf dem Flugplatz waren mit Diagrammen und graphischen Darstellungen geschmückt, die er Kameraden erläuterte, wenn sie sich dort in dienstfreien Stunden versammelten.

Pokryschkins Eliteverband, das 55. Jagdfliegerregiment, war als eine der ersten Einheiten mit der neuen MiG-3 ausgerüstet worden. Im Gegensatz zu vielen anderen Piloten flog Pokryschkin dieses Flugzeug ausgesprochen gern – und setzte es auch den Absichten seiner Konstrukteure entsprechend ein. „Sie ist eine robuste Maschine", sagte er von der MiG-3. „Sie fliegt sich in großen Höhen, wo ihre Geschwindigkeit und Wendigkeit zunehmen, einfach wunderbar."

Pokryschkin sorgte dafür, daß die MiG-3 die niedrigen Höhen mied, auf die sie bis dahin durch die sowjetische Standardtaktik beschränkt gewesen war. Er und seine Kameraden flogen eine wellenförmige Bahn: „Während wir insgesamt eine bestimmte Höhe einhielten, bewahrten wir uns den nötigen Fahrtüberschuß durch eine Reihe kleiner Sturzflüge." Aus seiner Position in großer Höhe konnte Pokryschkin niedriger fliegende Feindverbände ausmachen und sich die beste Angriffstaktik zurechtlegen, um dann im Sturzflug herabzustoßen und den Gegner von vorn oder hinten, von der Seite oder unten anzugreifen. So ließ sich Pokryschkins Angriffstaktik in vier Worten zusammenfassen, die er gern wiederholte: „Höhe – Geschwindigkeit – Wendigkeit – Feuer!"

Mit der Verwirklichung dieser Grundsätze trug Pokryschkin wesentlich dazu bei, eine grundlegende Reform der sowjetischen Jägertaktik zu bewirken. „Vor dem Krieg", schrieb er später, „lernten wir, in horizontalen Ebenen zu kämpfen. Horizontaler Kampf unter modernen Bedingungen ist letztlich eine Art ,Hasentaktik', in erster Linie eine Defensivtaktik – noch dazu die einer passiven Verteidigung." Statt dessen, sagte Pokryschkin, „gelangte ich zu dem Schluß, daß es darauf ankomme, mutiger in der senkrechten Ebene zu kämpfen."

Als immer mehr sowjetische Jagdflieger seinem Beispiel folgten, begannen die starren Verbände aus der Anfangszeit des Krieges zu verschwinden. Ein Beweis für Pokryschkins außergewöhnliche Begabung als Taktiklehrer war die Tatsache, daß 30 der ihm unterstellten Piloten als Helden

Eine Kette neuer MiG-3 befindet sich 1941 auf einem Überraschungsflug über Moskau. Die Sowjets zogen zur Verteidigung der Hauptstadt eine Flotte von fast 600 Jagdflugzeugen zusammen. Trotz gewaltiger Verluste konnten die russischen Abfangjäger die deutsche Luftwaffe daran hindern, die Hauptstadt zu zerstören.

der Sowjetunion ausgezeichnet wurden und es bis Kriegsende auf insgesamt 500 Abschüsse brachten.

In den letzten Sommertagen des Jahres 1941 war die Ukraine jedoch nicht einmal durch die Fähigkeiten Alexander Pokryschkins und seiner Schüler zu retten – auch durch massive Einsätze nicht. Seit Juli hatte die sowjetische Luftwaffe fünf Fliegerdivisionen und zwei selbständige Fernbomberkorps mit insgesamt über 1150 Flugzeugen in den Kampf um Kiew geworfen. Allein im September hatten die Sowjets nach eigenen Angaben 10 000 Einsätze gegen die Deutschen geflogen – jedoch mit so katastrophalen Ergebnissen, daß sie sich über das Verhältnis zwischen erzielten Abschüssen und eigenen Verlusten ausschwiegen. Der Kampf endete mit der Vernichtung der die Ukraine verteidigenden sowjetischen Einheiten. Am 19. September 1941 fiel Kiew.

Über 1200 Kilometer nördlich der Ukraine war die Lage der Sowjets fast ebenso verzweifelt: Dort stand die deutsche Heeresgruppe Nord vor den Toren Leningrads, der zweitgrößten russischen Stadt. In dem kläglichen Bemühen, die eingeschlossene Stadt zu versorgen, begann eine kleine Flotte aus 30 zweimotorigen Frachtflugzeugen Li-2 (Lizenzbauten der amerikanischen DC-3) mit einer Luftbrücke, während sich die hungernden Leningrader auf einen deutschen Sturmangriff gefaßt machten. Dieser Angriff blieb jedoch aus: Hitler, der sich dafür entschied, Leningrad auszuhungern, anstatt es zu stürmen, wandte seine Aufmerksamkeit wieder der Frontmitte zu. Das Unternehmen *Taifun*, der deutsche Vorstoß nach Moskau, lief am 2. Oktober 1941 mit über einer Million Mann an, die von 1000 Flugzeugen der Luftflotte 2 unterstützt wurden.

In der Luft wie zu Lande kämpften die Russen ums Überleben ihrer Hauptstadt. Das von Flugplätzen in der näheren Umgebung Moskaus aus operierende VI. Luftverteidigungs-Jagdkorps bestand aus 34 Regimentern unterschiedlicher Stärke und konnte im Bedarfsfall weitere 29 Regimenter von benachbarten Fronten abrufen. Über die Hälfte seiner 600 Jagdflugzeuge waren neue Muster, und seine Piloten gehörten zu den besten der Sowjetunion: Beispielsweise bestand die 2. Selbständige Nachtjagdstaffel ausschließlich aus erfahrenen Testpiloten.

Da ein deutscher Angriff vorauszusehen war, begann die sowjetische Luftwaffe Mitte September Einsätze gegen die Deutschen zu fliegen und griff die Flugplätze, von denen aus die deutsche Luftwaffe Moskau bombardieren wollte, sowie die Bereitstellungsräume feindlicher Heeresverbände an. Bei diesen Septemberangriffen zerstörten die Sowjets nach ihren Angaben allein vor einer Front 120 feindliche Flugzeuge am Boden und schossen weitere 89 in Luftkämpfen ab.

Trotzdem begann das Unternehmen *Taifun* wie geplant am 2. Oktober. Die deutschen Armeen stießen weiter in Richtung Moskau vor. Nach einer Woche, in der es zu einigen der erbittertsten Kämpfe dieses Krieges gekommen war, hatten die Deutschen Brjansk genommen, die Außenbezirke von Tula erreicht und große sowjetische Truppenmassen bei Wjasma eingekesselt. Für die deutsche Luftwaffe waren die Eingekesselten statische Ziele, die keine oder kaum eine Deckung vor Luftangriffen besaßen. Die Aussichten für die Moskauer schienen in der Tat schlecht zu sein.

Aber die deutschen Armeen waren durch Hitlers Julibefehl zu lange aufgehalten worden. Am Morgen des 7. Oktober stellte Generalfeldmarschall von Bock in Smolensk fest, daß der Himmel grau und düster geworden war, während ein eisiger Nordwind wehte. Nachmittags begann es zu regnen, und am Abend des 7. Oktober war der Vormarsch der Heeresgruppe Mitte auf breiter Front zum Stehen gekommen. Die russische *rasputiza* – die Herbstschlammperiode – hatte eingesetzt.

Sie hielt über einen Monat lang an. Ein Regentag folgte auf den anderen. Die sintflutartigen Regenfälle wechselten mit dichtem Nebel, Schneeregen und vereinzelt auch Schnee ab. Plötzlichen Kälteeinbrüchen folgten Tauperioden, die alles nur noch schlimmer machten. Brücken wurden durch Hochwasser führende Flüsse weggerissen, und die russischen Straßen – meistens kaum mehr als unbefestigte Landstraßen – verwandelten sich in Schlammbahnen mit einer bis zu einem Meter tiefen Morastschicht. Panzer, Lastwagen und Soldaten blieben stecken, und ein deutscher Kommandeur schrieb verzweifelt in sein Kriegstagebuch: „Die kühnsten Hoffnungen verschwinden unter Regen und Schnee. Alles bleibt auf grundlosen Straßen liegen."

Nun mußte die deutsche Luftwaffe für die berauschenden Erfolge in den Sommermonaten büßen. Die Luftflotte 2, die ihre Flugplätze ständig weiter vorverlegte, um dicht hinter den Armeen zu bleiben, die sie zu unterstützen hatte, mußte sich mit den primitivsten Flugplätzen behelfen, die man sich nur vorstellen konnte. Selbst in Städten wie Minsk oder Orel waren die von deutschen fliegenden Verbänden übernommenen Flugplätze kaum mehr als Graslandeplätze.

Anderswo versuchte die Luftwaffe, auf ebenem Gelände Feldflugplätze einzurichten. In dem scheinbar unaufhörlichen Regen verwandelten sich die Flugplätze jetzt in Schlammseen. Und selbst wenn deutschen Piloten der Start gelang, herrschten bei dem schlechten Wetter so miserable Sichtverhältnisse, daß tieffliegende Maschinen mit den Worten eines deutschen Offiziers „ständig Gefahr liefen, mit den Bäumen auf den vielen kleinen Hügeln der näheren Umgebung zu kollidieren".

Auf der anderen Seite hatten die Frontverkürzungen der Russen zur Folge, daß sowjetische Flugzeuge von ausgebauten Plätzen mit befestigten Start- und Landebahnen und ausreichenden Wartungseinrichtungen starten konnten. So wurde die Hauptstadt von den Flugplätzen Wnukowo, Fili, Tuschino, Chimki und von dem Moskauer Zentralflughafen aus geschützt. Selbst wenn die Russen unzulängliche Plätze benutzen mußten, bewiesen sie bei auftretenden Schwierigkeiten beträchtliches Improvisationstalent. Der Sturmowik-Pilot Jefimow mußte feststellen, daß während der *rasputiza* „Schlamm die Ölkühler beim Rollen und Starten verstopfte, so daß die Öltemperatur im Flug gefährlich hoch anstieg. Aber unsere Ingenieure und Techniker fanden bald einen Ausweg. ‚Startet mit geschlossenen Ölkühlern', riet einer von ihnen unseren Piloten, ‚und öffnet die Jalousien erst nach dem Abheben.' Das taten wir dann auch und wendeten dieses einfache Verfahren bis Kriegsende an."

Die deutschen Armeen kämpften sich jedoch noch fast zwei Wochen lang weiter vor und kamen an einigen Punkten bis auf 80 Kilometer an Moskau heran. Dort blieben sie endgültig in einem Meer aus Schlamm stecken und warteten darauf, daß die *rasputiza* zu Ende ging.

Für die sowjetische Luftwaffe wie für Moskau bedeutete die Unterbrechung des deutschen Vormarsches die Rettung in einem äußerst kritischen Augenblick. Während sich die deutschen Angriffsspitzen der Hauptstadt näherten, war die sowjetische Flugzeugproduktion, die der Roten Luftwaffe in den verlustreichen ersten Kriegsmonaten das Überleben ermöglicht hatte, plötzlich dramatisch zurückgegangen. Von über 2300 Flugzeugen im September war die Produktion auf rund 800 Maschinen im Oktober und weniger als 600 im November gesunken. Dieser steile Rückgang war die Folge einer Verlagerung ganzer Fabriken mitsamt ihren Arbeitern, wie sie noch nie zuvor durchgeführt worden war.

Schon zwei Tage nach dem deutschen Überfall auf die Sowjetunion hatte die Kremlführung einen speziellen Evakuierungsrat eingesetzt, der die Verlagerung von Fabriken zu überwachen hatte, die durch den feindlichen Vormarsch gefährdet waren. Bis zum Abschluß dieses gigantischen Unternehmens wurden über 1500 Fabriken evakuiert. Zehn Millionen Arbeiter wurden mit ihren Angehörigen 1500 und mehr Kilometer weit nach Osten transportiert, wo sie unter primitiven Verhältnissen im Ural, an der Wolga, in Sibirien und in Zentralasien Zuflucht fanden.

Da die Flugzeugindustrie zu einem großen Teil im Raum Moskau konzentriert war, kam ihre Evakuierung erst im Herbst, als die Hauptstadt eindeutig gefährdet war, richtig in Gang. Selbst dann gab es Männer, denen es vor der Größe dieses Vorhabens graute. Als Alexander Jakowlew seinem Konstrukteurskollegen Polikarpow von der Absicht erzählte, Flugzeugwerke zu verlegen, war der Veteran entsetzt. „Ich weiß, was ein Umzug bedeutet", sagte er. „Wir haben die Russisch-Baltische Waggonfabrik im Ersten Weltkrieg von Riga nach Petrograd verlegt. Nur 500 Kilometer weit, aber was für ein Durcheinander wir angerichtet haben!"

Polikarpows Befürchtungen erwiesen sich als nur allzu gerechtfertigt, als ganze Fabriken in fieberhafter Eile demontiert und – gemeinsam mit den

Mitglieder eines Fliegerclubs marschieren an ihren Schulflugzeugen Po-2 vorbei. Auf diesem Muster wurden 24 000 Vorkriegspiloten ausgebildet.

Schüler einer sowjetischen Fliegerschule arbeiten einige Zeit als Mechaniker, um sich mit dem Fünfzylindermotor der Po-2 vertraut zu machen.

Sanitäter heben einen Verwundeten in das Transportabteil eines mit Schneekufen ausgerüsteten Sanitätsflugzeuges Po-2. Bei anderen Po-2 wurden die Tragen zu beiden Seiten des Rumpfes auf den unteren Tragflächen festgeschnallt.

Ein Aufklärer Po-2 macht im Jahre 1942 einen Fronterkundungsflug im Raum Moskau. Solche Maschinen waren häufig unbewaffnet. Ihre einzige Verteidigungsmöglichkeit gegen deutsche Jäger bestand darin, auf Baumwipfelhöhe herabzugehen und ihre schnelleren, aber weniger wendigen Verfolger durch gewagte Akrobatik abzuschütteln.

Ein vielseitig einsetzbarer Doppeldecker

Das älteste, langsamste – und vielseitigste – aller von der sowjetischen Luftwaffe im Zweiten Weltkrieg eingesetzten Flugzeuge war die plumpe, kleine Po-2. Dieser sehr wendige Doppeldecker mit 130 Stundenkilometern Höchstgeschwindigkeit war von Nikolai Polikarpow 1927 als preiswertes, leicht zu fliegendes Schulflugzeug entworfen worden.

Im Zweiten Weltkrieg bewährte sich die Po-2 in neuen Rollen und leistete hervorragende Dienste als Aufklärer, Artillerieflugzeug, Kurier- und Frachtmaschine, Schleppflugzeug für Luftziele und Sanitätsflugzeug. Als Nachtbomber wurde sie von mutigen Piloten – oft Frauen (S.119–121) – von Feldflugplätzen aus zu Tiefangriffen auf deutsche Truppenkonzentrationen eingesetzt. Die nächtlichen Besucher waren so lästig, daß die Deutschen ihnen den Spitznamen „Unteroffizier vom Dienst" gaben.

Insgesamt wurden in der Sowjetunion bis zur Einstellung der Produktion im Jahre 1954 rund 33 000 Po-2 gebaut. Das war ein Rekord für ein einziges Muster. Viele Maschinen hatten den Krieg überstanden und wurden in den Jahren danach als Flugzeug in der Landwirtschaft, zur Waldbrandbekämpfung oder als Lufttaxis eingesetzt.

Die aus Holz und Bespannstoff gebaute Po-2 war rund acht Meter lang und hatte 11,40 Meter Spannweite. Mit ihrem luftgekühlten 110-PS-Motor konnte sie 250 Kilogramm Nutzlast fast 500 Kilometer weit befördern, wobei sie eine Gipfelhöhe von bis zu 4000 Metern erreichte.

Arbeitern, die später wieder an ihren Maschinen stehen sollten – in Güterwagen verladen wurden. Jakowlew, der zugleich Verwaltungsbeamter und Konstrukteur war, malte ein rosiges Bild von den abreisenden Arbeitern. Bei der Besichtigung eines geschlossenen Güterwagens fand er „doppelstöckige Feldbetten mit Matratzen und Wolldecken, einen Eisenofen in der Mitte des Fußbodens, einen Tisch mit Stühlen, eine an der Decke baumelnde Petroleumlampe und neugierige, fröhliche Kindergesichter, die aus den Kojen lugten". Besonders erfreut war er, als ihm mitgeteilt wurde, zu dem Zug gehöre auch ein Speisewagen.

Die Wirklichkeit war trübseliger. Bis zu 50 Menschen wurden in Güterwagen zusammengepfercht, die schon mit der Hälfte überfüllt gewesen wären. „Nachts war es so eng", erinnerte sich ein Arbeiter, „daß die Leute abwechselnd schliefen – oft in Lagen übereinander." Nach langer, elender Fahrt, auf der die Menschen von dem Holzrauch der schlecht ziehenden Öfen Hustenanfälle bekamen, in den Wagenboden gehackte Löcher als Toiletten benutzen und mit den auf Zwischenstationen ausgegebenen kärglichen Rationen auskommen mußten, gelangten sie in die unbekannten Gebiete, von denen sie bis zu ihrer Ankunft keine rechte Vorstellung hatten. Als während der Verlagerung der Winter einbrach, erfroren ungezählte Tausende oder erlitten Erfrierungen.

Aber Millionen überlebten und erreichten Ansiedlungen wie Swerdlowks, Magnitogorsk, Komsomolsk und Nowosibirsk, wo innerhalb von 75 Tagen ein Labyrinth aus hölzernen Behelfsbauten, Baracken, Unterständen und Zelten entstand, das 300 000 Arbeitern Unterkunft bot.

Bei ihrer Ankunft trafen sie die Einheimischen schon bei der Arbeit an – oft unter schwersten Bedingungen. „Der Erdboden war wie Stein", berichtete ein Swerdlowsker, „von unserem strengen sibirischen Frost hartgefroren. Äxte und Pickel konnten den steinigen Boden nicht aufbrechen. Im Lichte von Bogenlampen hackten Menschen die ganze Nacht lang die Erde auf. Sie sprengten die Steine und den gefrorenen Erdboden, und sie errichteten die Fundamente. Ihre Hände und Füße waren von Erfrierungen geschwollen, aber sie verließen ihren Arbeitsplatz nicht. Über die auf Verpackungskisten ausgebreiteten Pläne und Blaupausen fegte ein Schneesturm hinweg."

Alexander Jakowlew, der den Auftrag erhalten hatte, den Flugzeugbau in der sibirischen Stadt Nowosibirsk zu leiten, reiste stilvoll aus Moskau ab – in einem Pontiac –, mußte seine Reise jedoch mit Zug und Flugzeug fortsetzen, als die Straße allmählich aufhörte. Als er endlich sein fernes Ziel erreichte, fand er eine – wenn auch nur notdürftig – arbeitende Fabrik vor. „Mehrere Dutzend Flugzeuge befanden sich in unterschiedlichen Fertigungsstadien", schrieb er, „wobei jedem entweder die Querruder oder die Maschinengewehre oder der Ölkühler oder die Kühlerrohre oder irgendwelche anderen Instrumente oder Teile fehlten. Kein einziges von ihnen konnte ausgeliefert werden."

Die unfertigen Flugzeuge wurden auf dem Werksflugplatz abgestellt und sollten dort warten, bis die noch fehlenden Teile irgendwie beschafft werden konnten. Als der sibirische Winter einsetzte, „war diese verrückte Ansammlung von Flugzeugen bald unter einer meterdicken Schneedecke begraben. Der Flugplatz erinnerte an einen Friedhof. Nur die Nasen und Leitwerke der Flugzeuge ragten noch aus der Schneedecke heraus."

Trotzdem sorgte Jakowlew dafür, daß die fehlenden Teile beschafft oder an Ort und Stelle hergestellt wurden. Drei Wochen nach seiner Ankunft rollte die erste einsatzfähige Jak-1 aus der Fabrik. Die zugeschneiten

Flugzeuge wurden ausgegraben und flugfähig gemacht. Die Produktion stieg beständig – bis die Fabrik elf Monate später siebeneinhalbmal mehr Flugzeuge als in ihrer besten Moskauer Zeit herstellte. Auch in Saratow, wo die Arbeit am Montageband aufgenommen wurde, noch bevor Wände und Dach der Fabrikhalle fertig waren, konnte die erste MiG-3 schon nach 14 Tagen zum Erstflug starten.

Aber trotz größter Anstrengungen gelang es nicht, einen Produktionsrückgang infolge der massiven Industrieumsiedlung zu verhindern. Es gelang auch nicht, neue Flugzeuge nach Moskau zu schaffen, als die Stadt sie am dringendsten brauchte.

Die Einwohner der sowjetischen Hauptstadt hatten seit Juli 1941 Vorbereitungen für die Abwehr des deutschen Angriffs getroffen. U-Bahnhöfe waren in Luftschutzräume verwandelt, Zivilisten zur Brandbekämpfung ausgebildet und alle wichtigen Gebäude getarnt worden. Die Kremlmauern wurden mit einer Häuserzeile bemalt, Lenins Grab auf dem Roten Platz wurde mit Sandsäcken bedeckt und als Bauernhaus getarnt, und die goldenen Kuppeln der Kremlkirchen wurden mit dunklen Brettern verschalt. Während die deutschen Armeen jetzt in gefährlicher Nähe der Stadt auf einen Wetterumschwung warteten, um ihre Operationen fortzusetzen, waren etwa 450 000 Moskauer damit beschäftigt, rund um die Stadt Schützen- und Panzergräben auszuheben. Die Moskauer Flak war auf 800 Geschütze verstärkt worden, und die Geschützbedienungen hatten sich in der Abwehr deutscher Störangriffe geschult. Piloten der sowjetischen Luftwaffe marschierten an ihrer Regimentsfahne vorbei und knieten dann nieder, um einen feierlichen Eid abzulegen: „Ich schwöre dir, mein Vaterland, und dir, meine Heimatstadt Moskau, daß ich unbarmherzig kämpfen und die Faschisten vernichten werde."

In jenen verzweifelten Sommertagen des Jahres 1941 war Moskau nahezu wehrlos: Eine seiner Fronten verfügte nur mehr über 106 einsatzfähige Jagdflugzeuge und 63 Bomber. Indem Stalin weniger gefährdeten Abschnitten lediglich eine Mindestausstattung an Flugzeugen beließ, gelang es ihm, bis zum 30. September insgesamt 936 Maschinen zur Verteidigung Moskaus zusammenzuziehen.

Anfang November zeichnete sich deutlich ab, daß die Hauptstoßrichtung einer japanischen Aggression nicht auf die Sowjetunion abzielen, sondern im Pazifik liegen würde. Deshalb konnte Stalin rund 200 weitere Flugzeuge aus dem Fernen Osten abziehen und damit die Zahl der zur Verteidigung Moskaus eingesetzten Maschinen auf 1138 bringen. Einige dieser Verstärkungen waren bereits eingetroffen, als am 15. November deutsche Kraftfahrzeuge und Panzer über den tragfähig gefrorenen Erdboden zu rollen begannen, um ihren Vorstoß nach Moskau fortzusetzen.

Bei kaltem Wetter und blassem Sonnenschein kämpfte sich die Wehrmacht mit brutaler Kraft in Richtung Moskau vor. Allerdings nicht lange. Nach einigen Tagen – und früher als gewöhnlich – bezog sich der Himmel, die Temperatur sank weit unter den Gefrierpunkt, und es begann ergiebig zu schneien. Der russische Winter, der schon Napoleons Nemesis gewesen war und auch Hitler ins Verderben stürzen sollte, hatte begonnen.

Da die deutsche Führung von Anfang an mit einem weiteren Blitzkriegserfolg gerechnet hatte, traf der Wintereinbruch die deutschen Truppen völlig unvorbereitet. Die Luftwaffe, die keine winterfesten Schmiermittel, keine Wärmegeräte für die Flugzeugmotoren und keine erprobten Verfahren für den Winterbetrieb besaß, hatte bald unter dem Wetter zu leiden.

Flugzeugmotoren sprangen nicht an, Gummireifen wurden spröde und waren nicht mehr sicher belastbar, und Werkzeuge mußten erwärmt werden, bevor die Bodenmannschaften mit ihnen arbeiten konnten.

In der Umgebung vorgeschobener Feldflugplätze suchten die deutschen Flieger Unterschlupf in Bauernkaten, Scheunen, verlassenen Schulen und Postämtern. Zu ihren Flugplätzen gelangten sie auf improvisierten Schneepflügen, bei denen es sich um erbeutete Munitionstransporter mit vorn angeschweißten Räumschildern handelte. Manche Einheiten saßen wochenlang fest, während ihre Maschinen unter sechs bis zehn Meter hohen Schneewehen begraben waren.

Die sowjetische Luftwaffe blieb keineswegs von den Folgen des strengen russischen Winters verschont. Wie ein deutscher Offizier jedoch festhielt, waren die Sowjets „diese Verhältnisse gewohnt und wurden deshalb wesentlich besser mit ihnen fertig als die deutschen Jagdflieger, die ihren ersten russischen Winter erlebten".

Wie schon während der *rasputiza* nutzten die Russen sämtliche Vorteile ihrer festen Stützpunkte und der dazugehörigen Wartungseinrichtungen. Darüber hinaus wurden 30 Flugplatzbetriebsbataillone und neun Mechanikerbataillone aufgestellt und „fliegende" Reparaturwerkstätten per Bahn dorthin geschickt, wo sie am dringendsten gebraucht wurden. Um die

Eine soeben mit der Bezeichnung Garde-Fliegerregiment ausgezeichnete Einheit kniet vor ihren Bombern Il-4, um Josef Stalin Treue zu schwören.

Flugzeuge in die Luft zu bekommen, rüsteten sowjetische Bodenmannschaften Lastwagen mit Antriebswellen aus, die in Propellernaben griffen und als Kurbel zum Anlassen störrischer Flugzeugmotoren dienten. Dieses von ihren Kameraden im Spanischen Bürgerkrieg entwickelte Verfahren funktionierte auch im russischen Winter einwandfrei.

Ihr Improvisationstalent sowie ihr ursprünglicher Selbsterhaltungstrieb ermöglichte den Russen das Durchhalten. Sie flogen einen Einsatz nach dem anderen gegen die verhaßten Deutschen. In den drei Wochen vom 15. November bis zum 5. Dezember 1941 flogen sie nach eigenen Angaben 15 840 Einsätze, denen die deutsche Luftwaffe nur 3500 gegenüberstellen konnte, und zerstörten angeblich 1400 deutsche Flugzeuge.

Am 5. Dezember erreichten deutsche Vorausabteilungen eine Linie, von der aus sie die nur 15 Kilometer entfernten Kremltürme sehen konnten. Doch näher sollten Hitlers Legionen nicht an die russische Hauptstadt herankommen. Am nächsten Tag begannen die Sowjets eine Gegenoffensive. Die selbst am Rande des Zusammenbruchs stehende sowjetische Luftwaffe spielte bei dieser Gegenoffensive keine wesentliche Rolle. Aber sie hatte bereits mehr erreicht, als in den ersten schrecklichen Wochen dieses Krieges überhaupt zu erwarten gewesen war: Sie hatte überlebt und konnte weiterkämpfen.

Die Verlagerung der Fabriken

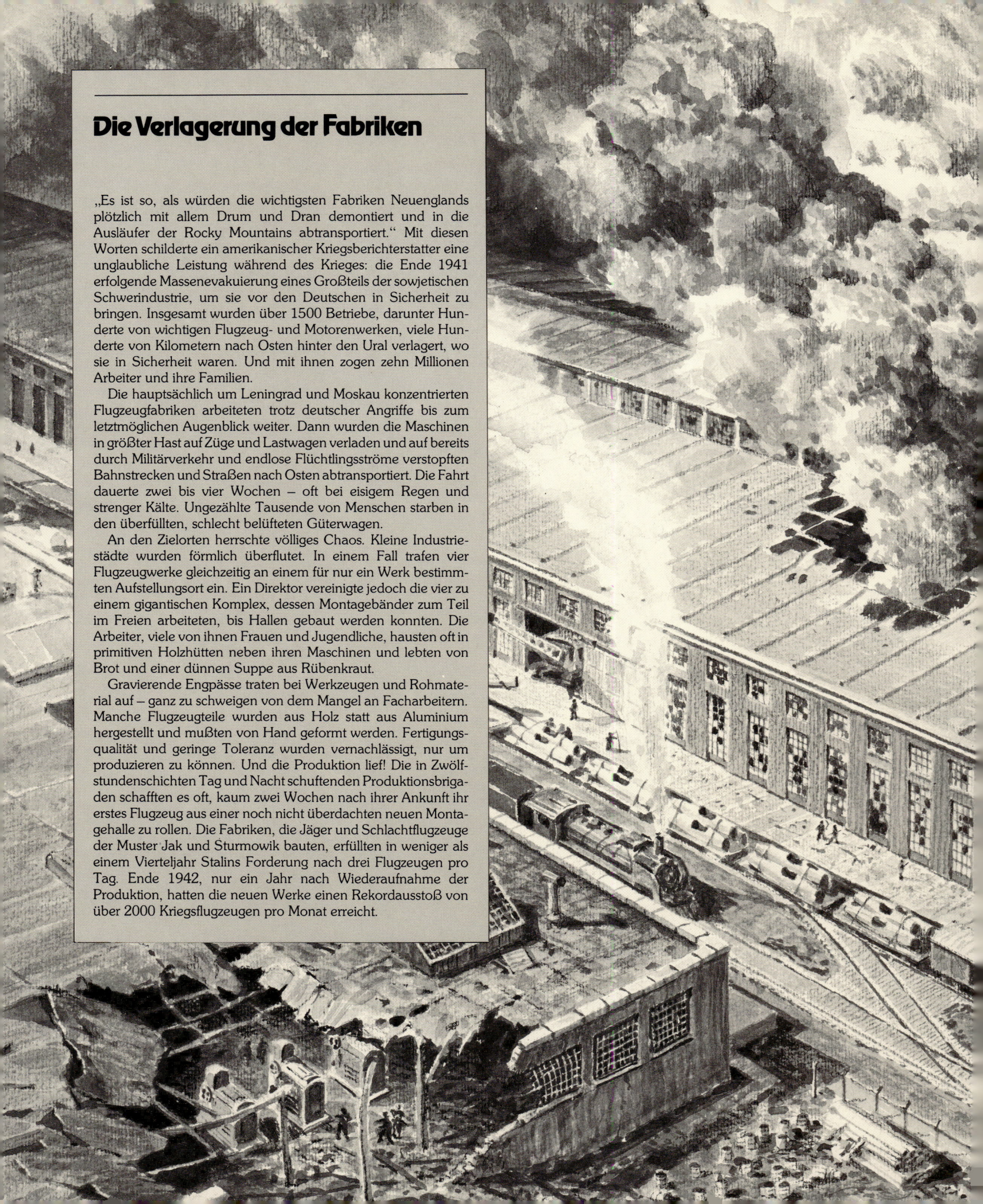

„Es ist so, als würden die wichtigsten Fabriken Neuenglands plötzlich mit allem Drum und Dran demontiert und in die Ausläufer der Rocky Mountains abtransportiert." Mit diesen Worten schilderte ein amerikanischer Kriegsberichterstatter eine unglaubliche Leistung während des Krieges: die Ende 1941 erfolgende Massenevakuierung eines Großteils der sowjetischen Schwerindustrie, um sie vor den Deutschen in Sicherheit zu bringen. Insgesamt wurden über 1500 Betriebe, darunter Hunderte von wichtigen Flugzeug- und Motorenwerken, viele Hunderte von Kilometern nach Osten hinter den Ural verlagert, wo sie in Sicherheit waren. Und mit ihnen zogen zehn Millionen Arbeiter und ihre Familien.

Die hauptsächlich um Leningrad und Moskau konzentrierten Flugzeugfabriken arbeiteten trotz deutscher Angriffe bis zum letztmöglichen Augenblick weiter. Dann wurden die Maschinen in größter Hast auf Züge und Lastwagen verladen und auf bereits durch Militärverkehr und endlose Flüchtlingsströme verstopften Bahnstrecken und Straßen nach Osten abtransportiert. Die Fahrt dauerte zwei bis vier Wochen – oft bei eisigem Regen und strenger Kälte. Ungezählte Tausende von Menschen starben in den überfüllten, schlecht belüfteten Güterwagen.

An den Zielorten herrschte völliges Chaos. Kleine Industriestädte wurden förmlich überflutet. In einem Fall trafen vier Flugzeugwerke gleichzeitig an einem für nur ein Werk bestimmten Aufstellungsort ein. Ein Direktor vereinigte jedoch die vier zu einem gigantischen Komplex, dessen Montagebänder zum Teil im Freien arbeiteten, bis Hallen gebaut werden konnten. Die Arbeiter, viele von ihnen Frauen und Jugendliche, hausten oft in primitiven Holzhütten neben ihren Maschinen und lebten von Brot und einer dünnen Suppe aus Rübenkraut.

Gravierende Engpässe traten bei Werkzeugen und Rohmaterial auf – ganz zu schweigen von dem Mangel an Facharbeitern. Manche Flugzeugteile wurden aus Holz statt aus Aluminium hergestellt und mußten von Hand geformt werden. Fertigungsqualität und geringe Toleranz wurden vernachlässigt, nur um produzieren zu können. Und die Produktion lief! Die in Zwölfstundenschichten Tag und Nacht schuftenden Produktionsbrigaden schafften es oft, kaum zwei Wochen nach ihrer Ankunft ihr erstes Flugzeug aus einer noch nicht überdachten neuen Montagehalle zu rollen. Die Fabriken, die Jäger und Schlachtflugzeuge der Muster Jak und Sturmowik bauten, erfüllten in weniger als einem Vierteljahr Stalins Forderung nach drei Flugzeugen pro Tag. Ende 1942, nur ein Jahr nach Wiederaufnahme der Produktion, hatten die neuen Werke einen Rekordausstoß von über 2000 Kriegsflugzeugen pro Monat erreicht.

Lastwagenkonvois und Güterzüge werden mit Maschinen und Flugzeugrümpfen aus einer am deutschen Vormarsch liegenden und trotz Bombenschäden noch arbeitenden Fabrik beladen. Manche Fabriken wurden innerhalb von fünf Tagen vollständig demontiert.

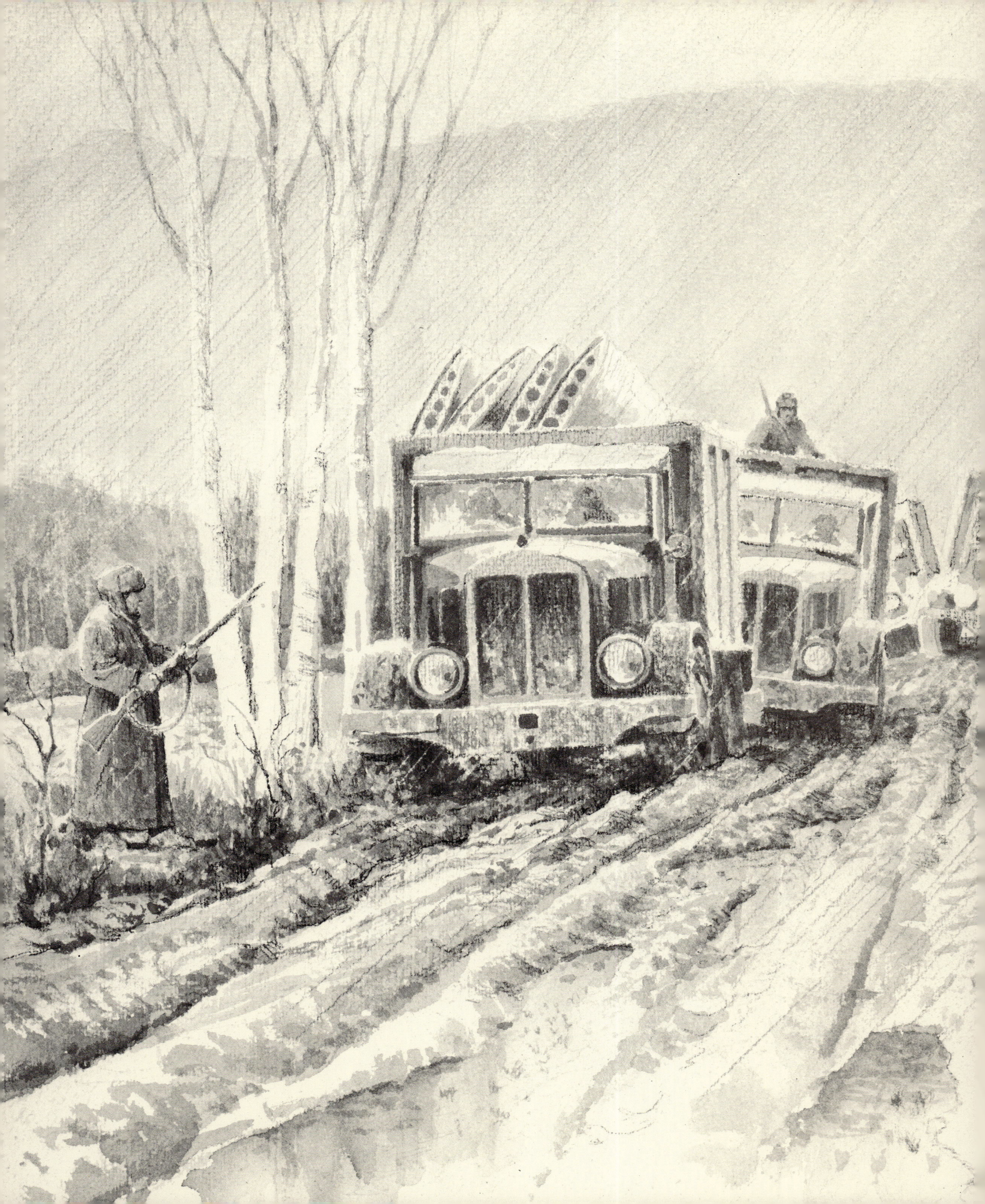

Auf einer Paßhöhe im Ural, 1300 Kilometer von Moskau entfernt, wühlen sich mit halbfertigen Tragflächenhälften beladene schwere LKWs durch den tiefen Schlamm. Neben ihnen fährt ein Zug mit Werkzeugmaschinen und halbfertigen Flugzeugen auf dem höher liegenden Gleis bergauf. Die Lastwagenkonvois fuhren meist lange vor Sonnenaufgang los, weil dann der Schlamm noch gefroren war.

Maschinenschlosser stanzen Flugzeugteile mit Pressen, die von transportablen Generatoren außerhalb einer noch nicht fertiggestellten Fabrik im Ural mit Strom versorgt werden. Unterdessen bereiten andere Arbeiterinnen und Arbeiter ein karges Mahl zu und nageln Behelfsunterkünfte zusammen. In der noch offenen Fabrikhalle hat die Produktion bereits begonnen: Die beiden ersten Jak-Jäger donnern auf dem Flug zur Front in ausladender Kurve über das Werk hinweg.

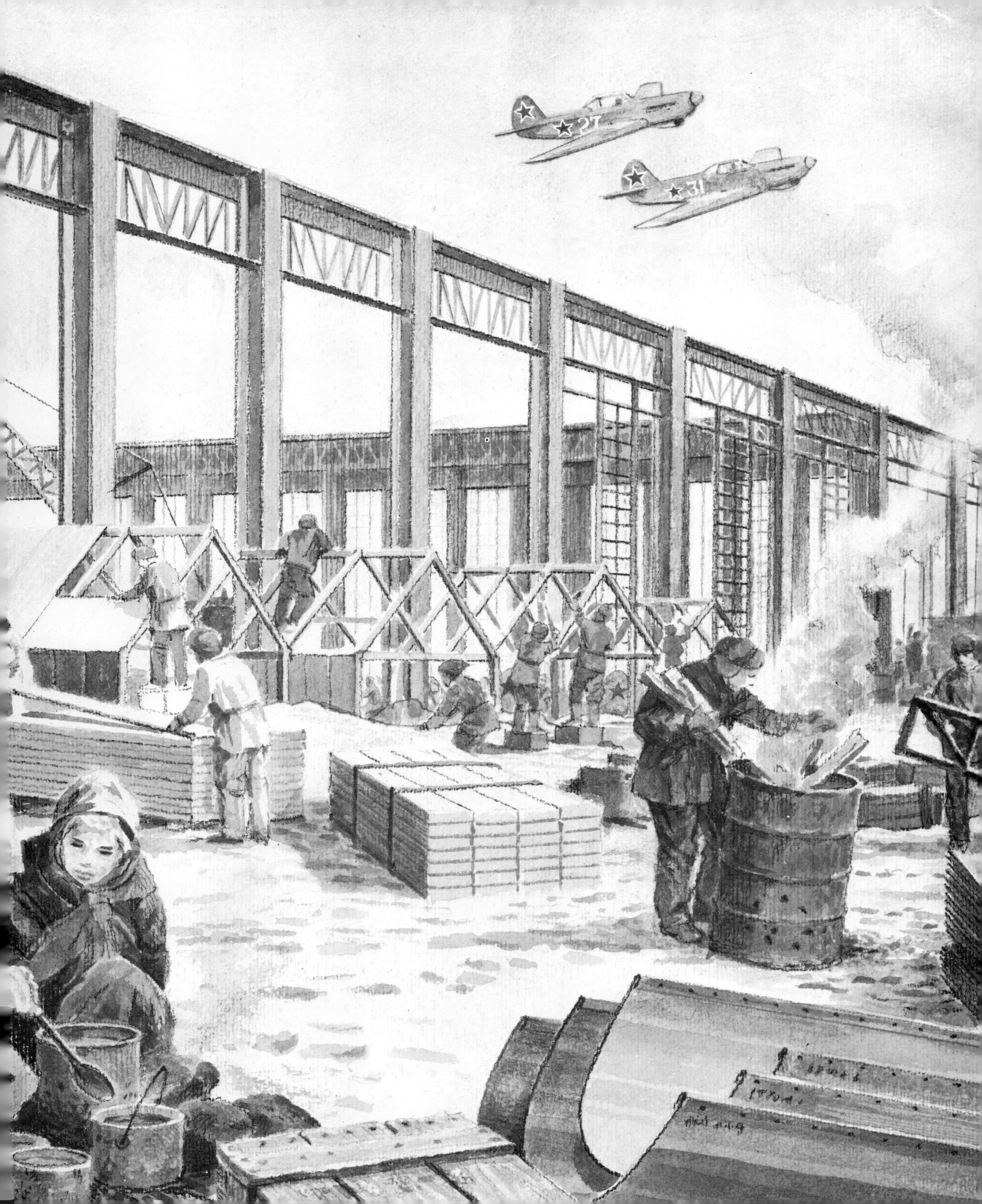
27
31

4
Der Aufbau der Luftarmeen

Der Schauplatz war ein trauriges kleines Nest irgendwo in den Sümpfen und Wäldern südlich des Ilmensees, etwa auf halber Strecke zwischen Moskau und Leningrad. Aber im Frühjahr 1942 wurde die Kleinstadt von der deutschen Propaganda zur „Festung Demjansk" hochgejubelt. Und Monate nachdem der Kessel Demjansk gesprengt worden war, erhielt er eine Bedeutung, die sich die Männer, die dort gekämpft, und die Führer, die über ihr Schicksal bestimmt hatten, nie hätten träumen lassen.

Im Zuge ihrer Winter-Gegenoffensive hatten sowjetische Heeresverbände die Deutschen auf breiter Front zurückgedrängt. Aus nur ihm bekannten Gründen war Hitler jedoch entschlossen, Demjansk als Sprungbrett für zukünftige Unternehmen zu halten. Seine Entscheidung war unter den gegebenen Umständen äußerst unlogisch: Die Stadt besaß keine Eisenbahnverbindung, und „ihre Straßen waren so schlecht", wie ein deutscher Kommandeur festhielt, „daß sie unmöglich als Bereitstellungsraum für eine Armee geeignet gewesen wäre".

Weit vor den zurückgenommenen deutschen Linien waren etwa 100 000 Mann des II. und X. Armeekorps von sowjetischen Kräften eingeschlossen, die Demjansk im Norden und Süden umgangen und sich dann vereinigt hatten. Als Folge von Hitlers Starrsinn hatten die eingekesselten Truppen jetzt den Tod oder den Marsch in die Gefangenschaft vor Augen – falls sie nicht in noch nie dagewesenem Ausmaß über eine Luftbrücke versorgt werden konnten.

Als Oberst Fritz Morzik, der Lufttransportführer der Luftflotte 1, am 18. Februar 1942 den Befehl erhielt, eine leistungsfähige Luftbrücke einzurichten, beurteilte er die Erfolgsaussichten dieses Unternehmens jedoch äußerst skeptisch. „Um täglich 300 Tonnen Versorgungsgut nach Demjansk zu fliegen", erklärte er dem Oberbefehlshaber der Luftflotte, „brauche ich ständig 150 einsatzbereite Transportmaschinen, und wir haben nur die Hälfte davon. Um diese Zahl zu verdoppeln, müssen Sie Flugzeuge von anderen Fronten abziehen und die Heimat nach allen verfügbaren Maschinen durchkämmen."

Jedenfalls sammelten sich am nächsten Tag viele Dutzend dreimotorige Transportflugzeuge Ju 52 auf Plätzen, von denen aus sie Demjansk anfliegen konnten. Morzik hatte seinen Gefechtsstand südlich von Pleskau, einem rund 200 Kilometer vom Kessel Demjansk entfernten Flugplatz. Einen Tag später, am 20. Februar, landeten die ersten Transportmaschinen auf dem winzigen, nur 800 mal 50 Meter großen Platz bei Demjansk.

Eine Kette Schlachtflugzeuge Il-2 Sturmowik rast im Tiefflug ihrem Angriffsziel entgegen. Im Januar 1943 zerstörten sieben Sturmowiks in Stalingrad 72 auf einem deutschen Flugplatz abgestellte Flugzeuge.

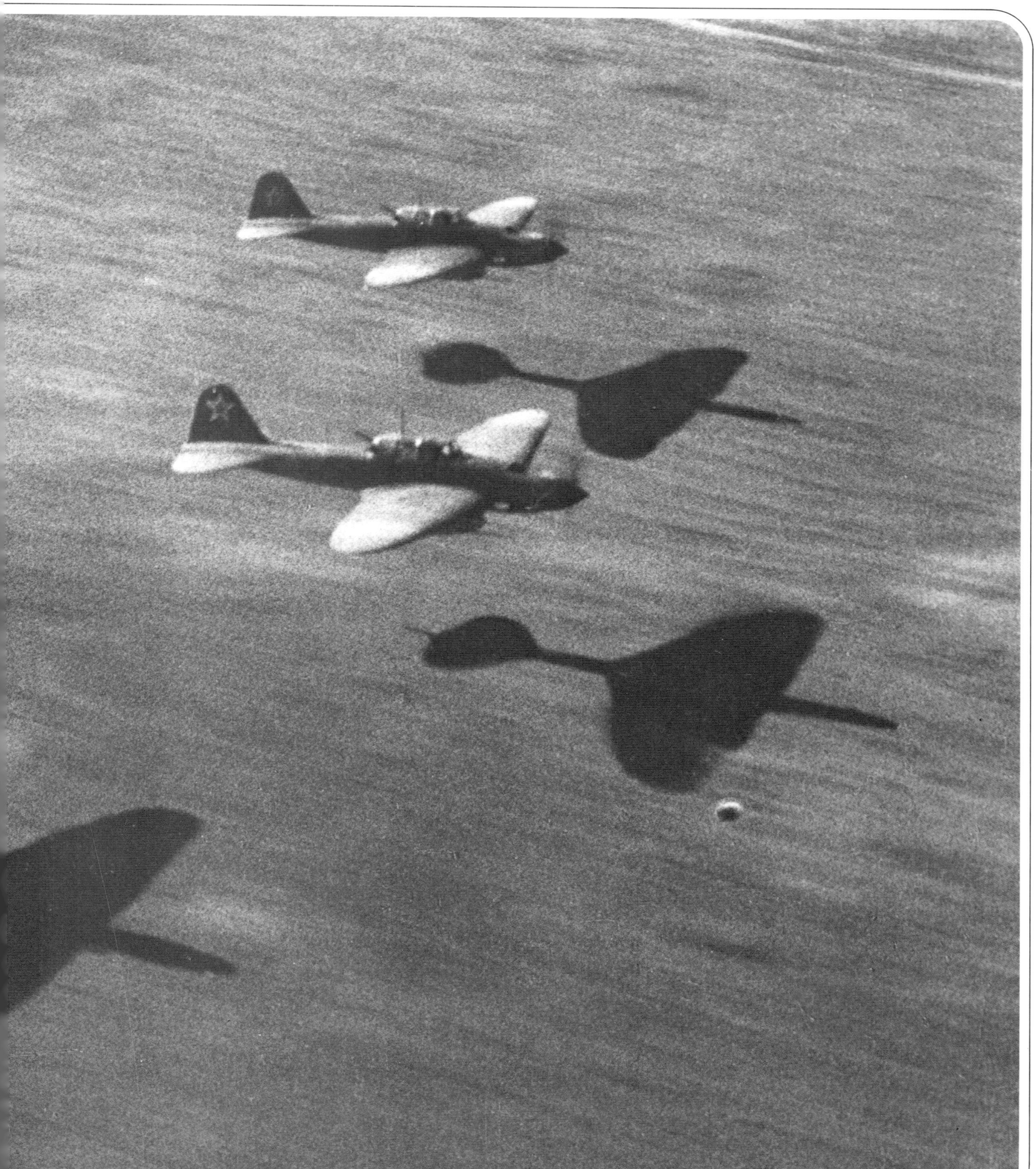

Der Aufbau der Luftarmeen

Anfangs flogen die Ju 52 paarweise und blieben möglichst tief, weil sie hofften, auf diese Weise den sowjetischen Jägern zu entgehen. Sie mußten jedoch bald feststellen, daß sie nicht nur durch tieffliegende Jäger sondern auch durch die feindliche Flak und russische Truppen gefährdet waren, die mit sämtlichen Handfeuerwaffen – sogar mit Leuchtpistolen – auf sie schossen. Eine Ju 52 stürzte ab, nachdem der Flugzeugführer durch einen Geschoßhagel aus Maschinenpistolen verwundet worden war. Danach setzte Morzik seine Flugzeuge in Gruppen von 30 bis 40 Maschinen ein, die in Höhen über 1800 Meter geschlossene Verbände bildeten und von Jägerschwärmen geschützt wurden.

Tag für Tag, Woche für Woche brummten die Ju 52 heran – obwohl es manchmal bis −40° C kalt war, trotz dichter Wolken, die häufig auf der Erde auflagen, und trotz der Roten Luftwaffe. Im Laufe der Luftschlacht lernten die sowjetischen Jäger zu warten, bis die Begleitjäger Me 109 die Grenze ihrer Reichweite erreicht hatten und umkehren mußten. Dann stießen die russischen Piloten herab, um die Transportflugzeuge von hinten anzugreifen, wenn sie bei Demjansk oder Peski, einem von den Deutschen im Kessel angelegten noch kleineren Ausweichplatz, zu landen versuchten. Dutzende von Ju 52 wurden zerstört. Die Luftwaffe verlor bis Mai 200 bis 250 Flugzeuge durch sowjetische Einwirkung.

Die deutschen Verluste waren erschreckend hoch – etwa ein Drittel aller für die Versorgung des Kessels Demjansk eingesetzten Maschinen – und trugen mit dazu bei, das zahlenmäßige Ungleichgewicht zwischen den deutschen und sowjetischen Luftstreitkräften zu vergrößern. Aber das

An einem bitterkalten Wintermorgen im Jahre 1942 stapft eine vermummte Besatzung zu ihrem Bomber Pe-2 hinaus. Mit Hilfe von Tricks, die sich über Jahrzehnte in der Arktis bewährt hatten – beispielsweise wurden Treibstoff und Öl über Nacht abgelassen und die Motoren mit Wärmegeräten vorgewärmt –, konnten sowjetische Bodenmannschaften ihre Maschinen selbst bei Wintertemperaturen bis −40° C startklar machen.

Riesige, von Raupenschleppern gezogene Stachelwalzen planieren und verdichten den Schnee auf einem sowjetischen Flugplatz, der dadurch rasch wieder benutzbar wird. Gerät dieser Art verschaffte den Russen große Vorteile gegenüber der deutschen Luftwaffe, deren Maschinen oft tagelang festlagen, wenn ihre Feldflugplätze von Schneestürmen heimgesucht wurden.

Ergebnis rechtfertigte aus deutscher Sicht den Aufwand. In 13 Wochen hatte die Luftwaffe über 20 000 Tonnen Waffen, Munition, Verpflegung und anderes Material sowie 20 Millionen Liter Kraftstoff in den Kessel geflogen. Außerdem waren etwa 22 000 Verwundete ausgeflogen und mehr als 15 000 Soldaten in den Kessel gebracht worden.

Am 28. April 1942 hatten die Deutschen den Kessel aufgebrochen. Die Versorgungsflüge nach Demjansk konnten allmählich verringert werden. Anstatt sich jedoch über den erzielten Erfolg zu freuen, klagte Fritz Morzik später: „Von diesem Zeitpunkt an neigte die deutsche militärische Führung zu blinder Begeisterung in bezug auf die Luftversorgung."

Was die sowjetische Luftwaffe betraf, hatte sie bei Demjansk einige entscheidende Lektionen gelernt, die sie schon ein halbes Jahr später in der Nähe einer Großstadt an der Wolga wirksam in die Praxis umsetzen sollte.

Über den größeren Teil des mit Demjansk beginnenden Jahres mußte die sowjetische Luftwaffe wie zuvor hohe Verluste hinnehmen – vor allem auf der Krim und in der Ukraine. Aber selbst in diesem Tief begann sie einen langsamen Neuaufbau durch Neugliederungen, verbesserte Einsatzgrundsätze, bessere Flugzeuge und sorgfältiges Haushalten mit ihren wachsenden Reserven. Daraus ließen sich keine zündenden Schlagzeilen machen, aber als die Stunde der Wahrheit kam, brachten diese Neuerungen den Sieg in einer der epochemachenden Schlachten der Militärgeschichte.

Die Veränderungen begannen an der Spitze der Roten Luftwaffe – einer schwierigen und gefährlichen Position.

Seit ihrer Aufstellung im Jahre 1918 hatte die sowjetische Luftwaffe acht Oberbefehlshaber gehabt. Zwei davon, ein abgelöster Oberbefehlshaber und sein Nachfolger, waren gemeinsam bei einem Flugzeugabsturz ums Leben gekommen. Zwei waren während der Säuberungen des Jahres 1938 erschossen worden, und drei weitere wurden 1941 nacheinander hingerichtet, als Stalin für die seiner Meinung nach schlechten Kampfleistungen tödliche Rache nahm. Mehr Glück hatte General Pawel F. Schigarew, der Luftwaffen-Oberbefehlshaber zur Zeit der deutschen Luftbrücke nach Demjansk. Im April 1942 wurde er – möglicherweise wegen der Unfähigkeit seiner Truppe, die deutsche Luftversorgung des Kessels zu unterbinden – abgelöst und in den Fernen Osten versetzt.

Sein Nachfolger war Generalleutnant Alexander Nowikow, der bis Kriegsende an der Spitze der sowjetischen Luftwaffe stand. Der damals

41jährige Nowikow hatte auf bewährte Weise Karriere gemacht: Er war 1920 in die Kommunistische Partei eingetreten, hatte die Frunse-Militärakademie in Moskau absolviert und war zur Luftwaffe versetzt worden, nachdem er zunächst als Infanterieoffizier Dienst getan hatte. Obwohl Nowikow den Pilotenschein besaß, war er in erster Linie ein Verwaltungsmann, kein Flieger. Als solcher war er bei Kriegsausbruch Befehlshaber der Fliegerkräfte im Militärbezirk Leningrad gewesen.

In den Schreckenstagen nach dem 22. Juni 1941 bewies Nowikow bewundernswerte Energie. Er raffte die Reste seiner eigenen Verbände sowie nicht zerstörte Maschinen des Baltischen Militärbezirks und der Marine zusammen und setzte die Flugzeuge in dem vergeblichen Bemühen ein, den deutschen Vormarsch auf Leningrad zu verlangsamen. Die Verluste waren hoch, und Erfolge waren selten, aber dieser Versuch rettete Nowikow zweifellos das Leben. Von den Befehlshabern der Fliegerkräfte anderer Militärbezirke kam General I. I. Kopez vom Westlichen Militärbezirk einer Verhaftung durch Selbstmord zuvor. General A. P. Ionow vom Baltischen Militärbezirk tauchte spurlos unter. General E. S. Ptuchin vom Militärbezirk Kiew wurde verhaftet und Monate später hingerichtet.

Nowikows Persönlichkeit ließ sich nicht klar analysieren. „Er war ein diensteifriger, ehrlicher und ehrenhafter Mann", schrieb Nikita Chruschtschow, der ihn während des Krieges gut gekannt hatte. Dann fügte Chruschtschow hinzu: „Er trank mehr, als er wahrscheinlich vertragen konnte." Vor allem zeichnete sich Nowikow als verbissener Arbeiter aus: Innerhalb eines Monats nach Übernahme des Oberbefehls hatte er organisatorische Reformen eingeleitet, die die Grundlage für das Wiedererstarken der sowjetischen Luftwaffe werden sollten.

Wie ein sowjetischer Betrachter feststellte, hatte in der Zeit vor Nowikow „der verzettelte Einsatz der Luftstreitkräfte dazu geführt, daß überall Einsätze geflogen wurden, die jedoch alle zu schwach blieben". Nowikow hatte den Auftrag, eine größere Kräftekonzentration zu erreichen. Zu diesem Zweck erging am 5. Mai 1942 eine Weisung: „Im Interesse einer Steigerung der Schlagfähigkeit und der erfolgreichen Durchführung von Masseneinsätzen wird angeordnet, die Luftstreitkräfte der Westfront zu einer einzigen Luftarmee zusammenzufassen und ihr die Bezeichnung 1. Luftarmee zu geben."

Als Vorläuferin der Luftarmeen, die später noch aufgestellt werden sollten, erhielt die 1. Luftarmee zwei Jagd- und zwei gemischte Divisionen, ein mit Po-2 ausgerüstetes Nachtbomberregiment, eine Aufklärungsstaffel und eine Verbindungsstaffel. Insgesamt verfügte sie über weniger als 300 Flugzeuge – in der Tat eine kümmerliche Ausstattung im Vergleich zu den gewaltigen Luftflotten mit über 2000 Flugzeugen, die jede der 18 Luftarmeen bei Kriegsende besitzen sollte.

Um enges Zusammenwirken sicherzustellen, erhielt jede neu aufgestellte Luftarmee den Auftrag, eine bestimmte Heeresgruppe – im sowjetischen Sprachgebrauch „Front" – zu unterstützen. Die Oberbefehlshaber der Luftarmeen waren den Frontoberbefehlshabern, als deren Stellvertreter sie amtierten, direkt unterstellt. Das war das Schema, das General Georgi K. Schukow erstmals in der Mandschurei eingeführt hatte. Es war die Umgliederung, die zum Zeitpunkt des deutschen Angriffs erst in Ansätzen betrieben worden war. Nun sollte sie zu einem ehernen Glaubensgrundsatz der sowjetischen Luftwaffe werden. Um größere Beweglichkeit zu erreichen, schuf Nowikow ab Ende August 1942 zudem starke Reserven, die den Luftarmeen im Brennpunkt der jeweiligen Kämpfe zugewiesen werden konnten. Als Nowikow den Oberbefehl übernahm, besaßen die Sowjets lediglich zehn Reservegruppen mit je etwa 100 Flugzeugen; bevor er den Oberbefehl wieder abgab, machten Reservekorps über 40 Prozent der gesamten Roten Luftwaffe aus.

Außerdem wurden die taktischen Erkenntnisse des erfolgreichen Jagdfliegers Alexander Pokryschkin und anderer Asse in der gesamten Luftwaffe verbreitet. Die Jagdflieger lernten, aus der Sonne herabzustoßen, Wolken als Deckung zu benutzen, im Sturzflug anzugreifen, erst zu schießen, wenn gutgezielte Feuerstöße aus nächster Nähe möglich waren, zusammenzubleiben und als Team zu kämpfen. Alle diese Grundsätze wären an sich selbstverständlich gewesen. Doch die meisten der erfahrenen sowjetischen Piloten waren gefallen, und ihre Nachfolger waren junge Männer, die eben erst die Fliegerschule absolviert und ohnehin nur eine verkürzte, nicht sehr gründliche Ausbildung genossen hatten. Außerdem wurde eine weitere Maßnahme eingeführt: Piloten, die Luftkämpfe ohne Befehl abbrachen oder Bomber, die sie begleiten sollten, im Stich ließen, wurden von den Politkommissaren disziplinarisch bestraft. Die Kommandeure fliegender Verbände erhielten Anweisung, selbst Einsätze mitzufliegen, um ihren Leuten ein Beispiel zu geben und sich aus eigener Anschauung ein Bild von den Leistungen neuer Piloten zu machen.

Die Luftarmeen, die Reserven und die Verbesserungen bei der Ausbildung waren große Schritte in die richtige Richtung – aber sie kamen zu spät, um den Fall der Festung Sewastopol auf der Krim zu verhindern.

Im Rahmen der deutschen Frühjahrsoffensive hatte Generaloberst Erich von Mansteins 11. Armee den Auftrag, die Russen von der noch von ihnen gehaltenen Halbinsel Kertsch im Osten der Krim zu vertreiben und danach Sewastopol zu stürmen, das seit Mitte November 1941 zu Lande eingeschlossen war. Mit grimmiger Ironie gab Manstein seinem Unternehmen den Decknamen *Trappenjagd*.

Der Angriff begann am 8. Mai 1942. Die deutsche Luftwaffe erkämpfte sich mühelos die Luftherrschaft. Aus der Überzeugung heraus, daß der deutsche Hauptvorstoß auf Moskau abzielen werde, hatte das sowjetische Oberkommando seine stärksten Fliegerverbände in diesem Abschnitt zusammengezogen und auf der Krim nur schwache Kräfte belassen.

Wie sich dann zeigte, setzten sich die meisten der auf der Krim stationierten sowjetischen Fliegerverbände so hastig in Richtung Kaukasus ab, daß 300 Flugzeuge auf ihren Flugplätzen zurückblieben, wo sie von den Deutschen erbeutet wurden. Nur etwa 60 Jäger und Bomber wurden in den Raum Sewastopol verlegt, um die Festung zu verteidigen.

Sie konnten die über 700 deutschen Bomber nicht behindern, die im Endstadium von Mansteins Offensive am 2. Juni über Sewastopol erschienen. Fünf Tage lang griff das VIII. Fliegerkorps Sewastopol mit mehr als 2000 Tonnen Sprengbomben und fast 24 000 Brandbomben an. Am 7. Juni eröffnete dann die deutsche Artillerie das Feuer, und die Infanterie arbeitete sich in den Mahlstrom vor.

Sewastopols winziger Fliegerverband hatte keine Möglichkeit, die Angreifer wirksam zu bekämpfen. Die deutschen Linien waren so nahe an den einzigen Flugplatz der Stadt herangerückt, daß Beobachter die Staubwolken sehen konnten, wenn sowjetische Flugzeuge ihre Motoren vor dem Start warmlaufen ließen. Innerhalb von wenigen Minuten wurde der Platz mit Artilleriefeuer eingedeckt. Deutsche Jäger schossen die wenigen Flugzeuge ab, denen trotz allem der Start gelang. Die Sowjets versuchten

Generalleutnant Alexander Nowikow, der Oberbefehlshaber der sowjetischen Luftwaffe, ist in seinem Moskauer Hauptquartier mit einem Offizier seines Stabes in das Kartenstudium vertieft. Nowikow leitete im Jahre 1942 die Luftschlacht um Stalingrad persönlich. Er setzte ein Drittel seiner Luftstreitkräfte – 1400 Flugzeuge – bei den vier Luftarmeen ein, die gegen die deutsche Luftwaffe kämpften und die sowjetischen Truppen in der belagerten Stadt unterstützten.

Der Aufbau der Luftarmeen

eine nächtliche Luftversorgung. Aber sie war nur ein schwacher Abglanz der deutschen Luftversorgung des Kessels Demjansk, die vier Monate zuvor so erfolgreich gewesen war.

Bis zum 1. Juli, als sich die Verteidiger Sewastopols auf das Kap Chersones zurückzogen, wo ihre Kräfte schließlich erlahmten, hatte es die Rote Luftwaffe auf kaum 300 Einsätze gebracht, von denen viele katastrophal geendet hatten. Insgesamt verloren die Sowjets bei den Kämpfen um Sewastopol etwa 140 Flugzeuge, während die Verluste des deutschen VIII. Fliegerkorps trotz seiner pausenlosen Einsätze bei nur 30 Maschinen lagen. Wieder einmal hatten die Sowjets die ausschlaggebende Rolle starker Luftstreitkräfte demonstriert bekommen.

Trotz des überlegenen Erfolgs der deutschen Luftwaffe bei Sewastopol zeichnete sich jedoch allmählich eine für die Deutschen unheilvolle Entwicklung ab. Ihre Luftwaffe war ganz offensichtlich noch immer imstande, genügend starke Kräfte zusammenzuziehen, um die Lufthoheit über ausgedehnten Schlachtfeldern zu erkämpfen und zu verteidi-

Ein neuer Sturmowik schwebt am Kran über einem vollbesetzten Montageband, das im Jahre 1942 außer Reichweite der deutschen Bomber verlegt worden ist. Das Spruchband fordert die Arbeiter zu erhöhter Opferbereitschaft auf: „Alles für die Front, alles für den Sieg."

gen. Aber diese Fähigkeit wurde in zunehmendem Maße eingeengt. Anderswo sammelte die sowjetische Luftwaffe – dank der verlagerten Flugzeugindustrie, deren Monatsproduktion im Frühjahr 1942 bei etwa 1500 Flugzeugen lag – Erfahrungen und erreichte einen den erschwerten Bedingungen, unter denen sie operierte, gut angepaßten Leistungsstand.

Im Sommer 1942 erhielt eine amerikanische Militärmission, die sich unter Führung von Generalmajor Follett Bradley in Rußland aufhielt, um die Lieferungen im Rahmen des Leih-Pacht-Programms zu beschleunigen, die seltene Gelegenheit, die Rote Luftwaffe im Einsatz zu beobachten. Es war eine höchst aufschlußreiche Erfahrung.

Bei ihrer Ankunft auf einem 2,5 Quadratkilometer großen unbefestigten Flugplatz in leicht hügeligem Gelände, etwa 65 Kilometer westlich von Moskau, stellten die Amerikaner fest, daß er an einen dichten Kiefernwald grenzte, der alles Gerät und Personal verbarg, so daß der Platz aus der Luft oder vom Erdboden aus verlassen wirkte. „Erst auf 100 Schritt vom Waldrand wurden die Splitterboxen, in denen die Bomber versteckt waren, vage erkennbar", berichtete Bradleys Team. „Unterholz und Bäume waren auf einer quadratischen Fläche gerodet worden, so daß ein Abstellplatz für ein Flugzeug entstanden war." Um die Maschine vor Bombensplittern zu schützen, waren auf drei Seiten der kleinen Lichtung drei Meter hohe Wälle aus aufgestapelten Baumstämmen errichtet worden. „Der von den Wällen umgebene Raum", hieß es in dem Bericht, „war mit einem Tarnnetz überspannt, in das Zweige eingesteckt waren."

Auf dem Platz lag eine Staffel leichter Bomber Pe-2, von denen zehn Maschinen zum Einsatz gegen einen von den Deutschen besetzten Güterbahnhof und ein Nachschublager startklar gemacht wurden. Die Amerikaner besichtigten den „Besprechungsraum" der Staffel; er bestand aus Holztischen, Bänken und einem schwarzen Brett unter einem Tarnnetz im Wald. „Angriffspunkte wurden bekanntgegeben", hieß es in Bradleys Bericht, „und da das Wetter im Zielgebiet zweifelhaft war, wurde ein Ausweichziel festgelegt. Als Angriffshöhe wurden 4000 Meter angegeben, aber den Besatzungen wurde gesagt, sie dürften bei ungünstigem Wetter auch bis auf 800 Meter herabgehen."

„Die Starts erfolgten einzeln", fuhr der Bericht fort, „und zwischen dem Anlassen der Motoren und dem Abheben der letzten Maschine verstrichen nur zehn Minuten. Wegen der Unebenheiten des Platzes wirkte jeder Start gefährlich. Die schwerbeladenen Bomber benötigten etwa 750 Meter Startrollstrecke und gewannen erst nach weiteren 750 Metern an Höhe." Danach verfolgte Bradleys Team zwei Stunden lang über Funk, wie die sowjetischen Bomber mit ihren Begleitjägern zusammentrafen, das Hauptziel erreichten, ihre Bomben warfen und Brände ausbrechen sahen. Obwohl mehrere Flugzeuge durch Splitter von Flakgranaten beschädigt wurden, landeten alle wieder auf ihrem Flugplatz in den Wäldern. Bradley und seine Leute waren von der Tüchtigkeit der sowjetischen Flieger beeindruckt. Ihre Ausrüstung war zwar in mancher Beziehung primitiv, doch die russischen Besatzungen wirkten sehr tüchtig und erfahren. Bradley stellte fest: „Jeder einzelne beherrscht seine Aufgaben gründlich."

Bradleys Beurteilung sollte in den schweren Kämpfen, die jetzt 1000 Kilometer weiter südöstlich ausbrachen, auf die Probe gestellt werden.

Am 28. Juni 1942 traten mehrere deutsche und verbündete Armeen, die später in zwei Heeresgruppen gegliedert wurden, zum Angriff an und stießen nach Osten und Süden in Richtung Stalingrad vor, dem von Stalin

Der Aufbau der Luftarmeen

Im Sommer 1942 stehen auf einem Werksflugplatz hinter dem Ural beiderseits der Startbahn Dutzende neuer Sturmowiks zur Auslieferung an die Truppe bereit.

so geschätzten Industriezentrum an der unteren Wolga. Die Einnahme von Stalingrad gehörte jedoch keineswegs zu den primären deutschen Offensivzielen. Vielmehr sollte dort lediglich die Wolga für den Schiffsverkehr gesperrt werden, bevor die Invasionsarmeen nach Süden zum Kaukasus einschwenken sollten, dessen Ölfelder das eigentliche Ziel von Hitlers Sommeroffensive des Jahres 1942 waren.

Im Zuge dieser Offensive, deren Operationspläne von Hitler mehrfach abgeändert wurden, stießen die 6. Armee unter dem General der Panzertruppe Friedrich Paulus und die 4. Panzerarmee zur Wolga vor, während die anderen Armeen die Flanken sicherten beziehungsweise in Richtung Kaukasus abdrehten.

Zur Unterstützung des Vorstoßes zur Wolga hatte die deutsche Luftwaffe – wie in der Vergangenheit – eindrucksvoll starke Kräfte zusammengezogen. Die Luftflotte 4 unter Generaloberst Wolfram Freiherr von Richthofen, einem jüngeren Vetter des berühmten Jagdfliegers aus dem Ersten Weltkrieg, verfügte über 1200 Kampfflugzeuge – kaum weniger als Hitler zu Beginn des Unternehmens *Barbarossa* zur Verfügung hatte. Die von den strengen Fesseln des russischen Winters befreite Luftwaffe funktionierte nun mit einem äußerst hohen Wirkungsgrad.

Dieser starken, hervorragend ausgebildeten Luftflotte stand die einen Monat alte sowjetische 8. Luftarmee unter General Timofei T. Chrjukin gegenüber, der trotz seiner erst 32 Jahre bereits ein Veteran der Luftkriege in Spanien und im Fernen Osten war. Chrjukin leistete das Beste, was mit seinen geringen Mitteln zu erreichen war. Wie im Fall Sewastopol hatte das sowjetische Oberkommando entschieden, die Masse der Roten Luftwaffe als Reserve zurückzuhalten: Stalin glaubte weiterhin, Moskau sei das Hauptangriffsziel der Deutschen. Chrjukins im Aufbau begriffener Verband besaß nur wenig mehr als 400 Flugzeuge. Die Piloten waren noch nicht in der von Luftwaffen-Oberbefehlshaber Nowikow eingeführten neuen Gefechtstaktik ausgebildet worden. In Szenen, die an den Juni 1941 erinnerten, flogen sowjetische Bomber in unerklärlich großen Verbänden ihrer sicheren Vernichtung entgegen. Die Jagdfliegertaktik des Asses Alexander Pokryschkin blieb zumeist noch unbeachtet. Eine sowjetische Luftaufklärung existierte praktisch nicht, weil sich die Piloten oft verflogen: Ein Flugzeugführer des 88. Jagdregiments landete neben einer russischen Marschkolonne, um zu fragen, wo er sich befinde. Als die Männer ihm zuriefen, sie seien Kriegsgefangene, rannte er im Feuer der deutschen Wachen zu seiner Maschine zurück! Trotz erheblicher Verstärkungen waren die Verluste so hoch, daß die 8. Luftarmee Anfang Oktober 1942 kaum noch 200 Flugzeuge, darunter lediglich 24 Jäger, besaß.

Kein Geringerer als Generalleutnant Wasili I. Tschuikow, der stellvertretende Oberbefehlshaber der sowjetischen 64. Schützenarmee, konnte das Ausmaß der deutschen Luftherrschaft bestätigen. „Jäger und Schlachtflugzeuge waren ständig über uns", erinnerte er sich später. „Sie pendelten hin und her, flogen nach Osten und kamen so ungestört zurück, als befänden sie sich in der Heimat." Tschuikow hielt erbittert fest, daß er an einem bestimmten Tag kein einziges eigenes Flugzeug zu Gesicht bekam, während der Feind den Himmel zu füllen schien.

Ein weiteres denkwürdiges Ereignis hätte Tschuikow fast das Leben gekostet. Während er seinen Armeeabschnitt aus der Luft besichtigte, wurde sein Verbindungsflugzeug, eine Po-2, von einer Ju 88 angegriffen. „Ein Katz-und-Maus-Spiel begann", erinnerte sich Tschuikow. „Das Kanonen- und MG-Feuer des Feindes hätte unser Flugzeug in der Luft in Stücke schießen können. Mein Pilot, der sich nach dem Sonnenstand orientierte, flog nach Osten und versuchte, irgendein kleines Dorf zu finden, hinter dem wir uns vor dem uns verfolgenden Raubvogel verstecken konnten. Aber die Steppe war leer." Nachdem die verzweifelt ausweichende Po-2 von der Ju 88 neun- oder zehnmal angegriffen worden war, „hatte unser Flugzeug Bodenberührung und zerbrach in zwei Teile. Da wir im Tiefstflug geflogen waren, blieben der Pilot und ich fast unverletzt." Tschuikow kletterte mit einer Beule auf der Stirn aus dem Flugzeugwrack – und beobachtete mit großer Erleichterung, wie der deutsche Pilot, der die Besatzung der Po-2 offenbar für tot hielt, nach Westen flog.

Aus solchen qualvollen persönlichen Erfahrungen zog Tschuikow einige weiterreichende Lehren. „Im modernen Krieg", schrieb er, „ist der Sieg nicht möglich ohne das Zusammenwirken aller Truppengattungen und ohne gute Planung. Die Deutschen exerzierten solche ausgefeilten, koordinierten Angriffe vor. Wenige Minuten vor Angriffsbeginn flogen ihre Flugzeuge an, bombardierten und beschossen das Angriffsobjekt und nagelten die Verteidiger in ihren Stellungen fest. Danach stießen Infanterie und Panzer mit Unterstützung durch Artillerie- und Granatwerferfeuer fast ungestraft in unsere Einheiten hinein vor."

Wasili Tschuikow, der bald darauf zum Oberbefehlshaber der in Stalingrad stehenden 62. Schützenarmee ernannt wurde, sollte das im Felde Erlernte schon bald gut gebrauchen können.

Für die Stadt begann jetzt eine Leidenszeit. Am 23. August um 4.30 Uhr rasselten deutsche Panzer aus einem Brückenkopf am östlichen Donufer und stießen mit Unterstützung von Stukas in Richtung Wolga vor. Am Spätnachmittag dieses Tages standen die deutschen Panzerspitzen am Hochufer der Wolga unmittelbar nördlich von Stalingrad. Und dann kam aus Westen das gleichmäßige Orgeln von Hunderten von Flugzeugen.

Bei diesem größten deutschen Luftangriff seit dem 22. Juni 1941 setzte Generalleutnant Martin Fiebig, dessen VIII. Fliegerkorps Richthofen unterstand, sämtliche verfügbaren Maschinen ein. In der Nacht zum 24. August flogen fast 600 Maschinen, sogar als Behelfsbomber eingesetzte Ju 52, in einer Welle nach der anderen insgesamt 2000 Einsätze. Der Angriff verfolgte kein strategisches Ziel, sondern war als Terrorangriff gedacht – mehr als die Hälfte der Bomben waren Brandbomben.

Überlebende Russen erinnerten sich später an bruchstückhafte Szenen dieser schrecklichen Nacht: eine Frau, die enthauptet wurde, während sie einen Gehsteig entlanghastete, um sich in Sicherheit zu bringen; die Schreie der Telephonistinnen, die in den Trümmern des über ihnen zusammengebrochenen Telephonamtes begraben waren; die Ströme brennenden Öls aus geplatzten Tanks; Geisteskranke, die aus ihrer zerbombten Anstalt freigekommen waren und nun verwirrt und unbekleidet in einer der die Stadt durchziehenden Häuserschluchten umherirrten.

Ein deutscher Soldat, der den Luftangriff von einer Stellung an der Wolga aus beobachtete, hielt seine Eindrücke fest: „Die ganze Stadt steht in Flammen... Das braucht der Russe, damit er seinen Widerstand aufgibt."
Bei den Luftangriffen der ersten beiden Tage fanden in Stalingrad etwa 40000 Menschen den Tod. Zu den Überlebenden gehörte Generalleutnant Alexander Nowikow, der erst kurz zuvor eingetroffen war, um die Luftverteidigung Stalingrads zu leiten.

Nowikow stand vor einer schwierigen Aufgabe. Stalin, der sich bisher vor allem mit der Möglichkeit einer erneuten deutschen Offensive gegen

Auf dieser dramatischen Bildfolge aus der Zielkamera eines sowjetischen Abfangjägers ist das Ende einer der 148 bei den Kämpfen um Stalingrad zerstörten deutschen Me 109 festgehalten. Die besten russischen Jagdflieger wurden zur „freien Jagd" über Stalingrad eingeteilt und durchstreiften den Himmel auf der Suche nach Zielen.

Moskau befaßt hatte, mußte seine Aufmerksamkeit endlich Stalingrad zuwenden. Er befahl, die Stadt sei bis zum letzten Mann zu halten. Als Reaktion darauf kam jetzt von Hitler, der den strategischen Wert dieser Stadt bisher zu Recht nicht sonderlich hoch eingeschätzt hatte, der kategorische Befehl, sie müsse um jeden Preis genommen werden. So war die Schlacht um Stalingrad nicht nur ein Kampf von Männern und Maschinen, sondern auch ein Ringen zweier Diktatoren, die rücksichtslos ihren Willen durchsetzen wollten – und wehe dem Kommandeur, der seinen Auftrag schlecht erfüllte!

Der stets tatkräftige Nowikow machte sich sofort an die Arbeit. Er veranlaßte, daß die dezimierte 8. Luftarmee von der neuaufgestellten, größtenteils unausgebildeten und nicht ihre Sollstärke erreichenden 16. und 17. Luftarmee mit insgesamt 600 Flugzeugen verstärkt wurde. Er überwachte den Bau von Flugplätzen (allein für die 8. Luftarmee wurden im Laufe der Zeit 25 Einsatzplätze und 19 Scheinanlagen gebaut) und besuchte seine Verbände immer wieder, um ihnen den Rücken zu stärken.

Das alles machte sich gut in den Berichten, die er täglich an Stalin schickte. Tatsächlich behauptete die deutsche Luftwaffe jedoch weiterhin die Luftherrschaft – zumindest noch einige Wochen lang. Beispielsweise konnten deutsche Bomber Ju 88 und He 111 am 3. September bei einem Luftangriff im Zusammenwirken mit einem Großangriff von Paulus' 6. Armee, der das Ziel hatte, die Verteidiger von Stalingrad in die Wolga zu werfen, fast völlig ungefährdet operieren. Dutzende von Me 109 hielten die Luftwege der Bomber über Stalingrad von sowjetischen Jägern frei. „Sowjetische Flugtätigkeit", schrieb ein deutscher Luftwaffenoffizier, „war praktisch nicht festzustellen."

Trotzdem weigerten sich die Sowjets zu kapitulieren – und bereiteten sich auch in dieser verzweifelten Lage auf den Tag vor, an dem sie zu Lande wie in der Luft die Oberhand gewinnen würden. Nowikow, der entschlossen war, nicht nur seine geringe Einsatzstärke zu halten, sondern auch eine Reserve für zukünftige Offensivzwecke aufzubauen, wies seine Jagdflieger an, große Luftgefechte zu meiden. Statt dessen spezialisierten sie sich auf eine *sasada*-Taktik, auf Angriffe aus dem Hinterhalt: Jagdfliegerrotten griffen schwache deutsche Verbände an oder schossen ohne Jagdschutz fliegende Transportmaschinen und Aufklärer ab. Eine weitere Taktik war die „freie Jagd", bei der Jagdflieger über der Front unterwegs waren und Gelegenheitsziele in der Luft und am Boden angriffen. Gleichzeitig richtete Nowikow nach deutschem Vorbild in Abständen von acht bis zehn Kilometern dicht hinter der Front vorgeschobene Beobachtungsstellen ein, die seine Jäger über Funk leiten konnten.

Zu den ersten Jagdfliegern, die von diesem neuen Führungssystem profitierten, gehörte der junge Jak-1-Pilot Tschumborew. Am 14. September 1942 sichtete Tschumborew auf einem Patrouillenflug eine deutsche Fw 189 – eine leichte Beute für eine Jak-1 –, die in rund 1000 Meter Höhe über sowjetischen Stellungen aufklärte. Als Tschumborew angriff, verschwand der Deutsche in Wolken. Tschumborew verfolgte ihn, wobei er wild – und oft ungezielt – schoß.

Am Boden beobachtete eine sowjetische Funkstelle, wie das deutsche Flugzeug geschickt von Wolke zu Wolke sprang, und hielt Tschumborew über seine Bewegungen auf dem laufenden. Dank dieser Unterstützung holte er die Focke-Wulf schließlich ein und rammte sie von hinten und von schräg unten. Der schwerbeschädigte Aufklärer stürzte ab, während Tschumborew sicher auf einem Feld in der Nähe aufsetzte.

Trotz solcher Einzelerfolge behauptete die deutsche Luftwaffe weiterhin die Lufthoheit – allerdings nur tagsüber. Nachts sah die Sache anders aus. Unmittelbar nach Sonnenuntergang starteten sowjetische Bomber von ihren gutgetarnten Plätzen östlich der Wolga. Die zweimotorigen Nachtbomber Il-4 eines neuaufgestellten Fernbomberverbandes starteten, um die deutschen rückwärtigen Gebiete zu bombardieren, während Il-2 Sturmowiks durch Scheinwerferbeleuchtung und Flakfeuer stießen, um die vorgeschobenen deutschen Flugplätze anzugreifen. Die Hauptstütze der Nachtbomberkampagne war jedoch der bewährte alte Doppeldecker Po-2 – Schulflugzeug, Aufklärer und jetzt Bombenträger.

Diese kleinen Maschinen, die pro Nacht bis zu einem halben Dutzend Einsätze flogen, wobei ihre Fünfzylinder-Sternmotoren eigenartig knatterten (die Deutschen gaben ihnen wegen ihres charakteristischen Motorengeräuschs den Spitznamen „Nähmaschinen"), griffen in festgelegten Abständen aus unterschiedlichen Richtungen an, um die feindlichen Geschützbedienungen zu verwirren. Mitte Oktober 1942 waren sie so lästig geworden, daß sich ein wachhabender Offizier der deutschen 6. Armee in einem Bericht beschwerte: „Die unangreifbare nächtliche Luftherrschaft der Russen hat das Maß des Erträglichen überschritten. Die Truppe findet keine Ruhe, ihre Kraft ist restlos verbraucht."

Besonders bemerkenswert in der Geschichte der heldenhaften Verteidigung Stalingrads ist die Tatsache, daß einer der erfolgreichsten Po-2-Verbände das 588. Nachtbomberregiment war – dessen 400 Angehörige von den Piloten und Navigatoren bis hin zu den Flugzeug- und Waffenwarten ausschließlich Frauen waren *(rechts)*.

Das 588. war eines von insgesamt drei Fliegerinnenregimentern. Die beiden anderen waren das 586. Jagdregiment, das Jak-7B flog, und das 587. Bomberregiment, das mit modernen zweimotorigen, leichten Bombern Pe-2 ausgerüstet war. Die fast unmittelbar nach Abschluß ihrer Fliegerschulung in den Raum Stalingrad verlegten Frauen hatten mit allen möglichen Problemen zu kämpfen, darunter einem, das nur mit Körperkraft zu lösen war. Wegen der großen Steuerkräfte, die die Pe-2 erforderte, hatten die Pilotinnen des 587. Bomberregiments Schwierigkeiten, die Maschinen in die Luft zu bringen. „Bei den meisten von uns mußte beim Start die Navigatorin neben uns stehen", erinnerte sich eine Pilotin, „damit sie auf Befehl helfen konnte, den Steuerknüppel zurückzureißen."

Für die Frauen des 588. Nachtbomberregiments mit ihren Po-2 bedeutete Stalingrad Nachtflüge hinter den feindlichen Linien – in offenen Führersitzen, Wind und Regen ausgesetzt, bis auf Bomben und Handgranaten unbewaffnet – gegen einen Feind, der bald energische Abwehrmaßnahmen ergriff. Die Deutschen stellten „Flakzirkusse" auf, die aus bis zu zwei Dutzend 37-mm-Flakgeschützen bestanden und von einem Scheinwerferzug unterstützt wurden. Die tagsüber sorgfältig getarnten Geschütze und Scheinwerfer wurden abends überall dort in Stellung gebracht, wo sowjetische Luftangriffe zu erwarten waren. Dort standen sie in konzentrischen Kreisen zum Empfang der „Nähmaschinen" bereit.

Als Mittel gegen die Flakzirkusse entwickelten die Pilotinnen des 588. Nachtbomberregiments eine gefährliche Angriffsmethode. Zwei Po-2 flogen ein Ziel an, wobei eine Maschine die deutschen Scheinwerfer und das Flakfeuer auf sich zog, während die andere ihren Angriff flog. Die Gefahren und Schwierigkeiten dieses Systems zeigten sich in ihrem vollen Umfang, als Nadja Popowa und Marina Tschetschnowa gemeinsam einen Angriff auf eine Brücke an einem wichtigen Flußübergang flogen.

Die Nachthexen: tapfere Frauen im Einsatz

Teils aus Mangel an Personal und teils aus dem kommunistischen Prinzip der Gleichheit heraus war die sowjetische Luftwaffe im Zweiten Weltkrieg die einzige, in der Frauen mitkämpfen durften. Knapp 1000 weibliche Freiwillige kämpften tapfer und mit Auszeichnung in allen möglichen Flugzeugen von Jak-Jägern bis zu Sturmowiks.

Viele dieser Frauen gehörten regulären Luftwaffeneinheiten an. Die Sowjets priesen Lilja Litwjak als die Weiße Rose von Stalingrad – weniger ihrer blonden Haare und blauen Augen wegen, sondern weil sie als Angehörige einer Elite-Jagdstaffel zwölf Luftsiege erkämpft hatte. Schon 1942 bestanden drei Fliegerregimenter ausschließlich aus Frauen. Das 586. Jagdregiment erzielte 38 bestätigte Abschüsse – 17 durch die erfolgreichste Pilotin Olga Jamschtschikowa, eine erfahrene Fluglehrerin, die sich freiwillig an die Front gemeldet hatte.

Einige der tapfersten Fliegerinnen gehörten dem 588. Nachtbomberregiment an. Die Nachthexen, wie sie sich nannten, flogen langsame Doppeldecker Po-2 *(S. 94–95)*.

Trotzdem führten sie im Zweiten Weltkrieg 24000 Feindflüge durch, bei denen sie 23000 Tonnen Bomben warfen. Ihre Verluste waren hoch – ebenso wie ihre Auszeichungen. Von 30 Fliegerinnen, die als Helden der Sowjetunion ausgezeichnet wurden, gehörten 23 zu den Nachthexen.

Die Jagdfliegerasse Lilja Litwjak (links) und Katja Budanowa (Mitte) erzielten insgesamt 22 Abschüsse, bevor sie im Luftkampf fielen.

Major Jewdokia Berschanskaja (Mitte), eine ehemalige Verkehrsfliegerin und Kommandeur des 588. Nachtbomberregiments, ist mit vier weiteren Nachthexen von einem Feindflug zurückgekehrt.

Leutnant Anna Jegorowa flog während des ganzen Krieges einen Sturmowik-Bomber und erhielt drei Tapferkeitsauszeichnungen.

Leutnant Waleria Chomjakowa (zweite von rechts) schildert im September 1942 Kameradinnen aus dem ausschließlich aus Frauen bestehenden 586. Jagdregiment ihren Abschuß eines deutschen Bombers Ju 88. Es war der erste Abschuß einer deutschen Maschine durch eine Frau.

Leutnant Natalja Meklin stieß im Jahre 1942 als 19jährige Pilotin zu den Nachthexen und überlebte 840 Feindflüge in drei Jahren.

Rufina Gaschewa (links) und Natalja Meklin wurden, wie ihre stolz zur Schau getragenen Orden zeigen, als Helden der Sowjetunion ausgezeichnet.

Nach einem Feindflug steht die Sturmowik-Bordschützin T. F. Konstantinowa auf der Tragfläche, nachdem sie ihr MG gesichert hat.

Ihr Angriffsplan sah vor, daß Popowa das feindliche Feuer auf sich ziehen sollte, während Tschetschnowa ihre Bomben warf. Deshalb stieß Popowa mit Vollgas – und so laut wie möglich – auf die Brücke herab und machte dann wilde Ausweichbewegungen, ohne ihre Bomben auszuklinken. „Breite Scheinwerferstrahlen durchschnitten den Himmel aus verschiedenen Richtungen und versuchten, mich in einem Meer von Licht zu fangen", erinnerte sie sich. „Einer strich genau über den Bug meines Flugzeugs, aber bevor er nach hinten gleiten konnte, war ich mit einem steilen Abschwung verschwunden, und der Scheinwerfer hatte mich verloren. Das Flakfeuer war heftig. Ich konnte hören, wie Granatsplitter durch die Tragflächen fetzten."

Marina Tschetschnowa hatte inzwischen ungeduldig gewartet. „Das Bewußtsein, daß eine Kameradin den Feind dazu einlud, sie abzuschießen, war kein schönes Gefühl", sagte sie später. „Er muß sie sehr deutlich gehört haben. Ich konnte die Flammen aus ihren Auspuffrohren sehen, als sie im Sturzflug von mir abdrehte."

Erst nachdem die Deutschen ihre konzentrierte Suche nach Popowas Maschine begonnen hatten, stieß Tschetschnowa auf die Brücke herab und warf mehrere Bomben, die in Zielnähe detonierten. Dann wechselten die Pilotinnen die Rollen: Tschetschnowa diente als Köder und Popowa griff an. „Sie funktionierte", äußerte sich Nadja Popowa später lakonisch über ihre Angriffsmethode.

Mitte Oktober 1942, als sich die feindlichen Armeen wie Skorpione in tödlicher Umarmung umklammert hielten, hatten die Verluste in Stalingrad erschreckende Höhen erreicht: Die Deutschen gaben 42 000 Mann Verluste zu. Die Russen nannten keine Zahlen, aber ihre Verluste lagen mindestens ebenso hoch, möglicherweise sogar höher. Anfang November hielt General Paulus nach einem letzten Vorstoß 90 Prozent der Ruinen, die einst eine Großstadt gewesen waren. Aber er hatte sein Pulver verschossen, und als die plötzlich sinkenden Temperaturen den nächsten russischen Winter ankündigten, mußten die Deutschen für die in der Vergangenheit gemachten Fehler büßen.

Als General Paulus im August zur Wolga vorgestoßen war, hatte er die sowjetischen Stellungen am Don lediglich auf breiter Front durchbrochen und einen Frontvorsprung geschaffen, dessen Flanken von starken russischen Kräften bedroht wurden. Seit Ende September, als Stalin den Plan für eine spätere Gegenoffensive gebilligt hatte, war das sowjetische Oberkommando mit Umsicht und Geduld daran gegangen, auf Kosten der kämpfenden Truppe Reserven bei Armee und Flugwaffe zu schaffen.

Als jetzt der Augenblick für den seit langem geplanten sowjetischen Gegenschlag gekommen war, riskierte Nowikow Stalins Zorn, indem er um eine kurze Verschiebung ersuchte: Er verfügte über ausreichend Flugzeuge, aber die Treibstoff- und Munitionsbestände waren noch zu gering. Die überraschend höfliche Antwort aus Moskau bewies, welchen Stellenwert die Luftwaffe im Rahmen der bevorstehenden Gegenoffensive besaß. Das sowjetische Oberkommando genehmigte die Verschiebung, indem es feststellte: „Die Erfahrungen dieses Krieges zeigen, daß wir die Deutschen nur besiegen können, wenn wir die Luftherrschaft erringen."

Im Morgengrauen des 19. November 1942 brach dann der Sturm los, als über eine Million sowjetische Soldaten mit rund 13 500 Geschützen und fast 1000 Panzern die deutschen Stellungen angriffen. Für ihr bisher größtes Unternehmen hatte die sowjetische Luftwaffe über 1400 Flugzeuge zusammengezogen. Und sie hatte nicht nur quantitativ zu der deutschen Luftwaffe aufgeschlossen, sondern begann auch, sie qualitativ einzuholen. Sämtliche Jagdflugzeuge und 75 Prozent der eingesetzten Maschinen waren moderne Konstruktionen, darunter auch die neue La-5, eine stärkere und erheblich leistungsfähigere Weiterentwicklung des Jägers LaGG-3, und die Jak-9, eine würdige Nachfolgerin der bewährten Jak-1. Spätere Ausführungen der schon berühmten Il-2 Sturmowik erhielten stärkere Motoren, die ihre Startrollstrecke verkürzten und sie wendiger machten. Außerdem erhielten sie einen zweiten Sitz mit einer Abwehrbewaffnung, durch die das schwergepanzerte Erdkampfflugzeug noch schwieriger abzuschießen war.

Eine Schlechtwetterfront verhinderte Großeinsätze der deutschen Luftwaffe, als die mächtige sowjetische Gegenoffensive in Gang kam. An den folgenden vier Tagen wurden nur 150 Einsätze zur Unterstützung der zurückgehenden 6. Armee geflogen. Generaloberst Wolfram Freiherr von Richthofen, der Oberbefehlshaber der Luftflotte 4, hielt verzweifelt in seinem Kriegstagebuch fest, daß Regen, Schnee und Eisbildung den Flugbetrieb völlig lahmgelegt hatten und das VIII. Fliegerkorps nur einige wenige Flugzeuge einsetzen konnte. Richthofen fügte hinzu, das Wetter müsse sich bald bessern, sonst gebe es keine Hoffnung mehr.

In erstaunlichem Gegensatz dazu flog die sowjetische Luftwaffe an diesen vier Tagen nicht weniger als 1000 Einsätze – fast alle mit den kampfstarken Sturmowiks. Die sowjetischen Piloten starteten mit Todesverachtung und flogen in Richtung Feind davon – häufig in Höhen unter 20 Meter. Die mit einem weißen Tarnanstrich versehenen Flugzeuge, die plötzlich Tod und Verderben speiend aus dem weißen Himmel herabstießen, trugen entscheidend dazu bei, die bereits schwerbedrängten Deutschen zu demoralisieren.

Am 24. November besserte sich das Wetter, und in den nächsten sieben Tagen flogen die drei sowjetischen Luftarmeen fast 6000 Einsätze gegen die angeschlagenen Deutschen. Etwa zwei Drittel der Angriffe galten jetzt deutschen Feldflugplätzen. Allein die 16. Luftarmee meldete, sie habe 63 feindliche Flugzeuge am Boden zerstört sowie weitere 33 in Luftkämpfen abgeschossen. Die eigenen Verluste wurden mit 35 Maschinen angegeben. So blutete die deutsche Luftwaffe allmählich aus.

Unterdessen hatte das deutsche Oberkommando eine schicksalhafte Entscheidung getroffen. Daß Paulus' 6. Armee diesen massiven sowjetischen Angriffen zu Lande und in der Luft nicht würde standhalten können, war schon bald zu erkennen gewesen. In dieser Lage gab es nur zwei Möglichkeiten: Die 6. Armee mußte sich kämpfend zurückziehen oder sich, anstatt die unter so großen Opfern erzielten Geländegewinne preiszugeben, in Stalingrad einigeln, um die Stadt zu halten, bis Entsatz kam. Die bessere Lösung hätte auf den ersten Blick zu erkennen sein müssen. Aber bei den Deutschen spukte in manchen Köpfen noch die Erinnerung an die erfolgreiche Luftversorgung des Kessels Demjansk. Von Hitler selbst erhielt Paulus den Befehl, Stalingrad zu halten.

Martin Fiebig, der Kommandierende General des VIII. Fliegerkorps, erfuhr von dieser Entscheidung während eines Telephongesprächs, das er am 21. November mit Generalmajor Arthur Schmidt, dem Stabschef der 6. Armee, führte. Als er ihn nach Paulus' Absichten fragte, antwortete Schmidt, der Oberbefehlshaber beabsichtige, sich in Stalingrad zu verteidigen. Und als Fiebig wissen wollte, wie Paulus sich die Versorgung seiner Armee denke, erwiderte Schmidt, sie müsse aus der Luft versorgt werden.

Fiebig war über diese Vorstellung entsetzt. „Eine ganze Armee?" rief er aus. „Das ist völlig ausgeschlossen!"

Fiebig und die meisten anderen erfahrenen Luftwaffenkommandeure erkannten klar, daß es entscheidende Unterschiede zwischen Demjansk und der Lage im Raum Stalingrad gab. Mit 250 000 Mann war die 6. Armee zweieinhalbmal so stark wie die Truppen, die im Kessel Demjansk mit äußerster Anstrengung von der Luftwaffe versorgt worden waren. Die Entfernungen, aus denen der Nachschub herantransportiert werden mußte, waren im Falle Stalingrad erheblich größer. Und nicht zuletzt hatten die deutschen Transportflieger in Demjansk mit „dem segensreichen Kommen des Frühlings" rechnen können, wie Oberst Fritz Morzik gesagt hatte, während ihnen in Stalingrad ein weiterer schrecklicher russischer Winter bevorstand. Am bedeutsamsten war jedoch, daß der deutschen Luftwaffe jetzt mit der starken und immer besser ausgebildeten und ausgerüsteten Roten Luftwaffe ein ganz anderer Gegner gegenüberstand.

Sobald Fiebig von der geplanten Luftversorgung gehört hatte, verständigte er Generaloberst Freiherr von Richthofen, seinen Vorgesetzten, der seinerseits bei Generaloberst Hans Jeschonnek, dem Chef des Generalstabs der Luftwaffe, protestierte. Richthofen erklärte ihm erregt, dieses Vorhaben müsse unterbunden werden, denn bei dem an der Wolga herrschenden miserablen Wetter bestehe keine Aussicht, eine Armee mit 250 000 Mann aus der Luft zu versorgen. „Das ist heller Wahnsinn!" rief Richthofen aus. Jeschonnek waren jedoch die Hände gebunden. Schließlich hatte kein Geringerer als Hermann Göring Hitler großartig versprochen, daß die Luftwaffe die 6. Armee aus der Luft versorgen werde.

Am 24. November erhielt Richthofens Luftflotte 4 den offiziellen Befehl, die 6. Armee im Kessel Stalingrad mit mindestens 300 Tonnen Nachschub pro Tag zu versorgen. Und einen Tag später, am 25. November 1942, begann das Unternehmen anzulaufen.

Auch auf der anderen Seite erinnerte man sich noch an Demjansk. Die sowjetischen Oberkommandierenden waren entschlossen, die damaligen Fehler nicht zu wiederholen. In Demjansk hatten sich die russischen Jäger lediglich den mit starkem Jagdschutz fliegenden deutschen Transportverbänden entgegengeworfen. Es hatte keinen sorgfältig ausgearbeiteten und gut koordinierten Plan zur Sperrung der Einflugschneisen in den Kessel gegeben. Aber in Stalingrad sollte dieses Versäumnis nachgeholt werden.

Nowikow richtete vier Operationsgebiete ein, um eine Luftblockade des Kessels, in dem Paulus festsaß, sicherzustellen. Die erste, den Bombern der 17. und Teilen der 8. Luftarmee zugewiesene Operationszone lag außerhalb des Kessels und umfaßte auch die Absprunghäfen der Transportflugzeuge. Anfangs waren dies Morosowskaja, rund 200 Kilometer von Stalingrad entfernt, und Tazinskaja in 250 Kilometer Entfernung; später zudem Salsk, Nowotscherkassk und Rostow, die noch 100 bis 150 Kilometer weiter entfernt lagen.

Die zweite, in fünf Sektoren unterteilte Operationszone wurde den Jägern der 16. und 8. Luftarmee sowie der 102. Luftverteidigungsdivision zugewiesen: Sie sollten die Einflugschneisen der deutschen Transportverbände in den Kessel Stalingrad überwachen. Eine dritte, bis zu 30 Kilometer tiefe Operationszone umgab den Kessel mit Flakbatterien entlang den Luftkorridoren. Die vierte und letzte Operationszone bestand aus den fünf Flugplätzen innerhalb des 2500 Quadratkilometer großen Kessels, die unaufhörlich angegriffen werden sollten.

Sowjetische Sturzkampfflugzeuge Pe-2 befinden sich 1943 im Anflug auf deutsche Stellungen bei Leningrad. Sie flogen oft drei Erdkampfeinsätze pro Tag.

Diese Maßnahmen – sowie das Wetter – wirkten sich sofort aus. An den beiden ersten Tagen erhielt die 6. Armee nur insgesamt 130 Tonnen Versorgungsgut aus der Luft. Am dritten Tag kam fast gar nichts an, und General Fiebig notierte in seinem Kriegstagebuch: „Wetter schauderhaft. Wir wollen fliegen, aber es geht nicht. Ein Schneesturm folgt auf den anderen. Lage verzweifelt."

Bei fast jedem Wetter tauchten sowjetische Flugzeuge auf, deren Besatzungen so geschickt und koordiniert kämpften, wie es die deutsche Luftwaffe bisher nie erlebt hatte. Beispielsweise schossen am 28. November drei Jak-1 des 287. Jagdregiments vier Ju 52 ab. Zwei Tage später fingen Maschinen der 283. Jagddivision 17 Ju 52 mit vier Begleitjägern Me 109 ab; in erbitterten Luftkämpfen wurden fünf Transportmaschinen und ein Jäger abgeschossen. Am 2. Dezember wurden 17 deutsche Transportflugzeuge am Boden zerstört, während sie im Kessel entladen wurden. Und am 11. Dezember griffen acht La-5 und neun Jak-1 16 Ju 52 an, die von vier Me 109 begleitet wurden, und erzielten neun Abschüsse.

An diesem Tag flog General Fiebig in den Kessel zu einer Besprechung mit dem enttäuschten und ihm Vorwürfe machenden Paulus, der bisher kaum ein Sechstel des für das Überleben der 6. Armee erforderlichen Nachschubs erhalten hatte. Davon, stellte Paulus fest, konnte seine Armee weder existieren noch kämpfen. Unter diesen Umständen war es eine Vergeudung von kostbarem Transportraum, als Tausende von Weihnachtsbäumen auf Hitlers Befehl in den Kessel geflogen wurden, um bei der hungernden 6. Armee etwas wie Weihnachtsstimmung zu erzeugen.

Die Luftwaffe reagierte auf Paulus' Bitten mit heldenhafter Anstrengung. Selbst Bomber He 111 wurden für die Luftbrücke eingesetzt und schleppten in ihren Bombenschächten bei jedem Flug jeweils 500 Kilogramm Versorgungsgut. Die nach Stalingrad gebrachten Nachschubmengen stiegen allmählich und erreichten am 19. Dezember mit über 280 Tonnen ihren Höhepunkt. Dann gingen sie wegen dichten Nebels – und wegen schlimmer Ereignisse – zurück. Am Abend des 21. Dezember erblickte Generalfeldmarschall Albert Kesselring im etwa 2000 Kilometer entfernten Führerhauptquartier bei Rastenburg in Ostpreußen etwas Ungewöhnliches. Beim Betreten eines Büros sah er Göring am Schreibtisch sitzen: Der Reichsmarschall schluchzte laut und sackte immer wieder nach vorn auf die Schreibtischplatte. Später erfuhr Kesselring von Offizieren des Oberkommandos, daß Göring schlechte Nachrichten aus Stalingrad erhalten habe: Ihm war gemeldet worden, daß sowjetische Truppen bei der italienischen 8. Armee am Don durchgebrochen waren und jetzt die wichtigen Absprunghäfen Morosowskaja und Tazinskaja bedrohten.

Für Tazi, wie die Deutschen Tazinskaja nannten, kam das Ende am frühen Morgen des 24. Dezember. Um 5.25 Uhr detonierten die ersten russischen Panzergranaten auf dem Flugplatz und zerstörten sofort eine Ju 52. Obwohl es offenbar allerhöchste Zeit war, die Räumung des Platzes zu befehlen, weigerte sich Fiebig, diesen Befehl ohne die Zustimmung einer vorgesetzten Dienststelle zu erteilen. Fünf kostbare Minuten verstrichen, während er versuchte, Richthofen über bereits gekappte Telephonleitungen zu erreichen. Schließlich gab er jedoch auf Drängen von Stabsoffizieren nach und erlaubte den Start zum Flug nach Nowotscherkassk.

Nun entstand ein totales Chaos. In dichtem Nebel, der die Sichtverhältnisse erheblich verschlechterte, und in den beim Rollen aufgewirbelten Schneefahnen starteten die großen Transportmaschinen in verzweifelter Hast, um den anrückenden Russen zu entkommen. Zwei Ju 52, die aus

Nach einem sowjetischen Luftangriff auf einen deutschen Versorgungsflugplatz brennen Transportmaschinen Ju 52. Solche Angriffe trugen dazu bei, daß der ehrgeizige deutsche Plan einer Luftversorgung während der Schlacht um Stalingrad fehlschlug. Die Deustchen verloren so viele Transportflugzeuge, daß sie einige ihrer Bomber als Frachtmaschinen einsetzen mußten.

entgegengesetzten Richtungen anrollten, stießen frontal zusammen und explodierten in der Platzmitte. Andere beschädigten sich gegenseitig beim Rollen, und einige wurden durch sowjetischen Beschuß zerstört. Insgesamt gelang 109 Ju 52 und 16 Ju 86 der Start – aber hinter ihnen blieben 60 zerstörte Transportflugzeuge zurück.

Anfang Januar 1943 fiel auch der Flugplatz Morosowskaja in russische Hand. Danach gelangten immer weniger Transportmaschinen durch die Blockade der Roten Luftwaffe in den Kessel, obwohl sich die Deutschen große Mühe gaben, die Luftbrücke von weiter entfernten Plätzen aus aufrechtzuerhalten. Nach Neujahr brachten die Blockadebrecher nur zweimal über 200 Tonnen Versorgungsgut pro Tag nach Stalingrad. Ihre Verluste waren dabei erschreckend hoch. Am 9. Januar griffen Sturmowiks den Flugplatz Salsk mit Bomben und Bordwaffen an. Von den dort abgestellten 300 deutschen Flugzeugen wurden 72 zerstört. Unterdessen verhungerte die eingeschlossene 6. Armee.

Am 2. Februar riß der Funkkontakt zur 6. Armee ab. Am Abend dieses Tages flog ein deutscher Pilot über das fast unheimlich still gewordene, verschneite Schlachtfeld. Er berichtete, er habe keine weiteren Kampfhandlungen mehr beobachten können. Tatsächlich hatte Friedrich Paulus bereits am 31. Januar für sich selbst und seinen Stab kapituliert. Die Reste seiner Armee – über 91 000 Mann – marschierten in die Gefangenschaft.

Die blutige Schlacht um Stalingrad war zu Ende. Sie hatte die deutsche Luftwaffe 488 Flugzeuge gekostet. Die Sowjets gaben ihre Verluste nicht bekannt. Eines stand jedoch außer Frage: Die Geschichte der sowjetischen Luftstreitkräfte als einer kampfstarken Waffe hatte erst begonnen.

ILJUSCHIN IL-2M-3 STURMOWIK (1942)

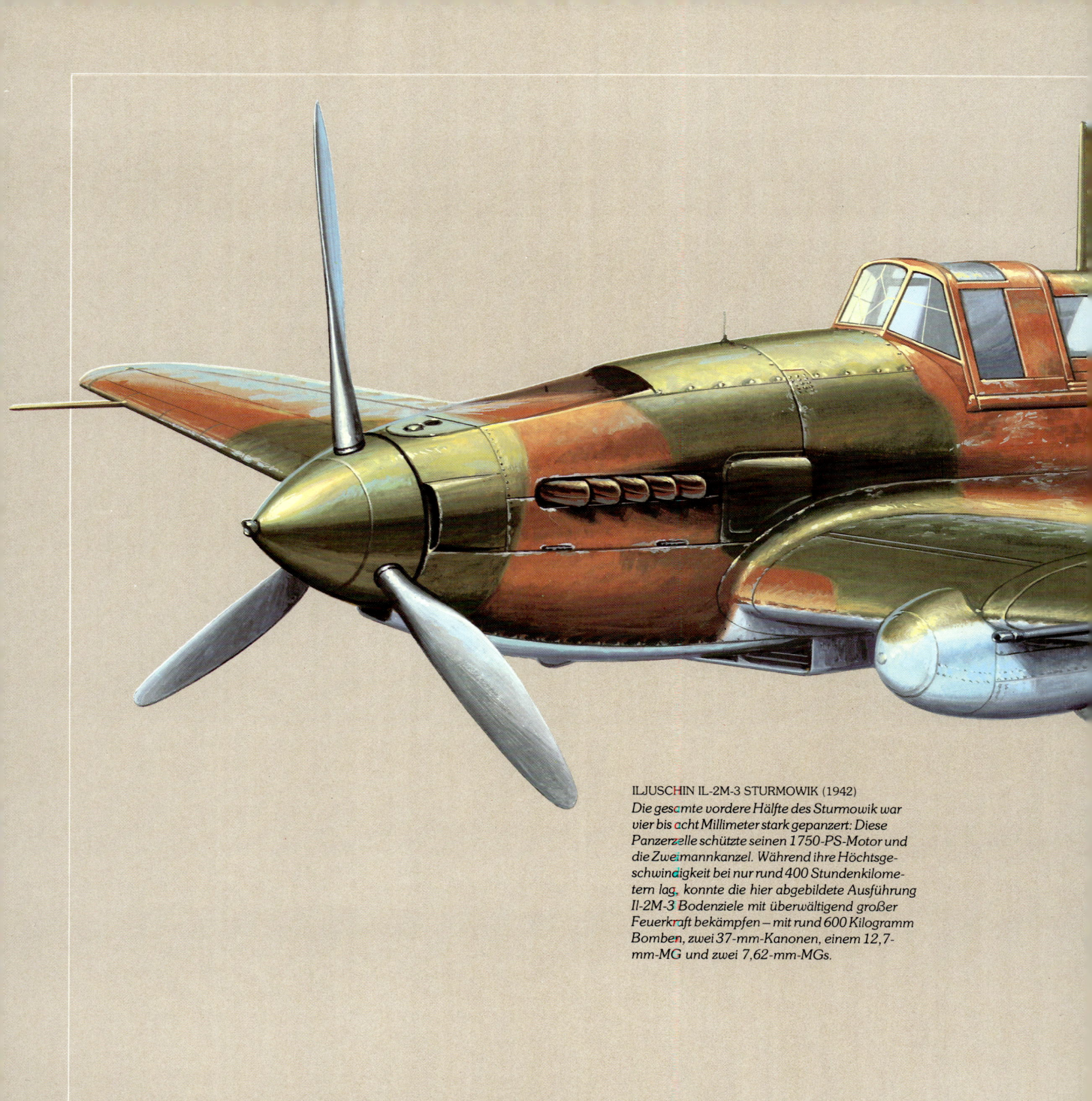

Die gesamte vordere Hälfte des Sturmowik war vier bis acht Millimeter stark gepanzert: Diese Panzerzelle schützte seinen 1750-PS-Motor und die Zweimannkanzel. Während ihre Höchstgeschwindigkeit bei nur rund 400 Stundenkilometern lag, konnte die hier abgebildete Ausführung Il-2M-3 Bodenziele mit überwältigend großer Feuerkraft bekämpfen – mit rund 600 Kilogramm Bomben, zwei 37-mm-Kanonen, einem 12,7-mm-MG und zwei 7,62-mm-MGs.

Ein gewaltiges Arsenal fliegender Artillerie

Nach Auffassung sowjetischer Strategen war die Luftwaffe in erster Linie eine Ergänzung des Heeres, eine Gefechtsfeldwaffe mit dem Zweck, die Bodentruppen zu schützen und ihnen den Weg zu bahnen. Jäger sollten die Lufthoheit über dem Kampfgebiet erringen, während Bomber in Großverbänden als fliegende Artillerie gegen den Feind geworfen werden sollten.

Die Flugzeuge selbst entsprachen in ihrer Konstruktion hervorragend den Anforderungen eines über kurze Entfernungen und in niedrigen Höhen geführten Luftkriegs. Kein Flugzeug war unter diesen schwierigen Verhältnissen erfolgreicher als die berühmte Il-2 Sturmowik (oben), die auch als „Fliegender Panzer" bekannt war. Dieses kampfstarke einmotorige Schlachtflugzeug war so schwer gepanzert, das es beim Angriff auf deutsche Kolonnen aus Höhen unter 100 Meter gegen leichtes MG-Feuer geschützt war. Ein bestimmter Sturmowik überstand bei einem Dutzend Feindflüge 350 Treffer!

Insgesamt wurde im Zweiten Weltkrieg die erstaunliche Zahl von über 36 000 Sturmowiks gebaut, womit die Il-2 das am weitaus häufigsten eingesetzte sowjetische Kampfflugzeug war.

Trotzdem spielte eine ganze Reihe weiterer Bomber (nächste Seiten) eine wichtige Rolle im Rahmen der Erdkampfunterstützung durch die sowjetische Luftwaffe.

Die leichter gepanzerte Pe-2 besaß den Vorteil, daß sie zwei Motoren hatte und sowohl schneller als auch wendiger war. Ein weiterer zweimotoriger Bomber, die Il-4, trug den Luftkrieg als erste sowjetische Maschine weit hinter die deutschen Linien. Wegen ihrer verhältnismäßig schwachen Abwehrbewaffnung wurde sie später jedoch hauptsächlich zur Schiffszielbekämpfung entlang der Ostseeküste eingesetzt.

Gegen Kriegsende wurde die schnelle, kampfstarke Tu-2 in Dienst gestellt: als Panzerknacker und für Bombenangriffe auf tief in Deutschland liegende Ziele. Die Sowjets bauten lediglich ein Flugzeug, das als schwerer Langstreckenbomber nach Art der amerikanischen B-17 gelten konnte. Diese Maschine war die viermotorige Pe-8, aber strategische Bombenangriffe aus großen Höhen gehörten damals noch nicht zu den Aufgaben der sowjetischen Luftwaffe. Deshalb wurden insgesamt nur 79 dieser viermotorigen Bomber gebaut.

130

ILJUSCHIN IL-4/DB 3F (1938)
Der zweimotorige mittelschwere Bomber Il-4, der 1941 als erstes sowjetisches Flugzeug Berlin bombardierte, konnte mit 1000 Kilogramm Zuladung ein etwa 1500 Kilometer entferntes Ziel angreifen. Wegen seiner geringen Geschwindigkeit (445 Stundenkilometer) und schwachen Abwehrbewaffnung (nur drei MGs) war er jedoch schon bei Kriegsausbruch veraltet. Viele Il-4 wurden umgerüstet und trugen dann einen 1000 Kilogramm schweren Lufttorpedo oder eine Seemine.

PETLJAKOW PE-2 (1940)
Innerhalb des sowjetischen Arsenals kam die schnelle und wendige zweimotorige Pe-2 einem Allzweckflugzeug am nächsten: Es gab sie in 30 verschiedenen Ausführungen vom Erdkampfflugzeug bis hin zu Aufklärern und mit Radar ausgerüsteten Nachtjägern. Die hier abgebildete Ausführung erreichte 540 Stundenkilometer und trug rund 1000 Kilogramm Bomben sowie vier 7,62-mm- und zwei 12,7-mm-MGs.

TUPOLEW TU-2 (1943)
Der von zwei riesigen 1850-PS-Motoren angetriebene mittelschwere Bomber Tu-2 löste 1943 die Il-4 ab. Er erreichte eindrucksvolle 555 Stundenkilometer und hatte mit 1500 Kilogramm Zuladung 2500 Kilometer Reichweite. In der hier gezeigten Erdkampfausführung hatte er vier Mann Besatzung und war mit zwei 20-mm-Maschinenkanonen und vier 12,7-mm-MGs bewaffnet.

PETLJAKOW PE-8/TB 7 (1943)
Die viermotorige Pe-8, der einzige schwere sowjetische Bomber des Zweiten Weltkriegs, hatte mit vier Tonnen Zuladung rund 4000 Kilometer Reichweite und konnte Ziele in Deutschland und auf dem Balkan angreifen. Sie diente jedoch hauptsächlich als Langstrecken-Verbindungsflugzeug – z. B. 1942, als sie Moskauer Diplomaten zu Verhandlungen über das Leih-Pacht-Programm nach London und Washington brachte.

133

POLIKARPOW I-153 (1927)
Die knickflügelige I-153, im Zeitalter der Eindecker ein verwundbarer Anachronismus, war der letzte von einer Großmacht als Jagdflugzeug eingesetzte Doppeldecker. Die zu schwach motorisierte (1000 PS, 450 Stundenkilometer) und bewaffnete (vier 7,62-mm-MGs) I-153 besaß den Vorzug, außerordentlich wendig zu sein – doch dies reichte nicht aus, um ihre sonstigen Mängel zu kompensieren.

POLIKARPOW I-16 (1933)
Diese mit Schneekufen ausgerüstete Version der I-16 hatte einen 730-PS-Motor und erreichte 455 Stundenkilometer. Ihre Bewaffnung bestand aus zwei 7,62-mm-MGs und zwei 20-mm-Maschinenkanonen. Kleine Bomben oder Raketen wurden unter den Tragflächen mitgeführt. Einige I-16 erhielten sogar spezielle Luftschrauben aus Stahl, um feindliche Bomber rammen zu können.

Eine Flotte
alter und neuer Jäger

Zum Zeitpunkt des deutschen Überfalls auf die Sowjetunion im Juni 1941 war die russische Jagdwaffe riesig, aber veraltet. Die meisten der 4000 Jagdflugzeuge der sogenannten ersten Linie waren Doppeldecker I-153 *(oben)* und gedrungene Eindecker I-16 *(links)*, die Ende der zwanziger und Anfang der dreißiger Jahre gebaut worden waren. Die MiG-3 *(nächste Seite)* war eine modernere Konstruktion. Sie war jedoch nur leicht bewaffnet und in niedrigen Höhen langsam.

Schon bald nach den anfänglichen Katastrophen tauchten jedoch neue sowjetische Jäger *(nächste Seiten)* in immer größerer Zahl auf. Diese unmittelbar vor dem Krieg konstruierten Maschinen waren robust, einfach zu bauen und sehr schnell und wendig. Das Triebwerk der La-5 war doppelt so stark wie die Motoren der Flugzeuge, die sie ersetzte, und sie war damit schneller als die berühmte Me 109. Die nur 2665 Kilogramm schwere Jak-3 war wendiger als jedes deutsche Jagdflugzeug. Die in Amerika gebaute Bell P-39 Airacobra war in Höhen unter 5000 Metern äußerst schnell und zudem schwer bewaffnet, was sie zum idealen Flugzeug für die in niedrigen Höhen stattfindenden Luftkämpfe über der Ostfront machte.

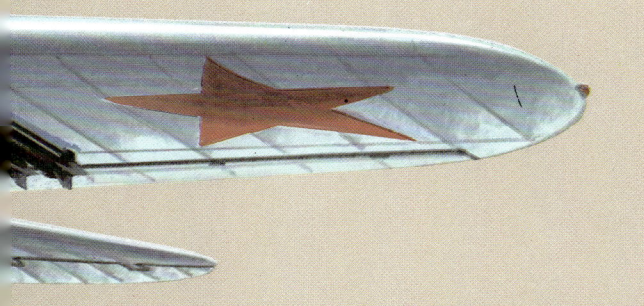

JAKOWLEW JAK-3 (1943)
Die erstmals im Jahre 1943 in der Schlacht um Kursk eingesetzte Jak-3 erwies sich bald als der beste sowjetische Jäger und einer der besten Jäger der Welt. Sie wurde oft mit der englischen Spitfire verglichen. Mit ihrem 1600-PS-Motor erreichte die Jak-3 fast 700 Stundenkilometer und konnte deutsche Jäger in niedrigen Höhen mühelos auskurven. Sie war mit zwei 12,7-mm-MGs und einer 20-mm-Maschinenkanone bewaffnet.

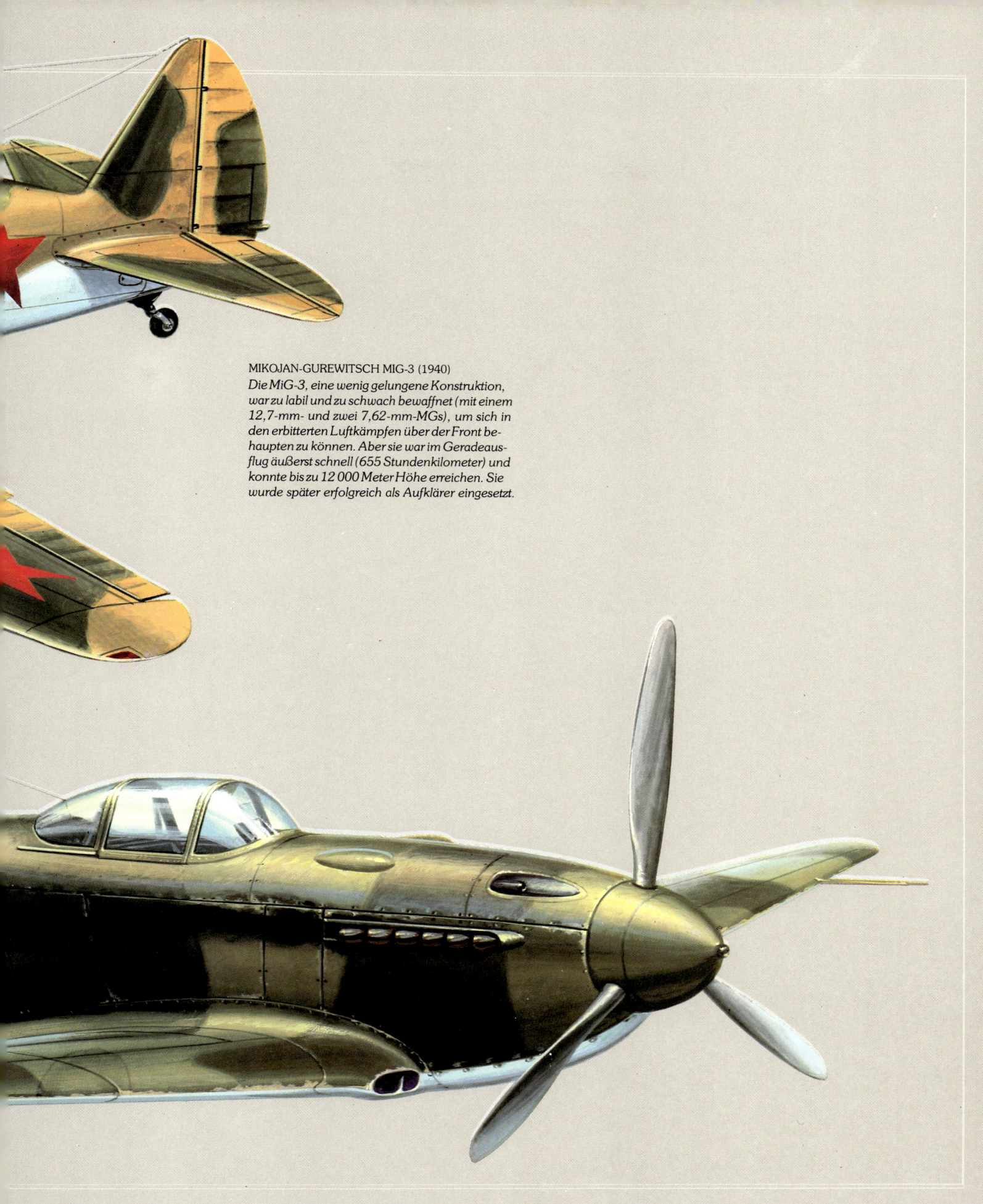

MIKOJAN-GUREWITSCH MIG-3 (1940)
Die MiG-3, eine wenig gelungene Konstruktion, war zu labil und zu schwach bewaffnet (mit einem 12,7-mm- und zwei 7,62-mm-MGs), um sich in den erbitterten Luftkämpfen über der Front behaupten zu können. Aber sie war im Geradeausflug äußerst schnell (655 Stundenkilometer) und konnte bis zu 12 000 Meter Höhe erreichen. Sie wurde später erfolgreich als Aufklärer eingesetzt.

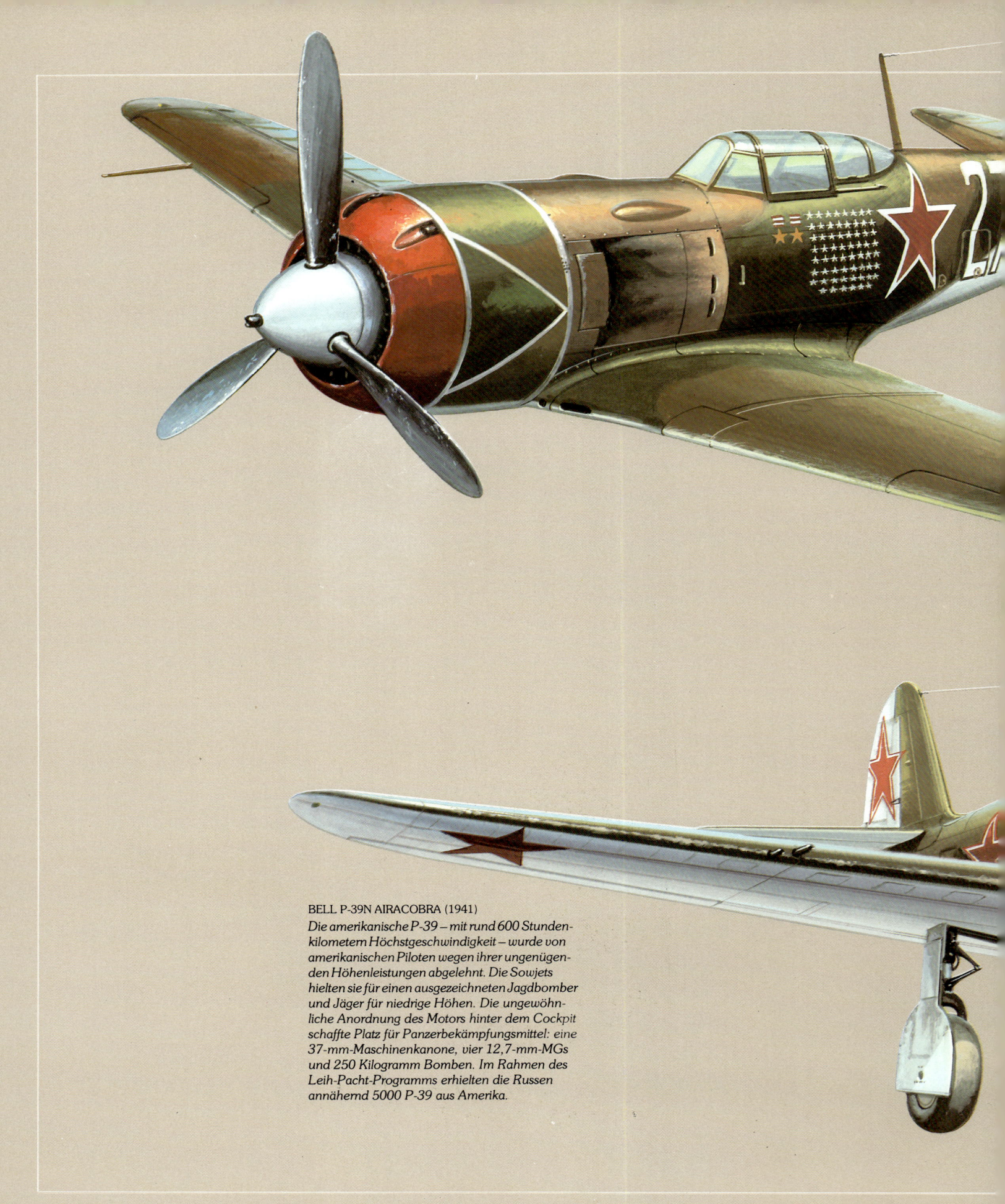

BELL P-39N AIRACOBRA (1941)
Die amerikanische P-39 – mit rund 600 Stundenkilometern Höchstgeschwindigkeit – wurde von amerikanischen Piloten wegen ihrer ungenügenden Höhenleistungen abgelehnt. Die Sowjets hielten sie für einen ausgezeichneten Jagdbomber und Jäger für niedrige Höhen. Die ungewöhnliche Anordnung des Motors hinter dem Cockpit schaffte Platz für Panzerbekämpfungsmittel: eine 37-mm-Maschinenkanone, vier 12,7-mm-MGs und 250 Kilogramm Bomben. Im Rahmen des Leih-Pacht-Programms erhielten die Russen annähernd 5000 P-39 aus Amerika.

LAWOTSCHKIN LA-7 (1944)
Die La-7, der modernste sowjetische Jäger des Zweiten Weltkriegs, war das russische Gegenstück zur Focke-Wulf 190, dem Stolz der deutschen Luftwaffe. Mit ihrem riesigen 1775-PS-Motor und der verbesserten Stromlinienform erreichte die La-7 eine Höchstgeschwindigkeit von 665 Stundenkilometern – das waren nur zehn Stundenkilometer weniger, als die Fw 190 erreichte. Sie war mit drei schnellschießenden 20-mm-Maschinenkanonen bewaffnet. Die hier abgebildete Maschine wurde von Iwan Koschedub geflogen, dem mit 62 Abschüssen erfolgreichsten sowjetischen Jagdflieger.

5
„Pobjeda!" Sieg!

Zwei Tage nachdem sich die Stille des Todes über Stalingrad gelegt hatte, landete eine Kampfgruppe der Roten Armee am Fuß des Berges Myschako südwestlich der Hafenstadt Noworossisk auf der Tamanischen Halbinsel. Mit diesem Unternehmen, das im Tumult des Weltkriegs kaum Aufsehen erregte, besetzten die Sowjets am 4. Februar 1943 etwa 50 Quadratkilometer des bisher von den Deutschen gehaltenen Gebietes – und lösten damit eine der größten Luftschlachten der Militärgeschichte aus.

In dieser Schlacht – die nach dem Kuban benannt wurde, der im Norden der Halbinsel durch sumpfiges Tiefland nach Westen fließt – kämpften russische und deutsche Flugzeuge zu Hunderten gegeneinander. Sie röhrten, kurbelten und stürzten in Einzelkämpfen, die im Laufe der Wochen nicht mehr zu zählen waren, durch den Himmel. Zu Lande verliefen die Kämpfe am Kuban langsam und schwerfällig; sie endeten schließlich unentschieden. Aber in der Luft errangen die Sowjets einen eindeutigen Sieg. Die Art und Weise, wie er erkämpft wurde, sollte in den zwei Jahren, die der sowjetisch-deutsche Krieg noch dauern würde, große Bedeutung erhalten.

Für die Rote Luftwaffe stellte diese Luftschlacht am Kuban eine Wendemarke dar. Vor und zum Teil noch während der Kämpfe um Stalingrad war sie im Grunde genommen stets in der Defensive gewesen. Das änderte sich nun. Am Frühlingshimmel über dem Kuban ergriffen sowjetische Flieger zum erstenmal schnell die Initiative und setzten Welle auf Welle moderner Flugzeuge gegen die deutsche Luftwaffe ein – ein Vorspiel zu den riesigen, glänzend koordinierten Luftoffensiven, die in der Folgezeit das Wahrzeichen der Roten Luftwaffe werden sollten.

Gewiß, die Sowjets erlitten auch weiterhin Rückschläge. Der fast bis zuletzt gefährlichen deutschen Luftwaffe glückte es gelegentlich, in begrenzten Räumen eine zumindest zeitweilige Luftherrschaft zu erkämpfen. Trotzdem waren diese Ereignisse Anfang 1943 die ersten Donnerschläge des Sturms, der schließlich auch Deutschland erfassen und Berlin seine Götterdämmerung bringen würde.

Hitler konnte nicht lange zusehen, wie die Sowjets ihren felsigen Landekopf am Myschako besetzt hielten: Er bedrohte Noworossisk, das der Endpunkt seiner von Norden nach Süden verlaufenden Verteidigungslinie auf der Tamanischen Halbinsel war. Dieser Kuban-Brückenkopf war das letzte Gebiet, das die Deutschen im Kaukasus besetzt hielten. Er diente nicht nur als Pufferzone gegen russische Vorstöße zur Wiedereroberung

Das sowjetische Jagdflieger-As Oberst Alexander Pokryschkin wird gegen Kriegsende nach einem Luftkampf von einem Offizierskameraden beglückwünscht. Die Sterne auf Pokryschkins amerikanischer P-39 Airacobra zeigen seine bis dahin erreichten 55 Abschüsse.

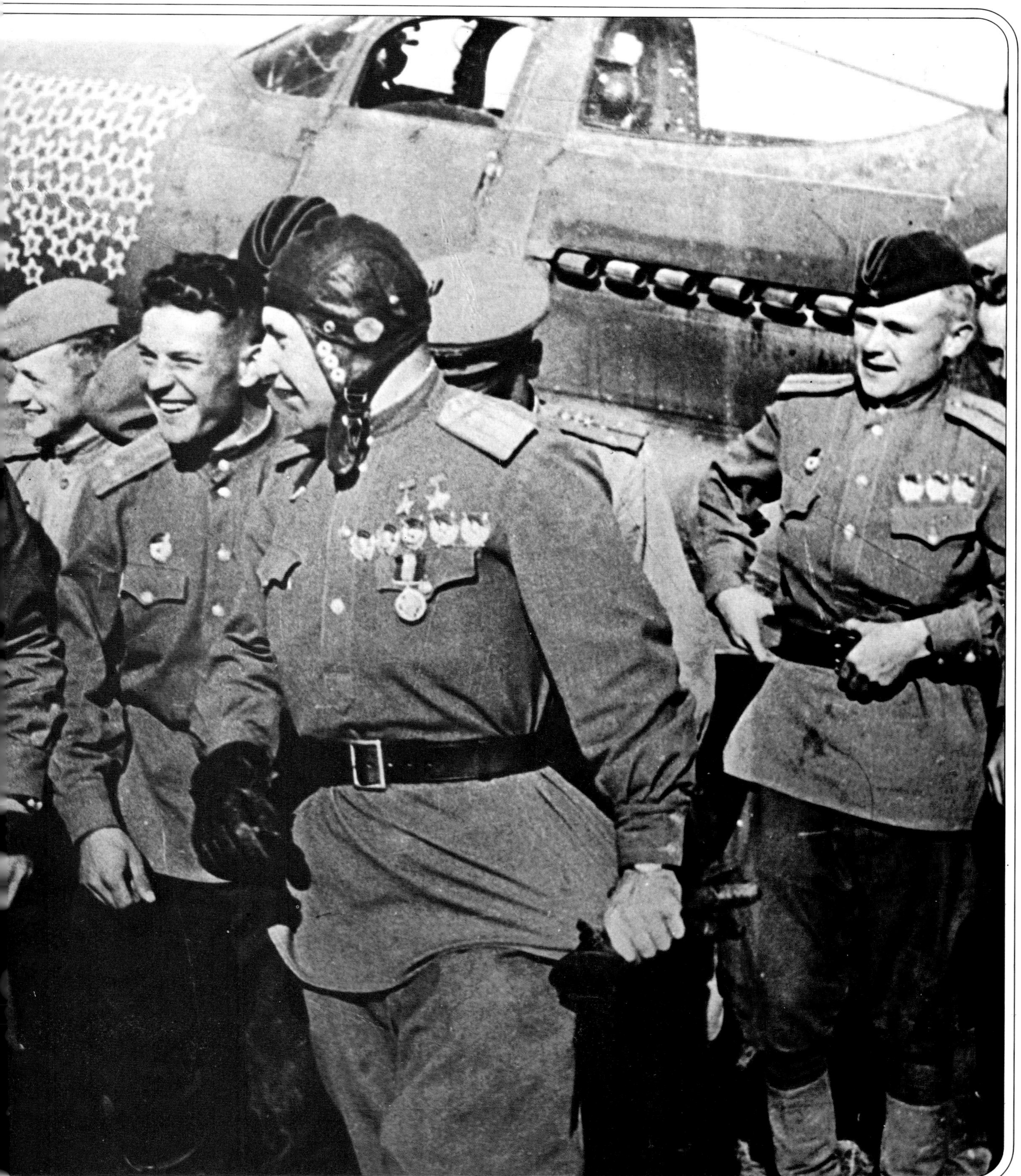

der Krim, sondern auch als mögliches Sprungbrett, von dem aus sich Hitlers Hoffnungen auf den Besitz der kaukasischen Ölfelder vielleicht doch noch würden verwirklichen lassen.

In den verbleibenden Wintermonaten ließ das Wetter keine größeren Kampfhandlungen zu. Beide Seiten nutzten diese Kampfpause, um ihre Truppen für die offensichtlich bevorstehende Schlacht zu verstärken. Mitte April standen 400 000 deutsche Soldaten im Kuban-Brückenkopf. Die deutsche Luftflotte 4 konnte dort in der unmittelbaren Umgebung über 800 Flugzeuge aufbieten, während 200 weitere Maschinen aus dem Nordkaukasus herangeführt werden konnten.

Die sowjetische Kampfgruppe am Myschako war inzwischen durch Einheiten der 18. Armee (deren ranghöchster politischer Kommissar ein Oberst namens Leonid I. Breschnew war) verstärkt worden. Zugleich standen rund 800 Flugzeuge der 4. und 5. Luftarmee einsatzbereit – und erheblich mehr wurden in Reserve gehalten.

Den Oberbefehl über die beiden sowjetischen Luftarmeen führte ein Luftmarschall mit bewegter Vergangenheit. Bei Ausbruch der Oktoberrevolution hatte Konstantin A. Werschinin seine Arbeit in einem Sägewerk aufgegeben, um in die Rote Armee einzutreten. Im Jahre 1929 war er ein erfahrener Infanterieoffizier, vor dem eine glänzende Karriere zu liegen schien. Zu diesem Zeitpunkt wurde er – gegen seinen Wunsch und obwohl er noch nie geflogen war – in den Lehrkörper der Moskauer Luftfahrt-Militärakademie „Professor N. J. Schukowski" abkommandiert.

Werschinin war offenbar der geborene Flieger: Nachdem er in rascher Folge die Musterberechtigung für sämtliche damals von der sowjetischen Luftwaffe geflogenen Flugzeugtypen erworben hatte, wurde er mit 38 Jahren zum Oberst befördert. Im August 1938 erlitt seine Karriere jedoch einen unerwarteten, schweren Rückschlag. Werschinin, der Befehl hatte, einen Bomberverband zu führen, mit dem er an einer Luftparade in Moskau teilnehmen sollte, startete bei sehr schlechtem Wetter. Fünf der Bomber stürzten unterwegs ab. Werschinin wurde vor ein Kriegsgericht gestellt, degradiert und auf einen neuen Posten zwangsversetzt.

Als vier Monate später Stalins Säuberungen in den Streitkräften ihren Höhepunkt erreichten, machte sich Werschinin begreiflicherweise Sorgen, als er ein Telegramm aus Moskau mit der Anweisung erhielt, sofort dorthin zurückzukehren. Zu seiner großen Erleichterung hörte er, daß er wegen des ständig wachsenden Bedarfs an qualifizierten Fliegern wieder seinen früheren Posten als Inspekteur der Fortgeschrittenenausbildung sowjetischer Militärpiloten bekleiden solle.

Kurz nach dem deutschen Überfall auf die Sowjetunion wurde Werschinin erneut durch einen Ruf nach Moskau beunruhigt. Diesmal war er vorsichtig und rief zuerst einmal seinen alten Kameraden General Pawel Schigarew an, der damals Oberbefehlshaber der sowjetischen Luftwaffe war. „Politbüro und Oberkommando", erklärte Schigarew ihm, „haben dich zum Oberbefehlshaber der Fliegerkräfte an der Südfront ernannt. Meinen Glückwunsch!"

Ein schwacher Trost. Alle drei unmittelbaren Vorgänger Werschinins auf diesem Posten waren bereits in Ungnade gefallen – und sollten innerhalb eines Monats vor NKWD-Erschießungskommandos enden. Werschinin hatte offenbar mehr Glück und Talent als seine bedauernswerten Kameraden. Er bewährte sich an der Südfront so gut, daß ihm weitere wichtige Aufgaben übertragen wurden, und war bereits Luftmarschall, als er Anfang 1943 den Oberbefehl über die 4. Luftarmee übernahm. Aber nun schien

Eine Staffel Sturmowiks, die sich an dem nach früheren Bombentreffern aufsteigenden Rauch orientiert, greift 1943 im Kaukasus deutsche Bodentruppen an. Die starken Turbulenzen und hohen Gipfel dieses Gebietes wurden den Fliegern oft gefährlicher als das deutsche Flakfeuer.

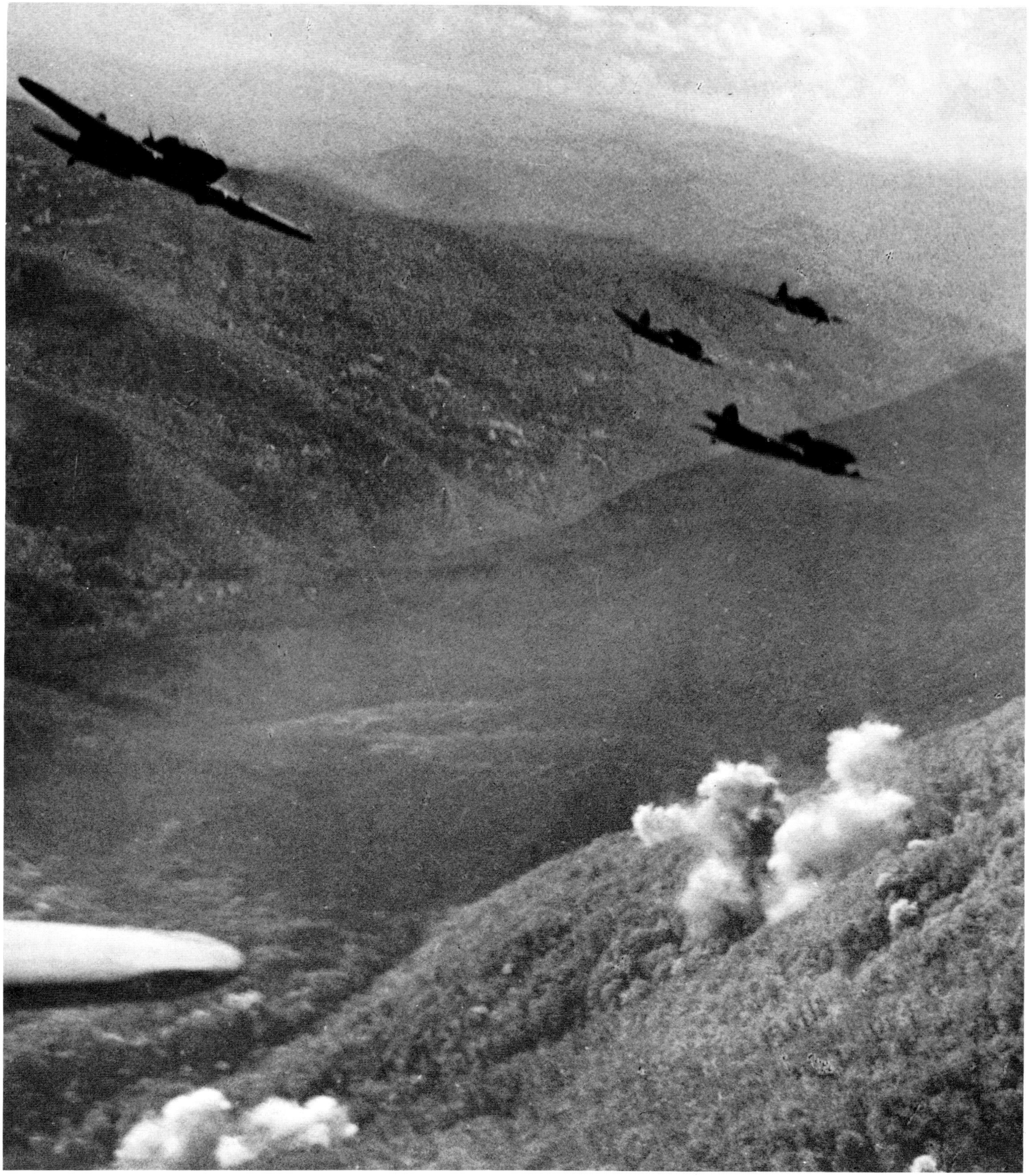

die drohende Kubankrise durchaus imstande zu sein, die neuerliche Karriere Konstantin Werschinins jäh zu beenden.

Die Deutschen griffen am Morgen des 17. April 1943 um 6.30 Uhr mit Land- und Luftstreitkräften an. Sie hatten ihrem Unternehmen den Decknamen *Neptun* gegeben – ein passender Name, denn es hatte den Zweck, die sowjetischen Truppen am Myschako ins Meer zu werfen.

Gleich an diesem ersten Tag setzte die deutsche Luftwaffe die Großverbände ein, die für die Kämpfe am Kuban charakteristisch werden sollten: Etwa 450 Bomber und 200 Jäger flogen über 1000 Einsätze, bei denen sie die russischen Stellungen immer wieder angriffen. Am nächsten Tag setzte die Luftflotte 4 ihre Angriffe trotz tiefhängender Wolken ab 4.45 Uhr bis zum Einbruch der Dunkelheit um 18.30 Uhr fort. Das Ergebnis war wenig ermutigend: Der deutschen 17. Armee war es bei schweren eigenen Verlusten lediglich gelungen, die sowjetischen Kräfte in ihrem Landekopf etwa einen Kilometer weit zurückzudrängen.

Bis dahin hatte die sowjetische Luftwaffe nur träge reagiert und so den schlimmen Verdacht aufkommen lassen, sie könnte in ihre vor Stalingrad üblichen Methoden zurückverfallen sein. Dieser Eindruck täuschte jedoch. Die sowjetische Luftwaffenführung wußte, was sie tat. Sie wollte ihre Einsatzstärke nicht stückweise vergeuden, während sie auf das Eintreffen dreier Fliegerkorps aus der Reserve des sowjetischen Oberkommandos – mit weiteren 300 Kampfflugzeugen – wartete, deren Verlegung ins Kampfgebiet befohlen worden war. Ab dem 20. April waren die Sowjets für den Kampf um die Luftherrschaft über dem Kuban gerüstet.

Sie erschienen früh, sie waren kampfstark, und sie schlugen hart zu. Um 10 Uhr – nur eine halbe Stunde vor einem geplanten Großangriff der deutschen Truppen auf den sowjetischen Landekopf – griff ein Verband von 60 russischen Bombern, die von 30 Jägern begleitet wurden, die deutschen Bereitstellungsräume an. Dicht dahinter folgte eine zweite Welle mit 100 Flugzeugen. Die deutsche 17. Armee, deren Angriffszeitplan von Anfang an durcheinandergeraten war, sah sich den ganzen Tag über energischen sowjetischen Störangriffen ausgesetzt. Bei Einbruch der Dunkelheit zeigte sich dann, daß es den Russen gelungen war, ihre Stellungen am Myschako zu halten.

Bei Tagesanbruch am 21. April erhöhte die deutsche wie die sowjetische Luftwaffe ihren Einsatz in dem verzweifelten Ringen um die Luftherrschaft. Luftmarschall Werschinin, der die Kämpfe den ganzen Tag lang von seinem Gefechtsstand in der Nähe des Dorfes Abinskaja aus beobachtete, schätzte später, er habe durchschnittlich alle zehn Minuten ein getroffenes Flugzeug abstürzen sehen.

Auch General Alexander Nowikow, der als Vertreter des Oberkommandos an den Kuban gekommen war, um einen vorgeschobenen Gefechtsstand zu besuchen, wurde Zeuge eines denkwürdigen Luftkampfs. Leutnant N. W. Rychlin, der eine Il-2 Sturmowik ohne Jagdschutz flog, wurde plötzlich von vier auf ihn herabstoßenden deutschen Jägern angegriffen. Während der sich daraus entwickelnden wilden Kurbelei schossen Rychlin und sein Bordschütze zwei der feindlichen Maschinen ab. Obwohl Rychlin verwundet und sein Sturmowik beschädigt war, landete er sicher auf einem nahe gelegenen Flugplatz – wo er und sein Bordschütze vom Oberbefehlshaber der sowjetischen Luftwaffe sofort in Anerkennung ihrer Tapferkeit im Gefecht befördert wurden.

Am 24. April 1943 gaben die Deutschen den Versuch auf, die Rote Armee aus ihrem Landekopf am Myschako zu vertreiben, und bereiteten sich auf die Abwehr einer bevorstehenden sowjetischen Offensive vor, mit der die Russen die Tamanische Halbinsel zurückerobern wollten. Sie begann am 29. April um 7.40 Uhr mit einem dreistündigen Großangriff von 144 sowjetischen Bombern, 82 Erdkampfflugzeugen und 265 Jägern auf deutsche Stellungen im Raum Krymskaja, einem nordwestlich von Noworossisk gelegenen Eisenbahnknotenpunkt.

Die deutsche Luftwaffe setzte sich energisch zur Wehr. Ihre Flieger kämpften sieben harte Wochen lang Tag und Nacht mit den Sowjets um die Luftherrschaft über dem Kuban-Brückenkopf. Luftkämpfe zwischen einzelnen Flugzeugen wirkten als Magnet: Sie lockten weitere Piloten an, die den Luftraum durchstreiften, und entwickelten sich zu Gefechten zwischen zahlreichen Maschinen. „Es begann damit", erinnerte sich ein sowjetischer Jagdflieger, „daß eine herabstoßende Me 109 einen Angriff durch eine Jak auslöste, wodurch wiederum der ‚Kettenhund' des Angegriffenen in den Kampf verwickelt wurde. Wenig später erschien eine LaGG, der rasch eine P-39 Cobra folgte." Innerhalb weniger Minuten konnten bis zu 100 Flugzeuge in diese Kämpfe verwickelt sein – mit „dem Aufblitzen von Leuchtspurgeschossen, dem Hämmern von MG-Feuer, Flaksprengwolken und wilder Kurbelei in unterschiedlichen Höhen".

Auch aus diesem Durcheinander ragten jedoch einzelne Piloten als außergewöhnlich begabte Jagdflieger heraus. Beispielsweise führte Leutnant Dmitri Glinka, ein Ukrainer mit buschigen Augenbrauen, am 29. April eine Gruppe von sechs aus Amerika gelieferten Jagdflugzeugen P-39 über Krymskaja zum Angriff auf einen deutschen Verband mit 60 Bombern Ju 88. Bei den sich daraus entwickelnden Luftkämpfen schoß Glinka drei Bomber ab. Während der Kämpfe am Kuban erzielte er 21 bestätigte Abschüsse (sein Bruder Boris erzielte zehn) und konnte damit fast die Hälfte der 50 Abschüsse verbuchen, mit denen er dann bei Kriegsende an vierter Stelle der erfolgreichsten sowjetischen Jagdflieger stand.

Die Brüder Glinka waren keineswegs die einzigen, die sich auszeichneten: Alexander Pokryschkin, unterdessen allgemein als äußerst begabter taktischer Neuerer anerkannt, war einer der beiden Piloten mit 20 Abschüssen am Kuban. Mindestens neun weitere Piloten schossen zehn oder mehr deutsche Flugzeuge ab.

Solche Zahlen sagten viel über den russisch-deutschen Luftkrieg im Vergleich zu den Kämpfen im Westen aus, wo die Jagdflieger erheblich weniger Abschüsse erzielten. Die für die Erdkampfunterstützung notwendigen niedrigen Angriffshöhen ließen den Flugzeugführern nur wenig Raum für Ausweichmanöver und trugen dadurch zu den hohen Verlusten bei. Dazu kam, daß die in Rußland eingesetzten Flieger keineswegs zu regelmäßigen Erholungspausen aus dem Kampf gezogen wurden, sondern sich im allgemeinen wochen- oder gar monatelang im Einsatz befanden. In diesen längeren Kampfperioden hatten sie reichlich Gelegenheit, Abschüsse zu erzielen.

Merkwürdigerweise bestand kaum ein Zusammenhang zwischen den Erfolgen in der Luft und den viel geringeren Erfolgen am Boden. Obwohl die Sowjets unterdessen die Luftherrschaft erkämpft hatten, erzielte ihre 56. Armee nur geringe Geländegewinne. Am 4. Mai fiel schließlich Krymskaja, nachdem die Angreifer auf 25 Kilometer Frontbreite nur insgesamt zehn Kilometer vorangekommen waren. Und erst am 26. Mai erneuerten die Russen ihre Offensive.

Dieser Offensive ging ein Luftangriff voraus, wie er von da an zum Standardrepertoire der sowjetischen Luftwaffe gehörte. Nach dem Angriffsbeginn um 6.30 Uhr versuchten russische Flugzeuge drei Stunden lang fast unaufhörlich, eine sechs Kilometer breite Sturmgasse für die mit Panzerunterstützung angreifende eigene Infanterie zu schaffen. Während 150 Jäger den Jagdschutz übernahmen, belegte eine aus 84 Bombern bestehende erste Welle dieses Gebiet mit Sprengbomben. Danach folgten zwei Wellen mit 36 und 49 Sturmowiks, die im Tiefstflug in Baumwipfelhöhe heranbrausten und die deutschen Stellungen aus Kernschußweite angriffen. Als die sowjetischen Bodentruppen zum Angriff antraten, wurden erstmals Sturmowiks dazu eingesetzt, einen der Tarnung dienenden Rauchvorhang zu erzeugen.

Alle Bemühungen erwiesen sich als vergeblich. Nachdem die Rote Armee Geländegewinne von drei bis fünf Kilometern erzielt hatte, blieb ihr Angriff liegen. Die sowjetischen Bodentruppen konnten nur hilflos zusehen, wie über ihnen die Luftschlacht mit unverminderter Heftigkeit anhielt. Doch allmählich gewann die Rote Luftwaffe die Oberhand.

Die Erfolgsmeldungen beider Seiten waren vermutlich übertrieben. Nach sowjetischen Quellen flog die Rote Luftwaffe während der Kämpfe um den Kuban-Brückenkopf 35 000 Einsätze und zerstörte dabei 1100 deutsche Flugzeuge – also mehr, als die feindliche Luftwaffe zu Beginn der Luftschlacht besessen hatte. Was ihre eigenen Verluste betraf, bezeichneten die Sowjets sie lediglich als „erheblich geringer". Die Deutschen setzten den sowjetischen Angaben die riesige Zahl von 2280 angeblich zerstörten feindlichen Flugzeugen entgegen. Aber als die Kampfhandlungen am 7. Juni 1943 abflauten, weil der Schwerpunkt inzwischen in einem anderen Frontabschnitt lag, und der für das Kubangebiet zuständige sowjetische Militärrat eine Siegesmeldung herausgab, versuchte nicht einmal der lauteste deutsche Propagandist, sie zu widerlegen.

Unterdessen wurden im Norden riesige Truppenmassen zusammengezogen. Hier bereiteten die Deutschen ihre dritte Sommeroffensive vor – und die Sowjets legten einen Köder für sie aus, um die Falle endgültig zuschnappen zu lassen.

Von den erbitterten Kämpfen, die ein Merkmal des sowjetisch-deutschen Krieges waren, dürfte der fast unwirkliche Kampf, der um – und über – Kursk tobte, der erstaunlichste sein. In die Militärgeschichte ging die Schlacht von Kursk als gigantische Panzerschlacht ein. Das war sie allerdings. Aber sie war auch ein Schauplatz für die Verwirklichung der sowjetischen Kriegslehre, die bei Großangriffen das Zusammenwirken von Luftwaffe, Panzern, Artillerie und Infanterie forderte und nach deren Begriffen der Triumph einer Waffe zugleich den aller übrigen bedeutete. Obwohl auf beiden Seiten noch erschreckende Verluste hingenommen werden mußten, strebten die im Verbund kämpfenden sowjetischen Waffengattungen nach Kursk unaufhaltsam einem endgültigen Sieg entgegen, der in Wirklichkeit schon damals feststand.

Angesichts des Zustandes seines Ostheeres und der Anforderungen, die andere Fronten an seine Mittel und Möglichkeiten stellten, war Hitlers Angriffsplan für das Jahr 1943 in Rußland beschränkt – und realistisch. Durch die Kämpfe nach dem Fall Stalingrads war etwa in der Mitte der langen deutschen Ostfront ein riesiger, mit sowjetischen Kräften besetzter Frontvorsprung entstanden. Dieser rund 150 Kilometer nach Westen ragende Bogen, in dessen Mitte die Stadt Kursk lag, war etwa 250 Kilometer lang. Mit ihrer Vorkriegsbevölkerung von 120 000 Einwohnern war die Stadt verhältnismäßig unbedeutend. Eine gewisse Bekanntheit

Während der Schlacht um Kursk im Juli 1943 stößt eine Il-2 Sturmowik mit deutlich sichtbarem Mündungsfeuer ihrer beiden 37-mm-Kanonen auf deutsche Stellungen herab. In dieser Schlacht, die von entscheidender Bedeutung war, wurden fast 1000 Erdkampfflugzeuge eingesetzt.

hatte sie durch eine nach ihr benannte regionale magnetische Anomalie erworben, die Kompasse in diesem Gebiet nutzlos machte.

Mit ihrem Angriff, der unter dem Decknamen *Zitadelle* lief, verfolgten die Deutschen kein ehrgeizigeres Ziel, als ihre Front zu stabilisieren, indem sie den sowjetischen Frontvorsprung abschnitten und dadurch starke sowjetische Kräfte mitsamt riesigen Materialmengen einkesselten. Der ursprünglich für Mai 1943 angesetzte Angriff wurde verschoben, weil Hitler seine neuen Panzer der Typen Tiger und Panther einsetzen wollte.

Trotz der beschränkten Zielsetzung des Unternehmens *Zitadelle* waren die deutschen Vorbereitungen so gründlich wie stets zuvor. Unter anderem begann die Luftwaffe ein umfangreiches Programm zum Bau von Feldflugplätzen, deren Fertigstellungstermine auf das zeitlich versetzte Eintreffen fliegender Verbände abgestimmt wurden, die aus Deutschland, Norwegen, Frankreich und anderen Abschnitten der Ostfront abgezogen worden waren. Nach Abschluß der Angriffsvorbereitungen verfügte die im Raum Belgorod-Charkow südlich des Frontvorsprungs liegende Luftflotte 4 über rund 1100 Flugzeuge, während die Luftflotte 6 im Raum Orel im Norden des geplanten Kessels 730 Maschinen besaß.

Unglaublicherweise waren die Russen über alles informiert, was der Gegner unternahm oder auch nur plante – dank der außerordentlichen Anstrengungen Rudolf Rösslers, der als sowjetischer Spion den Decknamen Lucy trug und dessen Verbindungen sogar bis ins deutsche Oberkommando hineinreichten.

Aus diesen Warnungen zogen die Sowjets Konsequenzen in einem bisher noch nie dagewesenen Ausmaß: Sie stopften ihren Frontvorsprung bei Kursk geradezu mit Menschen und Material voll: mit 1,3 Millionen Soldaten, 20 000 Geschützen und Granatwerfern, 3600 Panzern und Sturmgeschützen sowie 2900 Flugzeugen – 1060 Jägern, 940 Schlachtflugzeugen, 500 Tagbombern und 400 Nachtbombern –, die hauptsächlich von der 2. und 16. Luftarmee gestellt wurden.

Aber die russische Planung ging weit über eine bloße Verteidigung des Frontvorsprungs hinaus: Entlang einer Nord-Süd-Linie hinter dem Kursker Bogen waren gewaltige Reserven bereitgestellt, um in der ersten Phase einer sowjetischen Großoffensive die deutschen Flanken anzugreifen. Insgesamt standen General Nowikow sechs schlagkräftige Luftarmeen mit 5400 Flugzeugen zur Verfügung.

Am 1. Juli 1943 gab Hitler seinen Befehlshabern Weisung, vier Tage später anzugreifen. Bis zum Abend hatte Lucy die Russen über diese Entscheidung informiert. Die Bühne war bereit, das Ensemble war versammelt, die Akteure beherrschten ihre Rollen – und dennoch verpatzte die sowjetische Luftwaffe ihren ersten Einsatz.

Am 5. Juli dröhnten um 3.00 Uhr morgens über 1000 Motoren, als sich deutsche Piloten auf sieben Flugplätzen im Raum Charkow startbereit machten, um ihre Schlagkraft mit der Kampfkraft der Panzer zum ersten Angriff des Unternehmens *Zitadelle* zu kombinieren. Bevor die Maschinen jedoch starten konnten, fiel deutschen Horchfunkstellen eine starke Zunahme des russischen Funkverkehrs auf. Wenig später meldeten Funkmeßstationen den Anflug großer feindlicher Verbände.

Die Sowjets griffen mit starken Kräften an. Um die deutsche Luftwaffe auszuschalten, bevor das Unternehmen *Zitadelle* richtig anlaufen konnte, hatte die sowjetische Luftwaffenführung über 400 Pe-2, Il-2 Sturmowiks, Jak-1, Jak-9 und La-5 entsandt, die die Aufgabe hatten, die Flugplätze im Raum Charkow anzugreifen.

Auf deutscher Seite schlängelten sich 200 Me 109 durch die auf den Flugplätzen bereitstehenden Bomberverbände, hoben im Alarmstart ab und stiegen sofort auf 3000 Meter. Als die tiefer fliegende sowjetische Armada im Morgendunst sichtbar wurde, stürzten sich die deutschen Jäger auf sie. Da die Angreifer den Vorteil der größeren Höhe und das Überraschungsmoment auf ihrer Seite hatten, konnten sie die sowjetischen Maschinen zu Dutzenden abschießen. „Ein seltenes Schauspiel!" erinnerte sich ein deutscher Luftwaffenkommandeur. „Überall brennende und abstürzende Flugzeuge." Innerhalb weniger Minuten wurden schätzungsweise 70 russische Maschinen abgeschossen und die überlebenden Verbände zersprengt. Damit hatten die Deutschen den russischen Angriff abgewehrt, ohne einen einzigen Jäger verloren zu haben.

Die Sowjets mußten für ihren unzulänglich vorbereiteten und unbeholfen durchgeführten Angriff an diesem 5. Juli noch schwer büßen. Sie hatten für dieses Unternehmen einen beträchtlichen Teil ihrer Jagdflugzeuge aus dem Südabschnitt eingesetzt. Als die deutschen Panzerspitzen jetzt in die russischen Stellungen einbrachen, waren von den Jägern, die an dem Angriff teilgenommen hatten, nur noch wenige imstande, die zugleich in Schwärmen angreifenden deutschen Flugzeuge zu bekämpfen. Auch im Norden blieb der Einsatz der sowjetischen Luftwaffe aus nicht mehr festzustellenden Gründen ähnlich träge. Insgesamt gesehen, hatte Nowikow keinen Grund zur Zufriedenheit – und er zeigte dies, indem er eine ganze Anzahl höherer Offiziere ablösen ließ.

Am nächsten Tag leistete die sowjetische Luftwaffe etwas entschlossener Widerstand, und am 7. Juli machte sich dann bei den Großangriffen, die 13 deutsche Panzerdivisionen dezimierten, die zahlenmäßige Überlegenheit der Russen bemerkbar. Im Kampf gegen die Panzeransammlungen vor sowjetischen Stellungen befanden sich vor allem die Sturmowiks in ihrem Element. Die mit Hohlladungsbomben ausgerüsteten Schlachtflugzeuge erwiesen sich als Geißel der feindlichen Panzerwaffe.

„Im allgemeinen versuchten wir, von hinten anzugreifen", schrieb der Sturmowik-Pilot Alexander Jefimow, „wo die Panzerung schwächer war und die verwundbarsten Teile der Fahrzeuge lagen: die Motoren und

Kraftstofftanks." Und er fügte hinzu: „Wir waren beeindruckt, als Hitlers berühmte Tiger nach den Angriffen brannten."

Unterdessen hatten die Sturmowik-Piloten Angriffsmethoden entwickelt, die beweglich genug waren, um sich unterschiedlichen Situationen anzupassen. Zur Bekämpfung von Panzern in geschlossenen Kampfverbänden bildeten die Il-2, die im allgemeinen in Gruppen von acht bis zwölf Maschinen flogen, ihren sogenannten Todeskreis. Marschierende Panzerkolonnen wurden von den Sturmowiks dagegen im direkten Anflug oder in S-Kurven angegriffen. Dabei beobachtete Jefimow mit kühlem Interesse: „Die größte Wirkung hatten Panzerbomben, die aus 100 bis 150 Meter Höhe geworfen wurden."

Sturmowiks sowie zweimotorige Bomber und Jagdbomber wurden auch gegen die Flugplätze eingesetzt, von denen aus die deutsche Luftwaffe in die Kämpfe um den Kursker Bogen eingriff. Jefimow erinnerte sich mit großer Befriedigung an einen dieser Angriffe im Morgengrauen. „Die Hitleristen rechneten nicht mit unserem Angriff", schrieb er. „Auf dem Flugplatz regte sich eben erst Leben. Auf den Abstellplätzen standen die Flugzeuge dicht nebeneinander aufgereiht." Wie Jefimow schilderte, griff der sowjetische Verband im Tiefflug an und „warf Bomben mit Zeitzündern direkt auf die faschistischen Bomber. Sekunden später erfolgte eine

Zur Unterstützung sowjetischer Artillerie fliegen Il-2 Sturmowiks im Juli 1943 in niedriger Höhe über das Schlachtfeld von Kursk. Die hier abgebildete „Peleng"-Formation – eine Kette – wurde im Schlachtfliegereinsatz bevorzugt. Aus ihr konnten die Maschinen leicht über eine Tragfläche abkippen, um einen Angriffskreis zu bilden.

gewaltige Explosion. Die feindlichen Flugzeuge brannten. Der Flugplatz war in schwarzen Rauch gehüllt."

Da solche Einsätze über verhältnismäßig große Entfernungen hinweg durchgeführt wurden, stellte das Gebiet um Kursk mit seiner eintönigen Landschaft und der magnetischen Anomalie, die Kompasse störte, die Flugzeugführer vor besonders hohe Anforderungen. „Bei der Rückkehr vom Einsatz", schrieb der Jak-9-Pilot Sergei D. Luganskij, „kreisten wir manchmal lange über der Steppe und versuchten, unseren Flugplatz zu entdecken. Wir flogen weiter, kreisten erneut, sahen uns um. Steppe, überall nur Steppe. Man brannte darauf, irgendeinen Ausweg aus dieser Klemme zu finden, aber das Gelände blieb einem völlig fremd. Es war unmöglich, sich nach dem Kompaß zu orientieren – eine Folge der Kursker Magnetanomalie. Was, zum Teufel, sollte ich tun?"

Als Luganskij nach einem Einsatz die Orientierung verloren hatte, erkannte er unter sich eine marschierende Infanteriekolonne. „Ich bemühte mich, das Flugzeug im Horizontalflug zu halten, was nicht ganz leicht war", erinnerte er sich, „riß ein Stück Papier ab und kritzelte mit Bleistift darauf: ‚Wo liegt Nowy Oskol? Zeigt mir die Richtung.' Dann steckte ich den zusammengeknüllten Zettel in einen Handschuh, flog tief über die Infanteristen und warf den Handschuh ab. Die Marschierenden stürzten sich darauf. Wenig später zeigten Dutzende von Händen in die Richtung, in die ich fliegen mußte."

Am 9. Juli 1943, als Nowikow große Teile seiner Reserven einsetzte, war die sowjetische Luftwaffe eindeutig dabei, die Oberhand zu gewinnen. Beispielsweise hatte die deutsche Luftwaffe am ersten Tag der Schlacht gegen einen 40 Kilometer breiten und nur elf Kilometer tiefen Frontabschnitt im Raum Orel 2800 Einsätze geflogen. Diese Zahl war jetzt auf 350 Einsätze gesunken, während die der sowjetischen Einsätze in diesem Gebiet bei über 1000 lag.

Für Jagdflieger boten sich bei dem starken Luftverkehr im Raum Kursk ausgezeichnete Möglichkeiten. Leutnant Alexei Gorowez erzielte neun Abschüsse, als er mit seiner Jak-9 ganz allein einen Stuka-Verband mit 20 Maschinen angriff; er wurde dabei jedoch selbst abgeschossen. Fast ebenso bemerkenswert war die Leistung Alexei Maresjews, eines La-5-Piloten, der in zwei Tagen fünf feindliche Maschinen zerstörte – und das trotz der Tatsache, daß er mit Prothesen flog. Er hatte beide Beine verloren, als er bei Kriegsbeginn abgeschossen worden war *(S. 155)*.

Praktisch unbeachtet inmitten des allgemeinen Gemetzels blieb ein unauffälliger Luftsieg, den der aus einer Bauernfamilie stammende 23jährige Iwan Koschedub mit seiner La-5 erzielte. Auf einem Patrouillenflug im Morgengrauen stieß Koschedubs Staffel auf einen aus 20 Maschinen bestehenden Verband Ju 87, der in Begleitung von Jägern die Front überflog. In der sich daraus entwickelnden Kurbelei setzte sich Koschedub hinter einen Stuka und begann zu schießen. Der Gegner zeigte keine Wirkung. Koschedub schoß weiter. Noch immer keine Reaktion. Als sich Koschedub fast verschossen hatte, überlegte er, ob er den Gegner rammen sollte. Im nächsten Augenblick begann der Stuka zu qualmen und stürzte wenig später ab. Dieser keineswegs brillante Luftsieg war der erste der insgesamt 62, die Koschedub bis Kriegsende zum erfolgreichsten sowjetischen Jagdflieger machen würden.

Am 12. Juli erreichte die Schlacht um Kursk ihren Höhepunkt in der Nähe des Dorfes Prochorowka, wo über 1400 Panzer in wilden Nahkämpfen aufeinanderprallten, die bei Tagesanbruch begannen und erst im Mondschein endeten. Auch für die Piloten, die am raucherfüllten Himmel über dem Schlachtfeld kämpften, war dies ein schlimmer Tag.

„Der Himmel ist voller Flugzeuge", schrieb später ein Jak-Pilot, „Messerschmitts und Lawotschkins, Focke-Wulfs und Jakowlews, Iljuschins und Junkers, Petljakows und Heinkels." Der Jagdflieger erinnerte sich an einen Luftkampf mit einer Gruppe Ju 88: Die feindlichen Maschinen „rasten von links und rechts so dicht an mir vorbei, daß ich das Gefühl hatte, mit einem ihrer Piloten einen Blick gewechselt zu haben. Die Bordschützen hatten keine Gelegenheit, das Feuer zu eröffnen. Sie schienen sich wie wir erstmals in einer Situation dieser Art zu befinden und nicht gleich zu wissen, was sie tun sollten." „Es war beängstigend", sagte ein anderer russischer Jagdflieger. „Überall kurvten und stürzten deutsche und sowjetische Jäger. Befand man sich im Kampf mit einer anderen Maschine, spielten sich dazwischen noch mehrere andere Luftkämpfe ab. Die Zusammenstoßgefahr war riesengroß."

Da beide Seiten alle Reserven in den Kampf geworfen hatten, waren die Kämpfe bei Prochorowka vorerst – zu Lande und in der Luft – unentschieden ausgegangen. Beide Seiten rechneten mit einem Wiederaufflammen am nächsten Tag. Aber dazu kam es nicht mehr: Am 13. Juli entschied Hitler, dem die Invasion der Alliierten in Sizilien Sorgen machte, weil sie den Einsatz weiterer deutscher Truppen erforderte, das Unternehmen *Zitadelle* sei einzustellen.

Als die Deutschen bei Kursk zur Verteidigung übergingen, brachen die Dämme. Alles verlief so, wie es das sowjetische Oberkommando vorgesehen hatte: Einer massiven russischen Abwehr folgte sofort eine noch stärkere Gegenoffensive. Orel und Charkow, die beiden deutschen Aufmarschräume für das Unternehmen *Zitadelle,* wurden im August zurückerobert. Am 6. November fiel die alte ukrainische Hauptstadt Kiew wieder in sowjetische Hand, und im Dezember riegelten Kräfte der Roten Armee die Krim ab. Ende 1943 waren rund eine Million Quadratkilometer sowjetisches Gebiet befreit worden.

1944 war in jeder Beziehung das Jahr des unaufhaltsamen russischen Vormarsches. Auf breiter Front vorgehende russische Armeen entsetzten endlich Leningrad, das eine lange Leidenszeit hinter sich hatte, überfluteten die Krim und walzten alles nieder, was sich ihnen bei der Säuberung der Ukraine in den Weg stellte. Im Mai gab es nur noch ein einziges größeres russisches Gebiet, das von den Deutschen besetzt war: das riesige, unwirtliche Weißrußland mit Sümpfen, Mooren, Wäldern und Seen, zwischen der Ukraine und dem Baltikum gelegen. Das Unternehmen zur Befreiung Weißrußlands erhielt den Decknamen *Bagration* – nach Fürst Bagration, einem russischen General der Napoleonischen Kriege.

Als das für Juni 1944 angesetzte Unternehmen *Bagration* näherrückte, betrug die Monatsproduktion der sowjetischen Flugzeugindustrie etwa 3300 Maschinen. Die Rote Luftwaffe besaß jetzt rund 13 500 überwiegend moderne Flugzeuge, darunter fast 9000 Kampfflugzeuge, die den an der Front stehenden Armeen unterstellt waren. Ergänzt wurde diese imposante Luftflotte durch rund 10 900 amerikanische Flugzeuge, die im Rahmen des 1941 angelaufenen Leih-Pacht-Programms unter großen Opfern in die Sowjetunion verschifft worden waren.

Angesichts der amerikanischen Großzügigkeit war es eine Ironie des Schicksals, daß die amerikanischen Heeresluftstreitkräfte am Vorabend des Unternehmens *Bagration* eine der schlimmsten Katastrophen dieses Krieges erleben mußten. Bestenfalls war dies eine Folge sowjetischer Nachlässigkeit, schlimmstenfalls aber das Ergebnis stillschweigender Duldung durch den Kreml.

Das Verhältnis zwischen der Sowjetunion und den Vereinigten Staaten war von Anfang an schwierig gewesen. Und die Lieferungen im Rahmen des Leih-Pacht-Programms hatten keineswegs als Balsam, sondern im Gegenteil als Reizmittel gewirkt. Die Sowjets forderten immer höhere Lieferungen, beschwerten sich ständig und kritisierten in unzähligen offiziellen Stellungnahmen die Qualität der amerikanischen Flugzeuge.

Die sowjetische Haltung war allerdings bis zu einem gewissen Grad gerechtfertigt. Das Leih-Pacht-Programm war nur sehr langsam in Gang gekommen, was zum Teil an der schwerfälligen Bürokratie lag. Bis Ende 1942 waren erst 1440 Flugzeuge der insgesamt 18 588 Maschinen eingetroffen, die die Rote Luftwaffe bis Kriegsende erhalten sollte. Wegen unvermeidbarer Entwicklungsschwierigkeiten – die amerikanische Industrie bemühte sich, globalen Anforderungen gerecht zu werden – waren viele der im Anfangsstadium dieses Programms in die Sowjetunion verschifften Flugzeuge nicht sofort einsatzfähig. Beispielsweise hatten die ersten dorthin gelieferten Curtiss P-40 Tomahawks fehlerhafte Lichtmaschinen und kamen ohne Ersatzteile an.

Andere Flugzeugmuster erwiesen sich jedoch als sehr brauchbar – vor allem die Douglas A-20 Havoc, ein schneller, zweimotoriger leichter Bomber, der allen vergleichbaren sowjetischen Maschinen überlegen war. Die Sowjetunion erhielt über 2900 A-20. Ein weiterer Star für die Sowjets war die Bell P-39 Airacobra, von der die Rote Luftwaffe über 4700 erhielt, zu denen noch 2402 Exemplare der Weiterentwicklung P-63 King Cobra kamen. Vor allem diese beiden Flugzeuge eigneten sich ausgezeichnet für die Ostfront. Sie waren robust, einfach zu fliegen, schnell, wendig und mit einer durch die Luftschraubennabe schießenden 37-mm-Kanone bewaffnet. Russische Piloten, die dieses Muster flogen – unter ihnen Alexander Pokryschkin – nannten es liebevoll *britschik* oder „kleiner Rasierer".

Das waren die Voraussetzungen, unter denen die Vereinigten Staaten Ende 1943 offiziell um Erlaubnis ersuchten, sowjetische Flugplätze für Luftangriffe auf Ziele in Deutschland und den besetzten Staaten Osteuropas benutzen zu dürfen. Tatsächlich bestand ein entsprechender Bedarf: Von englischen und italienischen Flugplätzen aus geflogene Angriffe bedeuteten, daß die amerikanischen Bomber der deutschen Luftabwehr sehr lange ausgesetzt waren. Die Mitbenutzung russischer Flugplätze, die den Zielen viel näher lagen, würde die Menschen- und Materialverluste verringern. Stalin zögerte die Beantwortung dieser Anfrage immer wieder hinaus und erteilte seine Zustimmung erst im März 1944 – allerdings nicht ohne schwerwiegende Einschränkungen. Statt der sechs Stützpunkte, die die Amerikaner hatten benutzen wollen, genehmigte er ihnen nur drei: Poltawa, Mirgorod und Pirjatin, alle in der Ukraine im Großraum Kiew gelegen. Und statt der vorgeschlagenen 2100 Mann Bodenpersonal sollten nur 1200 Amerikaner in die Sowjetunion kommen dürfen. Die Ziele für die amerikanischen Bomber sollten nicht von amerikanischen, sondern von sowjetischen Stellen festgelegt werden. Außerdem würden russische Jäger den Schutz der Flugplätze übernehmen; amerikanische Jagdflugzeuge sollten sich nicht einmal daran beteiligen dürfen.

Am 2. Juni 1944 um 14.24 Uhr setzte die erste von 64 B-17 Flying Fortresses, aus Italien kommend, auf der regennassen Landebahn in

Eine Galerie der Jagdflieger-Asse

Ein Maßstab für die phantastische Schlagkraft der wiedererstarkten Roten Luftwaffe war die Zahl der Asse (Jagdflieger mit mindestens fünf Abschüssen) in ihren Reihen. Bei Kriegsende hatten über 200 sowjetische Jagdflieger mindestens 20 deutsche Flugzeuge abgeschossen; 50 Piloten hatten mindestens 30 Luftsiege errungen, und 895 Flieger hatten die höchste Tapferkeitsauszeichnung „Held der Sowjetunion" erhalten. Die beiden erfolgreichsten Jagdflieger, Major Iwan Koschedub (62 Abschüsse) und Oberst Alexander Pokryschkin (59 Abschüsse), waren dreimal mit dem goldenen Heldenorden ausgezeichnet worden.

Koschedub stellte den sowjetischen Rekord auf, obwohl er den halben Krieg verpaßt hatte. Als hervorragender Fluglehrer kam er lange nicht an die Front, bis er im Juli 1943 in die Luftschlacht um den Kursker Bogen geworfen wurde. Einmal erzielte er innerhalb von zehn Tagen elf Luftsiege. Nach jedem Abschuß wurde nach sowjetischem Brauch ein kleiner roter Stern auf seine Maschine gemalt.

Weniger erfolgreiche Asse wurden durch großen persönlichen Einsatz zu Helden der Sowjetunion. Manche, wie Oberleutnant Michail Baranow (24 Abschüsse), der sich mit seinem beschädigten Flugzeug auf eine deutsche Panzerkolonne stürzte, opferten sich für ihr Vaterland. Andere überwanden gewaltige Hindernisse. Zu diesen Männern gehörte Major Alexei Maresjew (19 Abschüsse), dessen Füße bei einer Notlandung hinter den feindlichen Linien zerquetscht wurden. Maresjew kroch trotz großer Schmerzen 19 Tage lang durch den Schnee. In dieser Zeit ernährte er sich von Ameisen, Beeren und Igeln. Nachdem er schließlich gerettet worden war, mußten ihm beide Beine amputiert werden. Ein Jahr später saß Maresjew wieder in einem Jagdflugzeug und erzielte weitere sieben Abschüsse.

Die sowjetischen Asse (von links nach rechts) A. Trud, A. Pokryschkin, G. Retschkalow und N. Gulajew erzielten insgesamt 198 Abschüsse.

Major Iwan Koschedub läßt sich im Jahre 1944 nach einem Feindflug neben seinem Lawotschkin-Jäger La-5N photographieren. Die russische Aufschrift auf dem mit Spenden der Zivilbevölkerung gekauften Flugzeug verkündet stolz: „Von dem Kolchosebauern Wasili Konjew."

Mit dem goldenen Stern eines Helden der Sowjetunion an der Brust steht Major Iwan Kleschtschew neben der Jak-1, mit der er bis zu diesem Zeitpunkt 16 feindliche Flugzeuge zerstört hat.

Oberleutnant Michail Baranow winkt freundlich lächelnd aus dem Cockpit seines Jägers Jak-1.

Fregattenkapitän Boris Safanow konnte mit seiner englischen Hurricane 22 Abschüsse erzielen.

Der an beiden Beinen amputierte Alexei Maresjew, der sich hier von den Folgen seiner Notlandung hinter den deutschen Linien erholt hat, flog mit seinen Prothesen wieder Einsätze.

Major Pjotr Pokryschew, 1942 während der deutschen Belagerung einer der Verteidiger Leningrads, steht neben seiner amerikanischen P-40E Warhawk. Bei 60 Luftkämpfen erzielte er 22 Abschüsse. Außerdem war er an weiteren sieben Luftsiegen von Kameraden beteiligt.

Poltawa auf, nachdem sie unterwegs den Güterbahnhof der ungarischen Stadt Debreczin bombardiert hatte. Wenig später landeten weitere 65 B-17 in Mirgorod, während die 70 Begleitjäger P-51 in Pirjatin aufsetzten.

Die Amerikaner wurden von ihren sowjetischen Gastgebern durchaus freundlich empfangen. General Alexander Nowikow gab Generalleutnant Ira Eaker, dem zigarrenrauchenden amerikanischen Befehlshaber, sogar einen Tip, wie die bei jeder Zusammenkunft von Fliegern beider Nationen üblichen endlosen Trinkgelage zu überstehen waren: Ein zuvor gegessener Apfel, vertraute Nowikow dem Amerikaner an, absorbiere den Wodka und lasse selbst starke Trinker auf den Beinen bleiben.

Bis zum 21. Juni 1944 hatten Maschinen der amerikanischen 15. Luftflotte drei Angriffe geflogen. An diesem Tag startete in England ein riesiger Verband mit rund 2500 Bombern und Jägern und nahm Kurs auf Berlin. Kurz vor der Reichshauptstadt trennten sich 114 B-17 Flying Fortresses und 70 P-51 Mustangs vom Hauptverband und bombardierten ein Hydrierwerk für synthetischen Treibstoff in dem 120 Kilometer südlich von Berlin liegenden Ruhland. Dann flog dieser kleinere Verband zu sowjetischen Flugplätzen weiter.

Er hatte jedoch Gesellschaft. Als Meldungen deutscher Bodenstationen erkennen ließen, daß die amerikanischen Maschinen nach Rußland abflogen, erhielt eine einzelne He 177 der deutschen Luftwaffe den Auftrag, die Amerikaner zu beschatten. Die He 177 folgte dem amerikanischen Verband in angemessener Entfernung in die Sowjetunion hinein und beobachtete, wie 73 der B-17 in Poltawa landeten. Die meisten amerikanischen Jäger setzten in Pirjatin auf, während die restlichen Maschinen nach Mirgorod weiterflogen.

An diesem Abend feierten die Amerikaner den Erfolg ihres Angriffs gemeinsam mit ihren russischen Gastgebern in Poltawa. Diese kameradschaftliche Siegesfeier war in vollem Gange, als um 23.35 Uhr ein russischer Soldat mit einer Meldung für Generalmajor A. R. Perminow, den Kommandanten des Flugplatzes Poltawa, hereineilte. „Deutsche Flugzeuge haben die sowjetischen Linien überflogen", teilte Perminow seinen Gästen mit, „und befinden sich im Anflug hierher." Wenig später heulten die Luftschutzsirenen. Aber Perminow wirkte keineswegs besorgt, und Gastgeber wie Gäste blieben im Kasino. Der russische Soldat kam mit einer zweiten Warnung. Auch diese Meldung wurde ignoriert. Erst als ihm eine dritte Warnung überbracht wurde, sagte Perminow endlich: „Ich glaube, wir sollten in die Splittergräben gehen."

Draußen war die Nacht still und dunkel, als um 0.30 Uhr viele Dutzend Flugzeugmotoren heranorgelten und Fallschirmleuchtbomben, die ein aus 200 Ju 88 und He 111 bestehender deutscher Verband abwarf, den Platz in gleißend helles Licht tauchten. Die 73 dort abgestellten B-17 Flying Fortresses waren für die Angreifer deutlich zu erkennen. Die deutschen Maschinen flogen in aller Ruhe ihre Schleifen über dem Platz und warfen nicht weniger als 100 Tonnen Bomben.

Ein amerikanischer Offizier wandte sich schließlich an die neben ihm im Splittergraben Hockenden: „Diese verdammten Bomber fliegen jetzt seit über einer Stunde dort oben herum", sagte er. „Wo, zum Teufel, steckt denn eigentlich die Rote Luftwaffe?"

Eine berechtigte Frage! Kein einziger sowjetischer Jäger war zum Kampf gegen die Angreifer aufgestiegen. Und was das ganze noch schlimmer machte: Als die amerikanischen Kommandeure schließlich um Starterlaubnis für die in Pirjatin stehenden amerikanischen P-51 Mustangs

Ein ukrainischer Flugplatz ist im Juni 1944 nach einem deutschen Luftangriff, bei dem 47 US-Bomber B-17 Flying Fortress zerstört wurden, mit Wracks übersät.

gebeten hatten, war ihnen diese Erlaubnis von den zuständigen sowjetischen Offizieren verweigert worden.

Um 1.45 fielen keine Bomben mehr, aber die feindlichen Flugzeuge kreisten weiter über dem Platz. Um 2 Uhr griffen sie dann erneut an – diesmal im Tiefflug, wobei die Ju 88 wiederholt Angriffe mit Splitterbomben und Bordwaffen flogen. Die mörderischen Tiefangriffe dauerten 20 Minuten; erst danach drehten die Deutschen endlich ab. Sie waren völlig ungeschoren geblieben. Bis zuletzt war kein einziges alliiertes Flugzeug gestartet, um die Angreifer zu bekämpfen. Aber auf dem Flugplatz Poltawa lagen die brennenden Wracks von 47 Flying Fortresses.

Den amerikanischen Offizieren und Mannschaften, die diesen schweren Angriff hilflos über sich hatten ergehen lassen müssen, erschien es unvorstellbar, daß es sich um einen Irrtum handelte, wenn man einen großen deutschen Bomberverband ohne jede Gegenwehr über 500 Kilometer weit in den sowjetischen Luftraum hinein vorstoßen ließ. Sie waren über das Versagen der sowjetischen Jagdflieger entsetzt. Einige amerikanische Offiziere gelangten zu dem Schluß, Stalin lege es darauf an, seine unerwünschten Gäste loszuwerden. Nach Auffassung einiger Amerikaner hatte der Kalte Krieg bereits begonnen.

Bevor die eigentliche Bedeutung dieses Vorfalls klarwerden konnte, wurden die Ereignisse in Poltawa durch den Beginn des Unternehmens *Bagration* in den Schatten gestellt.

Es begann auf den Tag genau drei Jahre nachdem deutsche Männer und Maschinen die sowjetische Grenze überschritten hatten, um – wie sie zu der Zeit zuversichtlich hofften – in einem weiteren Blitzkrieg ein fremdes Land zu besiegen. Jetzt war die russische Erde mit deutschen Gefallenen und ihren abgeschossenen Panzern und Flugzeugen übersät. Das Unternehmen *Bagration* war ein voller Erfolg.

Vier sowjetische Heeresgruppen wurden von der erfahrenen 1., 4. und 16. Luftarmee sowie Teilen der 3. und 6. Luftarmee unterstützt. Insgesamt hatte die Rote Luftwaffe etwa 6000 Flugzeuge für die Offensive zusammengezogen, die Hitlers Soldaten endgültig von sowjetischem Boden vertreiben sollte. Dieser Armada konnte die deutsche Luftwaffe wenig entgegenstellen: Sie kämpfte seit Monaten, ohne eine Reserve zu besitzen, hatte schwer unter den Abnutzungsschlachten über dem Kuban-Brückenkopf und dem Kursker Bogen gelitten und wurde weiter durch die Verlegung zahlreicher Verbände geschwächt, die an die Westfront geworfen wurden, wo am 6. Juni 1944 englische und amerikanische Truppen in der Normandie gelandet waren. An der gesamten Ostfront verfügte die Luftwaffe über kaum 2000 Flugzeuge, darunter nur rund 400 Jäger.

Während sowjetische Flugzeuge pro Tag bis zu 5000 Einsätze zur vernichtenden Erdkampfunterstützung flogen, hatten die russischen Armeen die deutschen Linien bis zum 25. Juni an mehreren Stellen durchbrochen, so daß dem Gegner nur der Rückzug blieb. Ein volles Drittel der bei dieser Offensive eingesetzten Flugzeuge waren Sturmowiks, die jetzt ihre große Zeit erlebten. „Mit präzisen Tiefangriffen", schrieb Oberleutnant Jefimow, „zerschlugen sie die betonierten Geschützstellungen der Faschisten, räucherten diese aus ihren MG-Nestern aus und vernichteten Hitlers Soldaten mit Kanonen, Raketen und MG-Feuer."

Da die deutsche Luftwaffe nahezu ausgeschaltet war, hatten die Il-2 mehr vom feindlichen Abwehrfeuer als von deutschen Flugzeugen zu befürchten. Jefimow schilderte einen Aufklärungsflug, auf dem „unsere

In den letzten Kriegswochen liegen auf einem hastig geräumten Flugplatz bei Berlin zahlreiche Wracks deutscher Jagdflugzeuge – hauptsächlich moderner Fw 190. Das motorlose Flugzeug im Vordergrund rechts ist zur Beschaffung dringend benötigter Ersatzteile ausgeschlachtet worden.

Maschine von Flakgeschützen und schweren MGs getroffen wurde, wobei auch Panzer auf uns schossen. Offenbar schoß jeder, der eine Waffe besaß, denn rechts, links, vor und hinter dem Flugzeug waren verschiedenfarbene Leuchtspuren zu erkennen. Ich hörte mehrere Volltreffer."

Nach einem Flug über die feindlichen Linien setzte Jefimow zu einem zweiten an. „Die ganze Maschine war erneut in Sprengwolken von Flakgranaten gehüllt. Beim drittenmal flog ich noch tiefer. Die Faschisten verstärkten ihr Feuer", erinnerte er sich. „Wir flogen durch ein Feuermeer, ein kleines Stück Hölle. Granatsplitter prasselten gegen das Flugzeug. Die Sekunden glichen einer Ewigkeit."

Nachdem Jefimow sicher auf seinem Platz gelandet war, zählte ein Wart „über 200 große und kleine Löcher in der Maschine. Der linke Flügel war völlig zerschossen. Von der Seitenflosse waren nur noch Bruchteile übrig."

Das Ziel des Unternehmens *Bagration* war bis zum 4. Juli 1944 in jeder Hinsicht erreicht: Die deutsche Heeresgruppe Mitte, von der 1941 der Vorstoß nach Moskau angeführt worden war, hatte nahezu 350 000 Gefallene, Verwundete und Gefangene zu beklagen und existierte nicht mehr. Bis Ende August war der letzte Quadratmeter sowjetischen Bodens befreit. Der Weg nach Polen und nach Deutschland selbst lag offen vor der sowjetischen Kriegsmaschine.

Warschau fiel am 17. Januar 1945. Die sowjetische Flut strömte weiter und erreichte am 30. Januar die Flüsse Oder und Neiße. Dort, als ihre Angriffsspitzen nur noch 60 Kilometer vom Stadtrand Berlins entfernt waren, machten die sowjetischen Armeen halt – offenbar um ihre Stellung zu festigen, den Nachschub zu regeln und Umgruppierungen durchzuführen. Während dieser Kampfpause, die später zum Streit zwischen sowjetischen Generälen führen sollte, erzielten andere Kräfte große Geländegewinne auf dem Balkan.

Erst am 16. April begann der große Sprung nach Berlin. Für diese letzte Schlacht des russisch-deutschen Krieges hatte General Nowikow eine gigantische Streitmacht aus 7500 Kampfflugzeugen zusammengezogen, deren Einsätze er mit auf Kriegserfahrung beruhendem Geschick koordinierte. Trotz der Atempause, die ihr die zehnwöchige Untätigkeit der Roten Armee verschafft hatte, konnte ihm die deutsche Luftwaffe nur etwa 2200 Flugzeuge entgegenstellen, die sie mühsam zusammengebracht hatte.

Am frühen Morgen des 16. April griffen etwa 150 Nachtbomber der 4. und 16. Luftarmee bei leichtem Nebel die deutschen Stellungen auf dem Westufer der Oder an. Russische Artillerie unterstützte den Luftangriff. Im Nordabschnitt, wo sich die Oder in zwei Arme teilte, zwischen denen sumpfiges Tiefland lag, blieben einige Einheiten der Heeresverbände fast augenblicklich hoffnungslos stecken.

„Unsere Kämpfer vertrieben den Feind aus dem Gebiet am Fluß, während sie bis zu den Hüften durch schlammigen Sumpf wateten und hoch gelegene Geländepunkte und Bäume erstiegen, als die Flut von der Ostsee oderaufwärts strömte", berichtete ein Il-2-Pilot. „Unter diesen Bedingungen konnten natürlich weder Artillerie noch Panzer wirksame Unterstützung gewähren."

Die Sturmowiks kamen ihnen prompt zu Hilfe. „Die Leitstellen", fuhr der Flugzeugführer fort, „versorgten uns mit den genauen Koordinaten der anzugreifenden Ziele. Manchmal erhielten wir unsere Einsatzbefehle erst, als wir schon in der Luft waren. Fünf bis zehn Minuten später deckte unser Feuer den Feind ein und vernichtete seine Soldaten und sein Material." Später, erinnerte er sich, „kam es so weit, daß wir, nachdem wir unsere gesamte Munition verbraucht hatten – Bomben, Granaten, Raketen und gegurtete MG-Munition –, weiterhin tief über das Schlachtfeld flogen und Angst und Schrecken verbreiteten".

Weiter südlich wurde Marschall Iwan Konews 1. Ukrainischer Front der Neißeübergang durch einen Luftwaffeneinsatz erleichtert, der erstmals – ohne eindeutiges Ergebnis – bei den Kämpfen um den Kuban-Brückenkopf erprobt worden war. Ein Rauchvorhang, so erinnerte sich Konew, „wurde gegen Ende der ersten Phase der Artillerievorbereitung gelegt. Soweit ich erkennen konnte, war er gut gelungen – mächtig, ausreichend dicht und genau in der richtigen Höhe.

„Er wurde geschickt von unseren Schlachtflugzeugen gelegt. Die tief und mit hoher Geschwindigkeit fliegenden Maschinen zogen den Rauchvorhang genau das Neißeufer entlang. Dabei muß erwähnt werden, daß sie ihn vor eine 390 Kilometer lange Front zu legen hatten, nicht kürzer und nicht länger. Die Windgeschwindigkeit betrug nur einen halben Sekundenmeter, und der Rauch trieb langsam über die feindlichen Stellungen und hüllte das gesamte Neißetal ein, genau wie wir es brauchten." Nach der Überquerung von Oder und Neiße, der letzten natürlichen Verteidigungslinien auf dem Wege nach Berlin, lief die Zeit für das Dritte Reich ab. In den folgenden 14 Tagen rückte die Rote Luftwaffe so nahe an die sterbende Großstadt heran, daß sie die nach Berlin hineinführenden Autobahnen als Feldflugplätze benutzen konnte. In der Orgie aus Tod und Vernichtung stumpften die Sinne ab, und Erinnerungen verschwammen.

Ein Sturmowik-Verband befindet sich am 30. April 1945, an dem Rotarmisten auf dem Reichstagsgebäude die Rote Fahne hißten, im Flug über dem zerbombten und brennenden Berlin. Die vorderste der Maschinen trägt den Namen „Rächer".

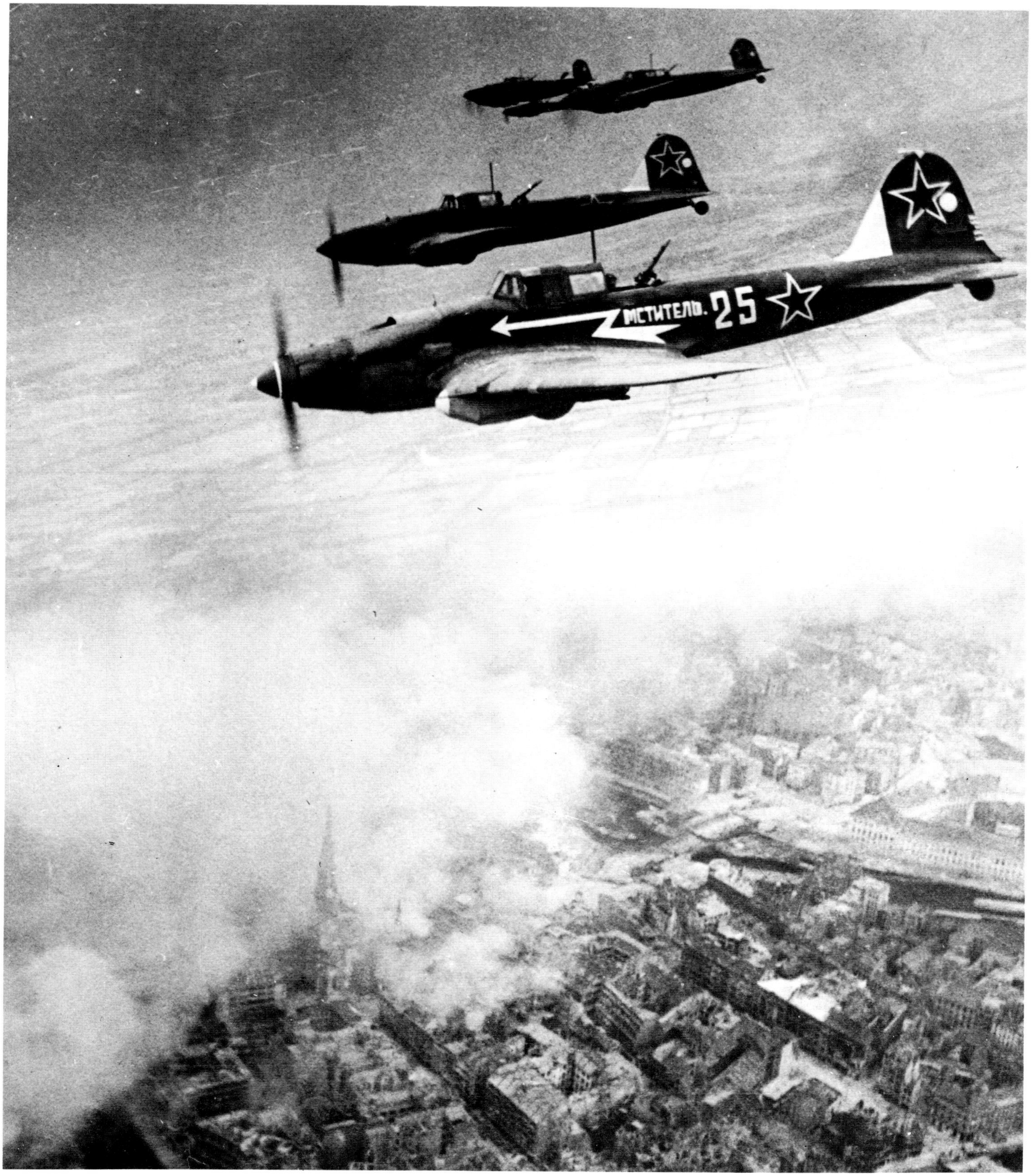
МСТИТЕЛЬ. 25

Am 30. April 1945 verübte Adolf Hitler in seinem Bunker unter den Trümmern der Reichskanzlei Selbstmord. Am 1. Mai röhrten zwei Jagdflugzeuge Jak-3 mit den Piloten Major I. A. Malinowski und Hauptmann K. W. Nowoselow in 30 Meter Höhe über die mitten durch die Stadt fließende Spree, legten sich über den Ruinen der Stadt in eine Steilkurve und rasten über die rauchenden Trümmer des Reichstagsgebäudes hinweg. Aus der Führermaschine flatterten sich entfaltende rote Banner auf die siegreichen sowjetischen Soldaten herab. Auf rotem Untergrund stand in Goldstickerei ein einziges Wort: *Pobjeda!* Sieg!

In einem bisher unvorstellbaren Ausmaße fiel den Siegern die Kriegsbeute zu. Die sorgfältig geplante Plünderung, die in den Trümmern des Dritten Reichs stattfand, sollte das moderne Fundament der sowjetischen Luftwaffe der Nachkriegszeit schaffen.

Achtzig Prozent der deutschen Flugzeugindustrie, die im Osten konzentriert worden war, um sie vor den strategischen Bombenangriffen der Engländer und Amerikaner zu schützen, fiel den Russen in die Hände – mit Konstruktionsunterlagen, Versuchsmustern, Forschungsergebnissen, Motoren, Triebwerken, Werkzeugmaschinen, Lagern und ihrer Belegschaft aus brillanten Wissenschaftlern und Ingenieuren.

Zum Zeitpunkt seiner Niederlage war Deutschland in der Entwicklung von Düsenflugzeugen und Lenkwaffen weltweit führend – während die sowjetische Luftwaffe noch immer ausschließlich Flugzeuge mit Kolbentriebwerken flog. Im Junkers-Motorenwerk Bernburg entdeckten und beschlagnahmten die Russen jetzt das neueste Düsentriebwerk Jumo 004 sowie Versuchsmuster einer verbesserten Ausführung. Bei Walter in Prag erbeuteten sie den modernsten Düsenjäger Me 262. Bei Heinkel in Warnemünde fanden sie einen leichten, preiswerten Düsenjäger, der bereits in Produktion gegangen war. Und im Werk von Focke-Wulf entdeckten sie Professor Kurt Tanks sorgfältig ausgearbeitete Pläne für einen Düsenjäger und einen weiteren Raketenjäger.

Auch einige der besten deutschen Wissenschaftler fielen den Russen in die Hände, darunter Günther Bock, der Leiter der Direktion Flugwerk der Deutschen Versuchsanstalt für Luftfahrt; Rudolf Rental, bei Messerschmitt Projektingenieur für die Raketenflugzeuge Me 163 und Me 263; Albert Betz, eine weltweit anerkannte Kapazität auf dem Gebiet gepfeilter Tragflächen; Heinkels Chefkonstrukteur Siegfried Günter und Brunolf Baade, ehemaliger Chefkonstrukteur bei Junkers.

Wenn ihnen Sicherheit, ein gutes Gehalt und gute Unterbringung geboten wurden, waren viele Deutsche bereit, für die Sowjetunion zu arbeiten. Unterdessen durchkämmten NKWD-Agenten die Kriegsgefangenenlager nach Wissenschaftlern und Technikern und organisierten eine erbarmungslose Treibjagd auf untergetauchte Wissenschaftler.

Ein Vertreter des Volkskommissariats für Luftfahrt schilderte einige der Vorkommnisse im Zusammenhang mit der russischen Besetzung der riesigen Junkers-Werke in Dessau: „Einzelne Demontage-Beauftragte, die zur Erkundung des Bezirks eingesetzt worden waren, erlebten überall angenehme Überraschungen. Es gab kleine Fabriken, Zweigwerke von Junkers und anderen Firmen, die noch immer arbeiteten. In einem kleinen Ort an der Mulde entdeckten sie eine ehemalige Papierfabrik, in der weiterhin BMW-Düsentriebwerke, damals eines der modernsten Triebwerke, zusammengebaut wurden. Zwei Stockwerke des Fabrikgebäudes standen voller Packkisten mit einbaufertigen neuen Düsentriebwerken.

„In Dessau fuhr der erste sowjetische Lastwagen mit einer Gruppe von Demontage-Beauftragten durch leere Straßen. Die Stadt wirkte wie ausgestorben. Ähnlich sah es in den Junkers-Werken aus. Außer zwei deutschen Pförtnern war niemand zu sehen. Der gesamte Maschinenpark mit Ausnahme einiger Präzisionswerkzeuge und -instrumente befand sich an Ort und Stelle. Die Produktion hätte sofort weitergehen können.

„Am nächsten Tag wurde in der Stadt bekannt, daß die Russen die Fabrikation wieder aufnehmen würden. Die nächste Nachricht war eine noch größere Überraschung für die Deutschen: Die Russen stellten außerdem führende Spezialisten ohne Rücksicht auf deren langjährige NSDAP-Mitgliedschaft ein. Die ‚namhaften' Männer tauchten einer nach dem anderen aus der Versenkung auf und waren froh, daß niemand sie scheel ansah, weil sie ein Parteibuch besessen hatten."

Im Herbst 1946 entschied der Kreml, die Fähigkeiten der besten deutschen Techniker ließen sich besser nutzen, wenn sie in Fabriken in der Sowjetunion arbeiteten. In der Nacht zum 22. Oktober klingelten die Sowjets an Tausenden von Haus- und Wohnungstüren, weckten die Bewohner und wiesen sie an, sich anzuziehen und ihre persönliche Habe zu packen. Ganze Familien – sowie alle, die das Pech gehabt hatten, zu diesem Zeitpunkt bei ihnen zu Besuch zu sein – wurden mit Sonderzügen nach Rußland deportiert.

Die Zahl der zusammen mit ihren Familien nach Rußland verschleppten Spezialisten betrug etwa 50 000. Bei ihrer Ankunft stellten die Deutschen überrascht fest, daß ihre Büros und Arbeitsräume in der Heimat genau kopiert worden waren – bis hin zu den Aschenbechern und Kalendern.

Die Geschwindigkeit, mit der die Sowjetunion durch solche Methoden auf dem Gebiet modernster Militärflugzeuge zum Westen aufschließen konnte, wurde erstaunten Beobachtern anläßlich der traditionellen Parade am 1. Mai 1947 in Moskau klar. Bei Kriegsende hatte es in Rußland noch kein einsatzfähiges Strahltriebwerk gegeben. Aber jetzt, keine zwei Jahre später, wurde die Flugparade von Verbänden mit Jak- und MiG-Düsenjägern angeführt, die bei dieser Gelegenheit erstmals in der Öffentlichkeit erschienen. Seinen ersten Auftritt erlebte auch der russische strategische Bomber Tu-4, der amerikanischen Beobachtern seltsam bekannt vorkam. Tatsächlich war er ein genauer Nachbau der amerikanischen B-29 Superfortress, von der mehrere Maschinen während des Krieges nach Bombenangriffen auf Japan auf sowjetischem Gebiet notgelandet waren, wodurch der Roten Luftwaffe Musterbeispiele des leistungsfähigsten Bombers der Welt in die Hände gefallen waren.

Diese Flugparade war wie alle späteren in höchstem Maße irreführend. Die eigentliche Schlagkraft der heutigen sowjetischen Luftwaffe beruht nicht auf gestohlener Technologie oder Ideen aus zweiter Hand, sondern auf jenem Titanenkampf in den vierziger Jahren, in dem die Russen, die praktisch von vorn anfangen mußten, fast 126 000 Flugzeuge bauten, über 2,5 Millionen Einsätze flogen und nach eigenen Angaben 77 000 deutsche Flugzeuge zerstörten, während sie selbst über 70 000 Maschinen verloren.

Aus diesen bitteren Erfahrungen entwickelte sich eine Formel, nach der massierter Einsatz, keine Rücksicht auf Verluste und die unerschütterliche Entschlossenheit, die Luftstreitkräfte zur engen Unterstützung der Heeresverbände einzusetzen, unerläßliche Bestandteile des Sieges sind. In ihrem Beharren auf dieser Kriegstheorie sind die sowjetischen Luftwaffenkommandeure selbst unter dem Schirm strategischer Bomber und interkontinentaler Atomraketen nie wankend geworden.

Ein moderner Koloß mit globaler Reichweite

Trotz ihrer beachtlichen Größe und Stärke blieb die siegreich aus dem Zweiten Weltkrieg hervorgegangene sowjetische Luftwaffe zunächst ein verhältnismäßig stumpfes Instrument mit beschränkter Aufgabenstellung und einfacher Ausrüstung. Als jedoch in den folgenden Jahrzehnten die sowjetischen Ambitionen wuchsen, kam es zu dramatischen Veränderungen in der Roten Luftwaffe. Anfang der achtziger Jahre war sie zu einer achtunggebietenden, vielseitigen, modernen Waffe geworden, die die Sowjetmacht jederzeit und an jedem Punkt der Erdoberfläche wirkungsvoll einsetzen konnte.

Strategische Bombenangriffe, einst ein Monopol des Westens und vor allem der amerikanischen Luftstreitkräfte, können jetzt auch als Spezialität der Sowjets gelten, denen Staffeln überschallschneller Bomber zur Verfügung stehen, die für Luftbetankung eingerichtet und mit nuklearen Fernlenkwaffen ausgerüstet sind. Zu Aufklärungszwecken befliegen Ketten riesiger Turbopropflugzeuge routinemäßig die etwa 10 000 Kilometer lange Strecke Moskau–Kuba und sammeln auf ihrem Weg eine Fülle elektronischer Aufklärungsdaten.

Im Zweiten Weltkrieg wurde die einzige wirkliche sowjetische Luftbrücke durch Lizenzbauten der zweimotorigen amerikanischen Douglas DC-3 ermöglicht. Anfang der achtziger Jahre verfügten die Sowjets über ein halbes Dutzend Transportflugzeugmuster mit Strahltriebwerken oder Propellerturbinen, darunter ein Monstrum, das 80 Tonnen Waffen über 10 000 Kilometer weit schleppen kann. Und was bordgestützte Luftstreitkräfte betrifft, hatten die Sowjets bis 1983 vier Träger für Düsenjäger und Hubschrauber gebaut, um in ein weiteres, bisher den Amerikanern vorbehaltenes Reservat einzubrechen.

Diese zusätzlichen Aufgaben gehen jedoch in keinem Fall auf Kosten des eigentlichen Kampfauftrags der sowjetischen Luftwaffe: Luftüberlegenheit und Nahunterstützung der Bodentruppen. In den siebziger Jahren wurden nicht weniger als 15 verschiedene Jäger- und Jagdbombertypen in Dienst gestellt, während die sowjetischen Konstrukteure unablässig bemüht waren, technische Neuerungen in die Praxis umzusetzen und qualitativ mit dem Westen gleichzuziehen.

Auch in ihrem unerschütterlichen Zahlenglauben sind die Sowjets nie wankend geworden. In einer Zeit, in der ein einziger Düsenjäger über 30 Millionen Dollar kostet, läßt sich der wahre Umfang der Investitionen des Kremls in die Luftmacht an den Gesamtzahlen ablesen: 10 600 Militärflugzeugen der ersten Linie – darunter 250 strategische Bomber, 4700 Abfangjäger, 2850 Jagdbomber, 1200 Kampfhubschrauber und 600 strategische Transporter – stehen bei den Vereinigten Staaten zum Vergleich lediglich 6500 Einsatzflugzeuge aller Typen gegenüber.

Auf einem sowjetischen Luftwaffenstützpunkt kommen die Piloten einer Staffel nach einem Übungsflug mit ihren Jagdbombern MiG-23 über das Vorfeld. Dieser in einem halben Dutzend Ausführungen hergestellte hochmoderne 2450 Stundenkilometer schnelle Düsenjäger war Anfang der achtziger Jahre das vielseitigste und häufigste sowjetische Einsatzflugzeug: Bei der Roten Luftwaffe standen über 2000 MiG-23 im Dienst. Weitere 500 Maschinen waren an Ostblockstaaten und andere Länder geliefert worden, die Empfänger sowjetischer Militärhilfe waren.

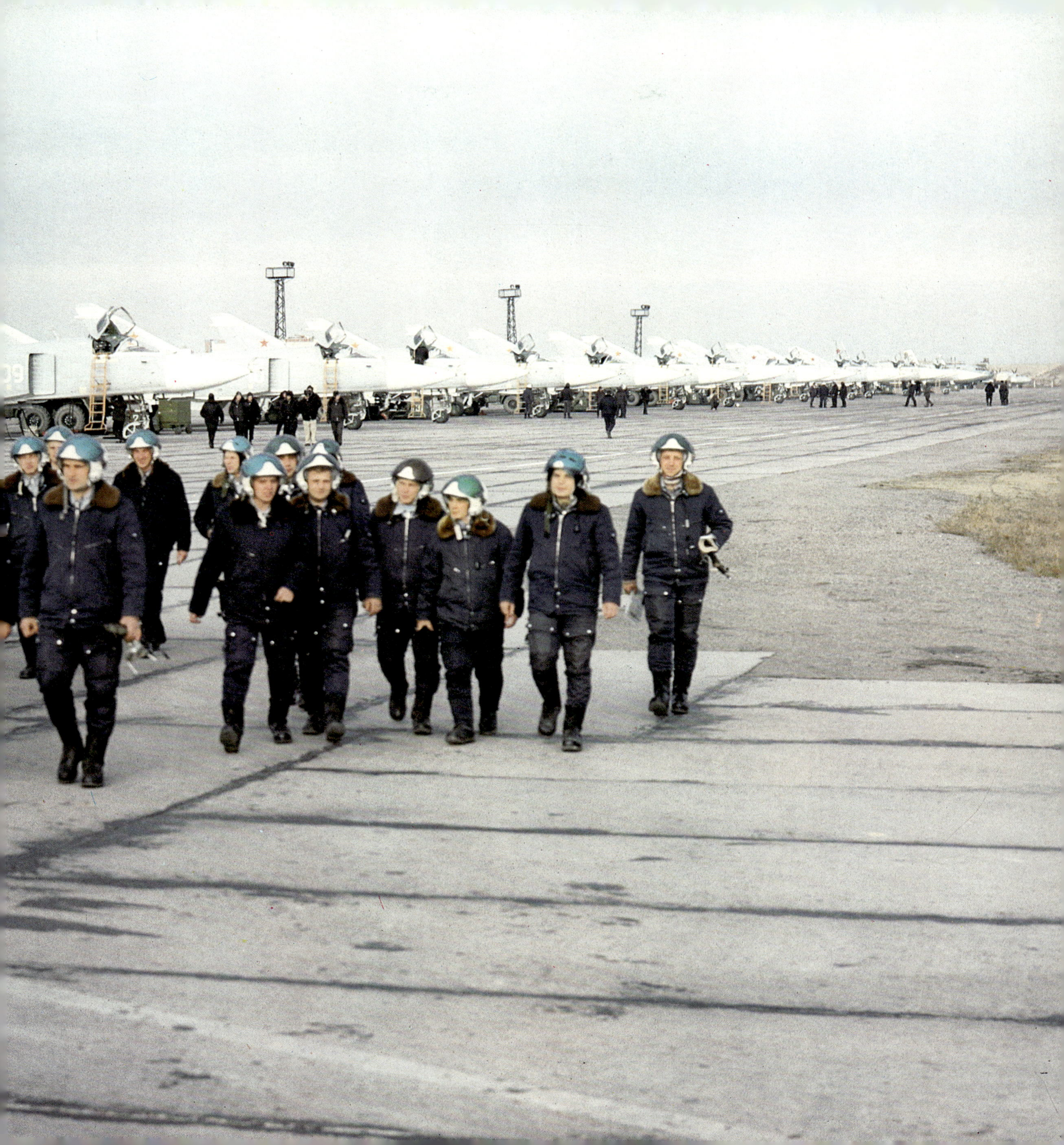

Bodenpersonal wartet einen Abfangjäger MiG-25 mit der NATO-Bezeichnung „Foxbat". Dieser Ende der sechziger Jahre zur Abwehr eines überschallschnellen amerikanischen Bombers (der niemals in Dienst gestellten B-70) entwickelte zweistrahlige Düsenjäger erreicht fast 3000 Stundenkilometer und eine Dienstgipfelhöhe von 24 000 Metern. Rund 400 MiG-25 wurden gebaut. Da sie nichts abzufangen haben, sind sie mit bestem Erfolg als Nahaufklärer eingesetzt worden.

Zu einem Nachtübungsflug besteigt ein Pilot einen Allwetterjäger Su-15, der mit einem leistungsfähigen Radar im Bug ausgerüstet ist. Obwohl dieser Jäger kleiner und langsamer als die MiG-25 ist, erreicht er stolze 2600 Stundenkilometer und eine spektakuläre Anfangssteigleistung von 230 Sekundenmetern.

Sieben Luftüberlegenheitsjäger MiG-21 zeigen sich in geschlossener Ordnung bei einer Kunstflugübung der sowjetischen Luftwaffe. Die wendige kleine Maschine – mit 2500 Stundenkilometer Höchstgeschwindigkeit eines der ersten überschallschnellen sowjetischen Flugzeuge – war Ende der sechziger und Anfang der siebziger Jahre der Standardjäger der Roten Luftwaffe. 8000 MiG-21 wurden in 17 Ausführungen für 23 Staaten gebaut.

Mit Verdichtungsstößen hinter ihrem Nachbrenner rast eine MiG-23 in den Himmel. Die Schwenkflügel werden mit zunehmender Geschwindigkeit angeklappt.

Ein aus den sechziger Jahren stammender Aufklärer Tu 95, ein alterndes, aber immer noch gute Dienste leistendes Arbeitspferd, fliegt 1981 über den Nordatlantik und wird dabei von einer amerikanischen F-14 und einer englischen Sea Harrier eines in der Nähe operierenden NATO-Flottenverbands begleitet. Die hier abgebildete Ausführung besitzt eine Tanksonde zur Luftbetankung, durch die sie 28 Stunden in der Luft bleiben kann.

Eine Tu-16 Badger – ein zum Tankflugzeug umgebauter ehemaliger mittelschwerer Bomber – fährt einen Schlauch mit Trichtermundstück aus, in das sich der schnittige zweistrahlige Bomber Tu-22 einkuppelt. Anfang der achtziger Jahre standen bei der sowjetischen Luftwaffe ungefähr 200 der 1600 Stundenkilometer schnellen Tu-22 im Dienst: als strategische Atombomber, Abwurflenkwaffenträger und schnelle Seeaufklärer.

Die Schwenkflügel eines Bombers Tu-22M Backfire sind beim Start zur Auftriebsvergrößerung maximal gepreizt. Die Tu-22 erreicht 2125 Stundenkilometer.

Ein von vier Propellerturbinen angetriebener strategischer Transporter An-22 – nur wenig kleiner als das amerikanische Verkehrsflugzeug DC-10 – lädt einen Raketentransporter durch seine Heckluke aus. Anfang der achtziger Jahre standen etwa 55 dieser Riesen mit 250 Tonnen Abfluggewicht im Dienst.

Ein schwerer Düsentransporter Il-76 wirft aus seiner dreigeteilten Heckklappe einen Schützenpanzer ab, der an einem Lastenfallschirm zur Erde schwebt. Eine Il-76 kann drei dieser je 13 Tonnen schweren Fahrzeuge mitsamt Besatzungen und Betriebsmitteln transportieren.

Eine 1971 nach einer großen Lufttransportvorführung aufgereihte Flotte von Turboproptransportern An-12 läßt die 23-mm-Heckkanonen erkennen, die die Sowjets für ihre Militärtransporter bevorzugen. Jede dieser Maschinen kann 100 Soldaten auf Klappsitzen an den Längsseiten und in der Rumpfmitte befördern — und sie in weniger als einer Minute durch die Heckklappe entladen. Anfang der achtziger Jahre besaß die sowjetische Luftwaffe etwa 500 solcher Transporter.

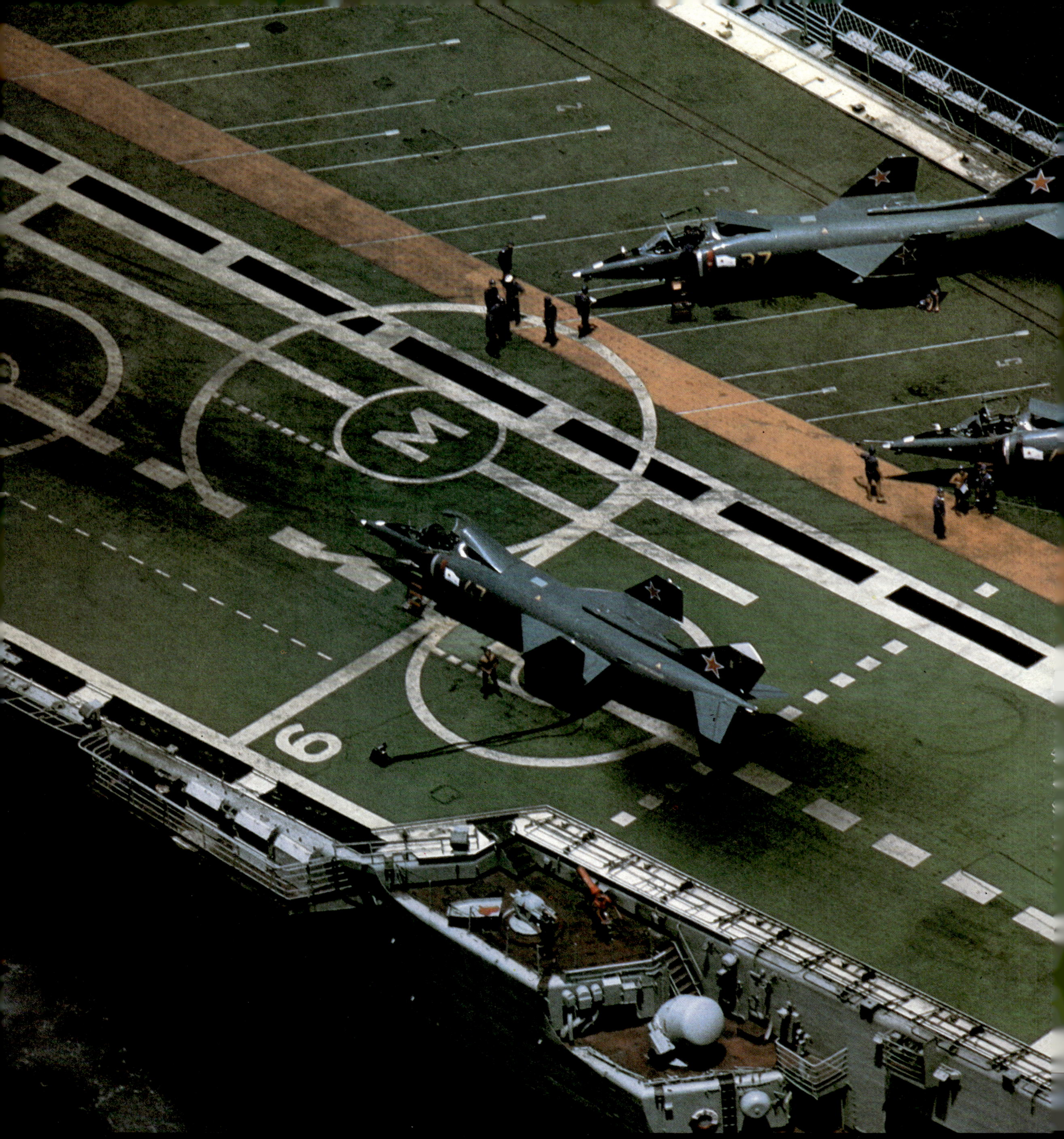

Falklands berühmt gewordene englische Senkrechtstarter Sea Harrier, mit ihr erhielt die sowjetische Kriegsmarine jedoch ihren ersten bordgestützten Jäger.

Danksagungen

Das Register dieses Buches wurde von Gale Linck Partoyan erstellt. Für ihre wertvolle Hilfe bei der Vorbereitung dieses Bandes danken die Herausgeber: **In der Bundesrepublik Deutschland**: Berlin (West) – Wolfgang Streubel, Ullstein Bilderdienst; Koblenz – Meinrad Nilges, Bundesarchiv; Mainz-Finthen – Karl Ries; München – Walter Zucker, Deutsches Museum; Rösrath-Hoffnungsthal – Janusz Piekalkiewicz; Seegarten – Heinz Nowarra. **In der Deutschen Demokratischen Republik**: Berlin (Ost) – Hannes Quaschinsky, ADN-Zentralbild. **In Finnland**: Helsinki – Risto Mäenpää; Masala – Carl-Fredrik Geust. **In Frankreich**: Le Bourget – General Pierre Lissarague, Direktor, Jean-Yves Lorent, Stéphane Nicolaou, General Roger de Ruffray, stellvertretender Direktor, Oberst Pierre Willefert, Kurator, Musée de l'Air; Gagny – Alex Nicolsky; Ivry-sur-Seine – Georges Roland, E.C.P. Armées; Paris – Roman Artamonoff; Cécile Coutin, Kuratorin, Musée des Deux Guerres Mondiales; Paul Lengellé; Claude Bellarbre, Marjolaine Matikhine, Direktorin für historische Studien, Musée de la Marine; Toulouse – Patrick Laureau; Vincennes – Marcellin Hodeir, S.H.A.A. **In Großbritannien**: Hertfordshire – Nigel Eastaway; London – Sadie Alford, Novosti Press Agency; John Bagley, Science Museum; Jimmy Simmonds, Alan Williams, Imperial War Museum; Maria Johnson, Society for Cultural Relations with the U.S.S.R.; Arnold Nayler, Royal Aeronautical Society; Bruce Robertson; Marjorie Willis, BBC Hulton Picture Library; Harry Woodman; West Sussex – Robert Ruffle. **In Italien**: Rom – Nino Arena; Contessa Maria Fede Caproni, Museo Aeronautico Caproni di Taliedo; Stefania Guidoni, Ercolina Massola, Maddalena Porcu, Novosti. **In Japan**: Tokio – Zeitschrift *Air World*. **In den Niederlanden**: Hoofddorp – Thijs Postma. **In Schweden**: Stockholm – Jahn Charleville, Presseoffizier und Chefredakteur, Generalstab der schwedischen Luftwaffe. **In der Tschechoslowakei**: Prag – Vladimir Remeš. **In der Union Sozialistischer Sowjetrepubliken**: Moskau – Jewgeni Rjabko-Minkin; Soviet Copyright Agency. **In den Vereinigten Staaten**: Kalifornien – Don Chalif; Maryland – Mervin K. Strickler jr.; New York – Dr. Walter Pittman, Lamont-Doherty Laboratories; Virginia – Paul E. Foster; Washington, D.C. – Pearlie Draughn, William Schlitz, Zeitschrift *Air Force*; Glenn Sweeting, National Air and Space Museum. Besonders nützliche Quellen für Informationen und Zitate waren: *Angriffshöhe 4000 – Die deutsche Luftwaffe im Zweiten Weltkrieg* von Cajus Bekker, Gerhard Stalling Verlag, Oldenburg und Hamburg, 8. Aufl. 1978; *The Soviet Air Force since 1918* von Alexander Boyd, Stein and Day, 1977; *Red Phoenix* von Von Hardesty, Smithsonian Institution Press, 1982; und *The German Air Force versus Russia, 1942* von Hermann Plocher, Arno Press, 1968.

Quellennachweis der Abbildungen

Die Nachweise sind bei Abbildungen von links nach rechts durch Semikolons, von oben nach unten durch Gedankenstriche getrennt. Einband und Vorsatzblatt: Gemälde von R. G. Smith. 6–10: Jewgeni Rjabko-Minkin, Moskau. 11: Mit frdl. Genehmigung Mark Sawtelle. 12: WAAP, Moskau. 13–23: Jewgeni Rjabko-Minkin, Moskau. 24: Novosti, Rom. 25: Jewgeni Rjabko-Minkin, Moskau. 27: Mit frdl. Genehmigung Heinz J. Nowarra, Babenhausen, kleines Bild, Jewgeni Rjabko-Minkin, Moskau. 28, 29: Mit frdl. Genehmigung United Technologies Corporation, kleines Bild, *Flight International*, Surrey – Jewgeni Rjabko-Minkin, Moskau. 30, 31: Novosti, Rom – Alex Nicolsky, Paris. 32: Jewgeni Rjabko-Minkin, Moskau. 33: *Flight International*, Surrey. 36, 37: Jewgeni Rjabko-Minkin, Moskau; Harry Woodman, London – Alexander Riaboff. 38: Alexander Riaboff. 40, 41: Jewgeni Rjabko-Minkin, Moskau. 42: Bruce Robertson, London. 44, 45: Ullstein Bilderdienst, Berlin (West). 46, 47: Sowfoto. 48, 49: Rizzoli, Mailand; Jewgeni Rjabko-Minkin, Moskau – UPI. 50, 51: Zeichnung von Mechanix Inc. 52, 53: TASS, Moskau. 54, 55: Jewgeni Rjabko-Minkin, Moskau. 56, 57: Jewgeni Rjabko-Minkin, Moskau (2); Novosti, Rom. 58, 59: Jewgeni Rjabko-Minkin, Moskau. 60: Novosti, Rom. 61: Jewgeni Rjabko-Minkin, Moskau. 63: UPI. 64, 65: Jewgeni Rjabko-Minkin, Moskau. 66–69: © Patrick P. Laureau, Toulouse. 70: Mit frdl. Genehmigung Heinz J. Nowarra, Babenhausen. 72, 73: Ullstein Bilderdienst, Berlin (West). 74: UPI. 78, 79: Bundesarchiv, Koblenz. 80, 81: Mit frdl. Genehmigung Janusz Piekalkiewicz, Rösrath-Hoffnungsthal. 85: Karte von Bill Hezlep. 88, 89: Margaret Bourke-White für *Life*. 91: Novosti, Rom. 94, 95: Sowfoto, kleines Bild, Pictorial Press, London; Novosti, Rom (2) – Zeichnung von John Amendola Studio. 98, 99: Sowfoto. 100–105: Zeichnungen von Ken Townsend. 106, 107: WAAP, Moskau. 108: Wide World. 109: Time Inc. 110: WAAP, Moskau. 112: Carl-Fredrik Geust, Masala, Finnland. 114, 115: Novosti, Rom. 117, 119: WAAP, Moskau. 120, 121: Pictorial Press, London (3) – E.C.P. Armées, Frankreich; Carl-Fredrik Geust, Masala, Finnland (2). 124, 125: Novosti Press Agency, London. 127: Mit frdl. Genehmigung Heinz J. Nowarra, Babenhausen. 128–139: Zeichnungen von John Amendola Studio. 140, 141: Novosti, Rom. 143: Sowfoto. 147: WAAP, Moskau. 149: Sammlung Vladimir Remeš/Daniela Mraskova, Prag. 153: Jewgeni Rjabko-Minkin, Moskau, und WAAP, Moskau. 154: Novosti, Rom – WAAP, Moskau – Novosti Press Agency, mit frdl. Genehmigung Vladimir Remeš, Prag. 155: WAAP, Moskau, kleines Bild, ADN-Zentralbild, Berlin (Ost) – Carl-Fredrik Geust, Masala, Finnland. 156, 157: Ullstein Bilderdienst, Berlin (West). 159: WAAP, Moskau. 161: Sammlung Vladimir Remeš/Daniela Mraskova, Prag. 164–166: Jewgeni Rjabko-Minkin, Moskau. 167: Keystone, Paris – Schwedische Luftwaffe. 168: John Topham Picture Library, Kent – Jewgeni Rjabko-Minkin, Moskau. 169: Schwedische Luftwaffe. 170, 171: Sowfoto – ADN-Zentralbild, Berlin (Ost); Novosti, Rom. 172, 173: Mitsuo Shibata, Tokio.

Bibliographie

Bücher

Alexander, Großfürst von Rußland: *Once a Grand Duke*. Garden City Publishing Co., 1932
Bekker, Cajus: *Angriffshöhe 4000 – Die deutsche Luftwaffe im Zweiten Weltkrieg*. Gerhard Stalling Verlag, Oldenburg und Hamburg, 8. Aufl. 1978
Bialer, Seweryn (Hrsg.): *Stalin and His Generals: Soviet Military Memoirs of World War II*. Pegasus, 1969
Boyd, Alexander: *The Soviet Air Force since 1918*. Stein and Day, 1977
Carell, Paul:
Unternehmen Barbarossa. Der Marsch nach Rußland. Ullstein, München 1963
Verbrannte Erde. Schlacht zwischen Wolga und Weichsel. Ullstein, München 1966
Chruschtschow, Nikita Sergejewitsch: *Chruschtschow erinnert sich*. Rowohlt, Reinbek 1971
Clark, Alan: *Barbarossa: The Russian-German Conflict: 1941–1945*. Penguin Books, 1966
Craig, William: *Enemy at the Gates* E. P. Dutton, 1973
Delear, Frank J.: *Igor Sikorsky: His Three Careers in Aviation*. Dodd, Mead, 1969
Dmytrephin, Basil: *USSR: A Concise History*. Charles Scribner's Sons, 1965
Erickson, John: *The Soviet High Command: A Military-Political History, 1918–1941*. St. Martin's Press, 1962
Eriksen, C. T.: *The Red Air Force, 1913–1963*. G. M. Smith Publishing Co., o. J.
Gallagher, Matthew P.: *The Soviet History of World War II*. Frederick A. Praeger, 1963
Great Patriotic War of the Soviet Union, 1941–1945. Progress Publishers, Moskau 1974
Grechko, Andrei: *The Armed Forces of the Union of Soviet Socialist Republics*. Novosti Press Agency Publishing House, Moskau 1972
Hardesty, Von: *Red Phoenix, the Rise of Soviet Air Power, 1941–1945*. Smithsonian Institution Press, 1982
Higham, Robin, und Kipp, Jacob W. (Hrsg.): *Soviet Aviation and Air Power: A Historical View*. Westview Press, 1977
Hurley, Alfred F., und Ehrhart, Robert C.: *Air Power and Warfare*. U.S. Government Printing Office, 1979
Il'yushin, S. V., Scientist & Designer. A. Ya Kutepov et al., Moskau 1978
Infield, Glenn B.: *The Poltava Affair, a Russian Warning: An American Tragedy*. Macmillan, 1973
Jackson, Robert:
Aerial Combat. Galahad Books, 1976
At War with the Bolsheviks. Tom Stacey, 1972
Fighter! The Story of Air Combat, 1936–45. St. Martin's Press, 1979
The Red Falcons: The Soviet Air Force in

Action, 1919–1969. Clifton House, London 1970
Jukes, Geoffrey: *Kursk, the Clash of Armour.* Ballantine Books, 1968
Kilmarx, Robert A.: *A History of Soviet Air Power.* Faber and Faber, 1962
Kozhevnikov: *Courage Takes Off.* Military Publication of the Ministry of Defense of the U.S.S.R., Moskau 1966
Krylov, Ivan: *Soviet Staff Officer.* The Falcon Press, London 1951
Leach, Barry A.: *German Strategy against Russia, 1939–1941.* The Clarendon Press, Oxford 1973
Lee, Asher: *The Soviet Air Force.* The John Day Company, 1962
Lee, Asher (Hrsg.): *The Soviet Air and Rocket Forces.* Frederick A. Praeger, 1959
Luganskiĭ, Sergei Danilovich: *In Steep Turns: Notes of a Military Pilot.* „Zhazushy" Publishers, 1966
Lukas, Richard C.: *Eagles East.* Florida State University Press, 1970
Morzik, Fritz: *German Air Force Airlift Operations.* Arno Press, 1961
Myles, Bruce: *Night Witches: The Untold Story of Soviet Women in Combat.* Presidio, 1981
Nicholas, M.: *The Fame of the Falcon and Other Stories.* Hutchinson, London 1946
Nowarra, Heinz, und Duval, G. R.: *Russian Civil and Military Aircraft, 1884–1969.* Aero Publishers, 1970
Petrov, Vladimir: *June 22, 1941: Soviet Historians and the German Invasion.* University of South Carolina Press, 1968
Plocher Hermann:
The German Air Force versus Russia, 1941. Arno Press, 1965
The German Air Force versus Russia, 1942. Arno Press, 1966
The German Air Force versus Russia, 1943. Arno Press, 1967
Pokryshkin, Alexander: *Red Air Force.* Soviet War News, 1945
Scott, Harriet Fast, und William F.: *The Armed Forces of the USSR.* Westview Press, 1981
Seaton, Albert:
The Russo-German War 1941–45. Praeger Publishers, 1971
Stalin as Military Commander. Praeger Publishers, 1975
Shores, Christopher: *Ground Attack Aircraft of WW II.* Macdonald and Jane's, London 1978
Sikorsky, Igor: *Story of the Winged-S.* Dodd, Mead, 1967
Stalin, Josef: *The Essential Stalin.* Doubleday, 1972
Thomas, Hugh: *The Spanish Civil War.* Harper & Row, 1961
Tumansky, Aleksei: *Flight through the Years.* Voyenizdat, Moskau 1962
Wagner, Ray (Hrsg.): *The Soviet Air Forces in World War II.* Doubleday, 1973
Werth, Alexander: *Russia at War, 1941–1945.* E. P. Dutton, 1964
Yakovlev, Alexander: *The Aim of a Lifetime.* Progress Publishers, Moskau o.J.
Young, Peter (Hrsg.): *Atlas of the Second World War.* Berkley Publishing, 1974
Ziemke, Earl F.: *Stalingrad to Berlin: The German Defeat in the East.* U.S. Government Printing Office, 1968.

Andere Publikationen:
Bradley, Follett: „Observations of Russian Equipment and Operation". U.S. Government Document, 1942
Eaker, Ira C.: „Soviet Leaders and People". *Aerospace Historian*, Bd. 25, Nr. 2, Sommer/Juni 1978
Jones, David: „Birth of the Russian Air Weapon, 1909–1914". *Aerospace Historian*, Bd. 21, Nr. 3, Herbst 1974
Kozhevnikov, M.: „Birth of the Air Armies". *Aerospace Historian*, Sommer/Juni 1975
Meos, Edgar: „The Russian Giants". *Cross and Cockade Journal*, Bd. 4, Nr. 2, Frühjahr 1963
Parrish, Michael: „Command and Leadership in the Soviet Air Force during the Great Patriot War". *Aerospace Historian*, Herbst/September 1979
Rust, Kenn C.: „Black Night at Poltava". *RAF Flying Review*, September 1959
Scott, Harriet Fast: „Soviet Air Forces Commanders". *Air Force Magazine*, Bd. 65, Nr. 3, März 1982

Register

Kursiv gedruckte Seitenzahlen verweisen auf eine Abbildung zu dem betreffenden Stichwort.

A
Alksnis, Jakow, *58–59*, 61, 70
Amerikanische Flugzeuge, 31, 61, 62, 66, 91, 129, 135, *138–139*, *140–141*, 145, 151–152, *155*, *156–157*, 158, 163, *168*
An-12, *171*
An-22, *170–171*
ANT-Bomber (Tupolew), 68; ANT-1, *21*, 61; ANT-4, *60*, 62; ANT-6, 62; ANT-9 (Verkehrsflugzeug), 60; ANT-20bis, 46, *49*; ANT-25, 64; ANT-42, 62. *Siehe auch* Maxim Gorki (ANT-20)
Arktis, 61, 64, 108

B
B-17 Flying Fortress (amerikanischer Bomber), 129, 152, *156–157*, 158
Baranow, Oberleutnant, 153, *154*
Bell P-39 Airacobra (amerikanischer Jäger), 135, *138–139*, *140–141*, 145, 152
Berlin, *Karte* 85, 131, 140, 156, 159–160, *161*, 162
Berschanskaja, Major Jewdokia, *120–121*
Blagin, Nikolai, zitiert, 63–64
Bock, Generalfeldmarschall Fedor von, 79, 89, 92
Boldin, General I. W., zitiert, 83
Bomber, 61–62, 86, *128–133*; DB-3, 76, 81, 86. *Siehe auch* ANT-Bomber, Iljuschin-Bomber; Petljakow-Bomber; Tupolew-Flugzeuge; SB-2-Bomber
Bradley, Generalmajor Follett, 113
Breguet, Louis Charles, zitiert, 60
Britische Flugzeuge, *14–15*, 31, 35, 39, *41*, 60, 61, 62, *155*. *Siehe auch* Royal Air Force
Budanowa, Katja, *119*
Budjonny, Marschall Semjon, *58–59*
Bürgerkrieg, russischer, 35, 39, *40–41*, *42–43*

C
Chomjakowa, Leutnant Waleria, *120*
Curtiss-Flugzeuge (amerikanische Jäger), 66; Hawks, 61; P-40 Tomahawks, 152

D
DB-3 (sowjetischer Bomber), 76, 81, 86
De-Havilland-Flugzeuge (englische), *14–15*, 60; D.H. 9, 35
Demjansk, *Karte* 85, 106, *108–109*, 112, 123, 124
Dornier Do 17 (deutscher Bomber), 67, 78, 79
Dux-Werke (Moskau), 18, *23*

F
F-14 (amerikanischer Jäger), *168*
Farman-Flugzeuge (französische Schulflugzeuge), 18, 23, *36–37*, 38
Fiat C.R. 32 (italienischer Jäger), 66
Fiebig, Generalleutnant Martin, 116, 123–124; zitiert, 124, 126
Finnland, 60, 75–77, *Karte* 85
Fliegerschule Gatschina, 18, *36–38*
Focke-Wulf-Flugzeuge (deutsche), 151, 162; FW 189, 117; FW 190, 139, *159*
Franco, Generalissimo Francisco, 65–67
Französische Flugzeuge, 18, *23*, 24, 31–32, *36–38*, 39

G
Gaschewa, Rufina, *121*
Geheimpolizei. *Siehe* NKWD
Gesellschaft der Freunde der Luftflotte, 42, 44
Gleitflugzeuge, 18, *20*
Glinka, Leutnante Dmitri und Boris, 145
Göring, Hermann, 85, 126
Gorowez, Leutnant Alexei, 150
Grand (Sikorski-Flugzeug), 20, 21
Grigorowitsch, Dmitri, 31, 59, 61, 69
Großmann, General Horst, 16
Gudkow, Michail I., 88
Gulajew, Nikolai, *153*

H
Hahn, Hauptmann Hans von, zitiert, 82
Heinkel-Flugzeuge (deutsche), 60, 151, 162; He 51, 66; He 70, 67; He 111, 67, 68, 79, 81, 84, 88, 117; He 177, 156
Hitler, Adolf, 62, 65, 75, 77, 83, 89–92, 97, 99, 106; zitiert, 82; und sowjetischer Sieg über Deutschland, 140, 146–151, 158, 162; und Stalingrad, 115, 117, 123, 126
Hurricane (englischer Jäger), *155*

I
I-Serie (sowjetische Jäger): I-4, *46–47*, *54*; I-5, *54–55*, 61, 62, 63; I-15, *66*, 67, 68, 71, 73, 75, 81; I-16, *9*, 52, 55, *56–57*, 66, 67, *68*, *69*, 71, 74, 75, 76, *78–79*, 81, 84, *134–135*; I-153, 71, 76, 81, *134–135*; I-Z, *56–57*
Ilja Muromez (I.M., Sikorski-Flugzeug), 21, *24–26*, *27–31*, *32*, *33*, 35, 42, 59, 62
Iljuschin, Sergei, 42–43, 76, 89
Iljuschin-Bomber (sowjetische), 151; Il-2 Sturmowik, Vorsatzblatt, 15–16, 43, 89, 93, 100, *106–107*, 112, *114–115*, 118, 119, 123, 127, *128–129*, 143, 144–146, *147*, 148, *149*, 158, 160, *161*; Il-4,

98–99, 118, 129, *130–131*, 132; Il-76, *170*
Italienische Flugzeuge, 60, 65–67
Iwanow, Leutnant I. I., 84

J

Jablonna (polnischer Flugplatz), *33*
Jagdflugzeuge, *44–45*, *52–57*, 59–61, *134–139*. Siehe auch I-Serie; Jak-Jäger; Lawotschkin-Jäger; MiG-Jäger
Jak-Jäger (sowjetische), 100, *104–105*, 119, 145, 151, *154*, 163; Jak-1, 88–89, 96, 117, 123, 126, 148, *154*; Jak-3, 135, *136-137*, *162*; Jak-7, 89, 118; Jak-9, 123, 148, 150; Jak-36 (VTOL), *172–173*
Jakowlew, Alexander, 88, 93, 96–97; zitiert, 68, 69, 96. Siehe auch Jak-Jäger
Jamschtschikowa, Olga, 119
Japan, 60, 71, 73–75, 80, 97. Siehe auch Mandschurei
Jefimow, Alexander, zitiert, 89, 93, 148-150, 158-159
Jegorowa, Leutnant Anna, *120*
Jeschonnek, Generaloberst Hans, 124
Junkers-Flugzeuge (deutsche), 60, 67, 84, 151, 162–163; F 13, 44; Ju 52, 65, 106, 108, 116, 126, *127*; Ju 86, 127; Ju 87 Stuka, 67, 68, 84, 116, 150; Ju 88, 79, 81, 88, 115–116, 117, 120, 145, 151,156,158

K

Kasakow, Alexander, 22, 24
Kaukasus, 111, 115, 142, *143*
Kesselring, Generalfeldmarschall Albert, zitiert, 79, 84, 126
Kiew, Karte 85, 86, 91, 151
Kiselew, Leutnant Viktor, zitiert, 87
Kleschtschew, Major Iwan, *154*
Konew, Marschall Iwan, zitiert, 160
Konstantinowa, T. F., *121*
Koschedub, Major Iwan, 150, 153, *154*; Flugzeug von, *138–139*
Kuban-Brückenkopf, Kämpfe um den, 140, 142, 144–146, 158, 160
Kursk, Schlacht um, 15–16, 39, Karte 85, 146–151, *147, 149*, 153, 158
Kusnezow, Admiral N. G., zitiert, 83

L

LaGG-Jäger (sowjetische), 88, 123, 145. Siehe auch Lawotschkin-Jäger
Lawotschkin, Semjon, 88
Lawotschkin-Jäger, 151; La-5, 123, 126, 135, 148, 150, *154*; La-7, *138–139*. Siehe auch LaGG-Jäger
Le Grand (Sikorski-Flugzeug), 20, 21
Leih-Pacht-Programm (amerikanisches), 113, 132, 138, 151–152. Siehe auch Amerikanische Flugzeuge
Lenin, Wladimir Iljitsch, 32–33, 35, 42, 43, 44; zitiert, 32–33. Siehe auch Oktoberrevolution
Leningrad, 18, 75, Karte 85, 87, 89, 91, 100, 110, 151, 155
Litwjak, Lilja, *119*
Luftwaffe, deutsche, 16, 43–44, 62, 68–69; und Spanischer Bürgerkrieg, 60, 65–68; und Stalingrad, 106–127; unterliegt den Sowjets, 140–163; und Unternehmen Barbarossa, 77, 79–99
Luganskij, Sergei D., zitiert, 150

M

Mandschurei, 60, 71, 74, 77, 110
Maresjew, Major Alexei, 150, 153, *155*
Maxim Gorki (Tupolew ANT-20), *46–51*, 63–64
Meklin, Leutnant Natalja, *121*
Messerschmitt-Jäger (deutsche), 82, 84, 90, 151; Me 109, 67, *70*, 71, 84, 87, 88, 108, *117*, 126, 135, 148; Me 163, 162; Me 262, 162; Me 263, 162
MiG-Jäger (sowjetische), 163; MiG-3, 88, 90, *91*, 97, 135, *136–137*; MiG-21, *167*; MiG-23, *164–165*, *167*; MiG-25, *166*
Mikojan, Artjom, 88
Molotow, Wjatscheslaw, 75–76
Mongolei, 71, 73–75
Morane-Flugzeuge (französische), 18, 22, 75
Morzik, Oberst Fritz, 106–108; zitiert, 106, 109, 124
Moskau, 9, *46–47*, 81, Karte 85, 86, *88–89*, *91*, 92–93, 97–99, 100, 111, 115, 117, 159; Technische Hochschule in, 17, *19, 20*

N

Nesterow, Leutnant Peter, 22, *24, 25*
Nikolaus II., Zar, 18, 25, 32, 33
Nieuport-Flugzeuge (französische), 18, 22, *23, 24*, 31, *37, 39*
NKWD (sowjetische Geheimpolizei), 59–61, 69–70, 81, 110, 142, 162. Siehe auch Säuberungen
Nowikow, Generalleutnant Alexander, 109–110, 111, 115, 116–117, 122, 124, 144, 148, 150, 156, 160; zitiert, 110
Nowoselow, Hauptmann K. W., 162

O

Oktoberrevolution, 7, 16, 32–35, 39, 43, 59, 142. Siehe auch Bürgerkrieg, russischer; Zarenreich

P

Paulus, General der Panzertruppe Friedrich, 115, 117, 122–124, 126–127
Perminow, Generalmajor A. R., zitiert, 156
Petljakow-Bomber (sowjetische), 151; Pe-2, *108*, 113, 118, *124–125*, 129, *130–131*, 148; Pe-8, 129, *132–133*
Pilotinnen, 95, 118, *119–121*, 122
Pokryschew, Major Pjotr, *155*
Pokryschkin, Oberleutnant Alexander, 90, 91, 111, 115, *140–141*, 145, 152, *153*; zitiert, 90
Polikarpow, Nikolai, 31, 59, *61*, 69; zitiert, 93
Polikarpow-Flugzeuge (sowjetische), 64, 65; Po-2, 59, *94–95*, 110, 115–116, 118, 119. Siehe auch I-Serie
Popowa, Nadja, 118, 122; zitiert, 122

R

R-5 (russischer Aufklärer), 63, 74
Rekorde (Weltrekorde), 17, 60, 61, 64
Retschlakow, Grigori, *153*
Richthofen, Generaloberst Wolfram Freiherr von, 89, 115, 116, 126; zitiert, 123, 124
Rote Luftflotte der Arbeiter und Bauern, 33, 35, *42*, 43–44
Rotmistrow, Generalleutnant Pawel, zitiert, 16
Royal Air Force (R.A.F.), 35, 39, 62. Siehe auch Britische Flugzeuge
Russisch-Baltische Waggonfabrik, 18–20, 27, 31, *59*, 93
Rytschagow, Pawel („Genosse Pablo"), 65, 66
Rychlin, Leutnant N. W., 144

S

Safanow, Fregattenkapitän Boris, *155*
Säuberungen, 59–61, 69–71, 109, 110, 142. Siehe auch NKWD
SB-2-Bomber (sowjetische), *70*, 71, *72–73*, 81, 84, 86
Schidlowski, Michail, 19–20, 25, 33
Schigarew, General Pawel F., 109; zitiert, 142
Schmidt, Generalmajor Arthur, zitiert, 123
Schukow, General Georgi K., 110
Schukowski, Nikolai, 17, *19*, 61, 70
SD-2-Splitterbomben, 80, 85
Sewastopol, 36, 43, 83, Karte 85, 111–112, 115
Sikorski, Igor, 19–20, 27, 34, 59; zitiert, 26. Siehe auch Ilja Muromez (I. M.)
Smuschkewitsch, Jakow, 65, 67, 71, 75–76
Sowjetland (sowjetischer Bomber), *63*
Spanischer Bürgerkrieg, 60, 64–68, *66, 67, 68, 69*, 70, 71, 81, 99
Stalin, Josef, *6–7, 8*, 13, 35, 44, *58–59*, 59–63, 65, 67, 69–71, 75, 77, 97; und Schlacht um Stalingrad, 115, 116–117, 122; und Unternehmen Barbarossa, 77, 79, 82, 83, 86, 100; und Vereinigte Staaten, 152, 158; zitiert, 17, 62, 89. Siehe auch Säuberungen
Stalingrad, 35, Karte 85, 113, 115–127, 144
Stefanowski, T. P., *64–65*
Strahlflugzeuge, 162–163, *164–173*
Stuka. Siehe Junkers-Flugzeuge – Ju 87 Stuka
Sturmowik. Siehe Iljuschin-Bomber Il-2
Su-15 (sowjetischer Jäger), *166*

T

Trud, Andrei, *153*
Tschetschnowa, Marina, 118,122; zitiert 122
Tschkalow, Waleri, 64
Tschuikow, Generalleutnant Wasili I., zitiert, 115–116
Tumanski, Alexei, 34, 42; zitiert, 34, 39
Tupolew, Andrei N., *20, 21*, 60, 61–62, 70–71. Siehe auch ANT-Bomber
Tupolew-Flugzeuge (sowjetische), *21*, *46–51*; TB-3, *52–53, 54–55, 56–57*; Tu-2, 70, 129, *132–133*; Tu-4, 163; Tu-16 Badger, *168*; Tu-22 Backfire, *168*; Tu-22M, *169*; Tu-95, *168*. Siehe auch ANT-Bomber; *Maxim Gorki*

U

Unischewski, Wladimir, zitiert, 70
Unternehmen Bagration, 151–152, 158–159
Unternehmen Barbarossa, 77, *78–79, 80–81*, 79–87, 115
Unternehmen Taifun, 91–93
Unternehmen Zitadelle, 15, 147–151
Ural, Verlagerung von Flugzeugwerken hinter den, 93, 96, 100–105, 114–115
UT-1 (sowjetisches Schulflugzeug), *64–65*

V

Versailler Vertrag, 43, 62

W

Wachmistrow, Wladimir, Kombinationen von Bombern und Jägern von, *52–57*
Weltkrieg, Erster, 24–26, *25, 27–31, 32*, 33, 36, 59, 62, 67, 93
Weltkrieg, Zweiter, *Vorsatzblatt*, 7, *10-13*, 15–17, 43, 46, 52, *55*, 75; Eintritt der Sowjetunion in den, 60, 71,77. Siehe auch Luftwaffe, deutsche; Stalingrad; Unternehmen Barbarossa
Werschinin, Konstantin A., 142, 144
Wilna, Flugplatz von, *80–81*
Windkanal, 17, *19*
Winter, russischer, 97–99, *108, 109*
Woroschilow, Klement E., *6–7*
Wrangel, General Peter Nikolajewitsch von, 35, 39
WT-Jäger (sowjetische), 59, 61

Z

ZAGI (Zentrales Aero- und Hydrodynamisches Institut), 62, 63
Zarenreich, russisches, 17–26, 31–33; Allrussischer Aero-Club, 18; Kaiserlich Russischer Aero-Club, 18; Luftstreitkräfte, 21, 31–32, 33–34. Siehe auch Nikolaus II.; Oktoberrevolution
Zarizyn, 35, 39, 42. Siehe auch Stalingrad